Copyright © 2013 by Trevor Cribben Merrill.
Esta tradução foi publicada em acordo com a Bloomsbury Publishing Inc.
Todos os direitos reservados.
Copyright da edição brasileira © 2016
É Realizações Editora
Título original: *The Book of Imitation and Desire: Reading Milan Kundera with René Girard*

Editor
**Edson Manoel de Oliveira Filho**

Coordenador da Biblioteca René Girard
**João Cezar de Castro Rocha**

Produção editorial e projeto gráfico
**É Realizações Editora**

Preparação de texto
**Jane Pessoa**

Revisão
**Huendel Viana**

Design Gráfico
**Alexandre Wollner**
**Alexandra Viude**
Janeiro/Fevereiro 2011

Capa
**Daniel Justi**

É Realizações Editora, Livraria e Distribuidora Ltda.
Rua França Pinto, 498
04016-002 - São Paulo, SP

Caixa Postal: 45321 - 04010-970 - Telefax: (5511) 5572 5363
e@erealizacoes.com.br
www.erealizacoes.com.br

Proibida toda e qualquer reprodução desta edição por qualquer meio ou forma, seja ela eletrônica ou mecânica, fotocópia, gravação ou qualquer outro meio de reprodução, sem permissão expressa do editor.

Este livro foi impresso pela Paym Gráfica e Editora, em setembro de 2016. Os tipos são da família Rotis Serif Std e Rotis Semi Sans Std. O papel do miolo Lux Cream 70 g, e o da capa, Ningbo Gloss 300 g

---

CIP-Brasil. Catalogação-na-Publicação
Sindicato Nacional dos Editores de Livros, RJ

M536L

Merrill, Trevor Cribben
  O livro da imaginação e do desejo : lendo Milan Kundera com René Girard / Trevor Cribben Merrill ; tradução Pedro Sette-Câmara. - 1. ed. - São Paulo : É Realizações, 2016.
  336 p. ; 23 cm. (Biblioteca René Girard)

  Tradução de: The book of imitation and desire: reading Milan Kundera with René Girard
  ISBN 978-85-8033-199-8

  1. Kundera, Milan, 1929- - Crítica e interpretação. 2. Girard, René, 1923- - Crítica e interpretação. 3. Literatura comparada. I. Sette-Câmara, Pedro. II. Título. III. Série.

16-35655      CDD: 809.9
                CDU: 82.01

23/08/2016  26/08/2016

# GIRARD

## o livro da imitação e do desejo:

lendo Milan Kundera com René Girard

**Trevor Cribben Merrill**

tradução Pedro Sette-Câmara

É Realizações
Editora

Esta edição teve o apoio da Fundação Imitatio.

**IMITATIO**
INTEGRATING THE HUMAN SCIENCES

Imitatio foi concebida como uma força para levar adiante os resultados das interpretações mais pertinentes de René Girard sobre o comportamento humano e a cultura.

Eis nossos objetivos:

*Promover a investigação e a fecundidade da Teoria Mimética nas ciências sociais e nas áreas críticas do comportamento humano.*

*Dar apoio técnico à educação e ao desenvolvimento das gerações futuras de estudiosos da Teoria Mimética.*

*Promover a divulgação, a tradução e a publicação de trabalhos fundamentais que dialoguem com a Teoria Mimética.*

*Seria possível dizer que eu estou brincando com algo que Martin vive. Às vezes tenho a sensação de que o conjunto da minha vida de polígamo é uma consequência de minha imitação de outros homens; mesmo que eu não negue que passei a gostar dessa imitação.*[1]

Milan Kundera, "A Maçã de Ouro do Eterno Desejo"

---

[1] A citação encontra-se à p. 54 da coletânea *Risíveis Amores*. As citações de Milan Kundera constantes desta tradução foram retiradas das edições mais recentes de suas obras pela Companhia das Letras, e, no caso de *Os Testamentos Traídos*, da edição da editora Nova Fronteira. As informações completas estão na bibliografia. (N.T.)

# sumário

11
nota do autor

13
prólogo
Andrew J. McKenna

17
prefácio do autor

21
capítulo 1
"as mulheres procuram o homem que teve belas mulheres bonitas"

31
capítulo 2
no labirinto de valores

65
capítulo 3
da imitação à rivalidade

107
capítulo 4
o modelo como obstáculo

137
capítulo 5
o ciúme e suas metáforas

167
capítulo 6
quadrilha do desejo

191
capítulo 7
no coração do labirinto

221
capítulo 8
o repúdio ao modelo

259
capítulo 9
Tomas em Colono, ou a sabedoria do romance

267
posfácio
o desejo triangular num conto de Milan Kundera: de Girard a Kundera, e vice-versa

281
pós-escrito
uma resposta a Elif Batuman

291
apêndice
uma visão geral da vida e da obra de Kundera

299
o fio de Ariadne: teoria mimética e literatura
João Cezar de Castro Rocha

305
bibliografia

311
breve explicação

313
cronologia de René Girard

317
bibliografia de René Girard

320
bibliografia selecionada
sobre René Girard

327
índice analítico

331
índice onomástico

# nota do autor

Às vezes aprovando, às vezes desaprovando, muitos leitores interpretaram Milan Kundera como um niilista pós-moderno, um malabarista de paradoxos, um bardo da leveza existencial. A imagem do labirinto, que peguei emprestada de um de seus contos e usei como chave para interpretar sua obra, sugere um mundo de valores que mudam de lugar, um salão de espelhos em que tudo é potencialmente idêntico a seu contrário. Os momentos mais fortes de seus romances vão além dessa negação relativista da objetividade. Em *O Livro do Riso e do Esquecimento* e em *A Insustentável Leveza do Ser*, Kundera escreve explicitamente sobre os mecanismos sacrificiais de expulsão que estruturam aquilo que passa por juízo moral e ético no mundo totalitário, o que antecipa tendências cada vez mais evidentes nas mais "avançadas" democracias modernas. Ele descreve o papel cosmético da propaganda no mascaramento da existência desses mecanismos. Para penetrar na matriz oculta de sistemas de valores, é necessário revelar a conexão subjacente entre ideais superficialmente opostos. No mundo de Kundera, o riso do diabo e o riso do anjo, a leveza e o peso, a religião e o ateísmo, tiram seus efeitos de corrosão ou de solidariedade de uma mesma fonte, a saber, dos jogos aparentemente inofensivos de amor e de sorte que desempenham um papel tão destacado em *Risíveis Amores*, coletânea do início de sua carreira. Esses jogos frívolos têm um poder gerador de ilusão que é preenchido, nos romances posteriores, na sinistra coexistência de danças em roda e fumaça crematória, poetas líricos e o nó do enforcador. Kundera não é nenhum desconstrucionista; ele acredita no mundo das coisas, em sensações concretas, em sentimentos autênticos. Ele se dá a um grande trabalho para revelar a facilidade com que os seres humanos perdem de vista essa dimensão concreta, mas nunca deixa de afirmar sua existência. Não enfatizei o bastante esse aspecto em meu estudo; por esse motivo, acrescentei um artigo posterior como um apêndice para mostrar que, desde seus primeiros contos maduros, ele claramente postulava a existência de valores objetivos subjacentes às ilusões do desejo mimético. O trabalho do romancista – e do crítico – é corrigir essas ilusões deformadoras e restaurar nossa capacidade de discernimento: em suma, nosso bom senso.

# prólogo
Andrew J. McKenna

Numa carta da prisão, Dietrich Bonhoeffer reclama de livros "cujas produções me parecem carecer da *hilaritas* – alegria –, que se encontra em toda realização intelectual grande e livre". Trata-se de um comentário surpreendente de um homem condenado à morte por conspirar contra um regime assassino. A junção de riso e liberdade moral merece ser proclamada, e a astuta leitura dos romances de Milan Kundera feita por Trevor Merrill tem muito a nos ensinar a esse respeito.

*A Brincadeira, Risíveis Amores, O Livro do Riso e do Esquecimento*: certamente Kundera quer que compreendamos algo do humor, que, como vemos, é tanto um tema quanto um princípio estrutural de suas ficções, sendo seu exercício um modo de conhecimento. Para dar um único exemplo: num de seus romances alguém conta uma piada sobre um homem que vomita numa rua de Praga; outro, que passa, para dizer: "Eu sei exatamente do que você está falando". Como se fosse pandêmica uma repulsa visceral – a resposta universalmente difusa às cruéis realidades do governo totalitário –, e como se a piada do autor servisse como purgativo necessário para sua indignação. Entre os muitos conceitos enriquecedores que Merrill nos traz está uma definição do romance como "sátira que deu errado", segundo a qual devemos entender o melhor de nossa ficção como fruto de uma correção definidora, algo como uma conversão, por meio da qual um autor abandona qualquer pretensão a um privilégio moral. Seus personagens escapam à censura do autor; eles têm a liberdade de surgir de maneira mais plenamente redonda do que na sátira, e de fato são deixados por si sós na hora de dar forma às misérias que inventam para si próprios. A obra do *desengano*, ou desilusão, é algo que os leitores devem fazer por conta própria.

René Girard escreveu que "todos os grandes romances tendem ao cômico", e é isso que Merrill argumenta a respeito de Kundera, que passou a admirar as ideias de Girard durante seu exílio em Paris. Uma nota de rodapé de seu *Os Testamentos Traídos* elogia *Mentira Romântica e Verdade Romanesca*, dizendo tratar-se do melhor livro a ser lido sobre a ficção narrativa. Isso não significa que Kundera cria o enredo de suas histórias segundo a grade oferecida pela teoria mimética de Girard, mas que ele compartilha com o crítico francês as mesmas intuições sobre a interação humana. Cervantes é o mentor que eles têm em comum enquanto originador do romance moderno, que decola com a intuição fundamental de que nossos desejos exigem modelos, de que desejamos de acordo com os outros, e que é precisamente quando ignoramos ou negamos essa realidade básica que ficamos mais encrencados, conosco mesmos e uns com os outros.

É inevitável que isso leve a consequências irônicas, especialmente em nossas relações amorosas, e não nos surpreendemos ao descobrir que a ironia é o tropo mestre da arte de Kundera. Num de seus contos, por exemplo, dois amantes, por brincadeira, adotam os papéis de prostituta e de cliente, e acabam descobrindo que suas próprias identidades são comprometidas pelas excitações sibaritas que seu pequeno drama lhes proporcionou.

Por causa de todos os disparates sexuais que encontramos em seus romances, Kundera às vezes é avaliado como hedonista, como nosso "filósofo do *boudoir*" neossadista, refestelando-se na emancipação erótica. Nada poderia estar mais longe da verdade. Ele é um moralista no sentido neoclássico (no sentido de Pascal, para quem "*La vraie morale se moque de la morale*" [A verdadeira moral zomba da moral]), um observador astuto dos costumes, em toda a sua irregularidade. Esse atoleiro de fragilidades e de delírios é aquilo que Merrill mapeia como "labirinto do desejo". Trata-se de uma figura eloquente que nomeia os incontáveis desvios e obstruções com que nossos desejos se deparam na busca por objetos moldados por rivalidades e por rejeições, por inseguranças e por expectativas iludidas. Testemunhamos o sadismo, o masoquismo e o voyeurismo, não pela excitação que proporcionam, mas como patologias difundidas de um desejo que encontra obstáculos em seus modelos e que regularmente trabalha para sua própria frustração em meio a acessos ciclotímicos de devoção e de rejeição, de adoração e de humilhação. Kundera não é nenhum defensor do "amor livre" na alta cultura, mas um observador atento de nossos mal-entendidos amorosos, definidos elegantemente num trecho como este: "Talvez o motivo pelo qual somos incapazes de amar seja que ansiamos por sermos amados, isto é, exigimos algo (amor) de nosso parceiro em vez de nos entregarmos a ele sem exigências, e sem pedir nada além de sua companhia". *Narcissus redivivus*.

Isso ajuda a explicar "a insustentável leveza do ser" que dá nome à obra mais conhecida de Kundera; ela é semelhante ao "mal-estar ontológico" que para Girard é endêmico ao domínio onívoro do desejo mimético na cultura moderna. Isso tem relevância especial, creio, para a "revolução sexual" de que tanto nos vangloriamos, na qual os desejos, isolados de restrições institucionais, estão destinados a vagar indecisos em busca de exemplos para a frágil identidade que reivindicamos para nós.

Merrill nos oferece uma leitura *integral* dos romances de Kundera; ele conecta as ficções do romancista com sua experiência histórica do exílio, interno e externo, como pré-requisito para um distanciamento apolítico, cosmopolita, para – posso ousar dizê--lo? – um ponto de vista mais objetivo, mais desapaixonado, e nessa mesma medida, divertido. Para Kundera, a vida atrás da Cortina de Ferro é apenas uma experiência mais compacta, mais condensada, uma caricatura, em suma, de nossos atrapalhados enredamentos. Talvez o exílio seja a grande marca, a condição definidora de todos os nossos melhores autores: Cervantes nos diz no começo de seu prólogo cheio de volteios a *Dom Quixote* que seu texto-órfão nasce na prisão.

Além disso, Merrill conecta as intuições básicas de Kundera com aspectos notáveis de sua técnica narrativa: apartes autorais e prolongadas intervenções a respeito do mundo que ele evoca, e até a obra que está escrevendo; especulações sem solução sobre os estados de ânimo e sobre as motivações de seus personagens; aparentes divagações sobre música que *harmonizam* com as estruturas fugais e polifônicas de sua narração. A arte de Kundera é a antípoda das gozações autorreferenciais de boa parte da ficção pós-moderna com as impossibilidades de final narrativo. Em vez disso, seu virtuosismo formal envolve a cumplicidade do leitor numa relação orgânica entre o desejo por ficção e as ficções do desejo. Alguns desses recursos associam a obra de Kundera à tradição bem típica da Europa Central do romance ensaístico, cujo surgimento no século XX, com Broch, Musil e Mann – ainda que isso também se encontre em Proust –, não marca uma virada contra a "literatura" ou um afastamento dela, mas uma percepção mais aguçada de seu verdadeiro apelo cognitivo, de sua "sabedoria", como diz Merrill em seu último capítulo. Não é grande coisa um autor nos aconselhar a não nos levar a sério demais; não é pouca coisa aquilo que exaltamos como imaginação criativa revelar para nós que a verdade é matéria de riso.

# prefácio do autor

Num de seus contos, Milan Kundera descreve um grupo de personagens de uma cidade tcheca de veraneio que sucumbem à influência de dois forasteiros da cidade grande – um médico de mais idade com fama de mulherengo, e sua esposa, uma atriz famosa. Em seu anseio de se parecer com esses visitantes e de impressioná-los, os habitantes locais acabam ficando loucamente atraídos pelos objetos que têm pouco ou nenhum valor, simplesmente porque seus ídolos os desejam, ou parecem desejá-los.

A atração gravitacional desses pseudo-objetos não é menos forte por ser o resultado de impulsos esnobes. De fato, a força delirante dos sentimentos dos aldeães é inversa aos méritos reais da pessoa desejada, que parece ainda mais empolgante quanto menos objetivamente desejável realmente é. Isso não é acidente. A fim de chamar a atenção para a força prodigiosa da atração vicária, o romancista deliberadamente enfatizou o contraste entre a ausência de encantos empíricos do objeto e o tremendo fascínio que ele adquire aos olhos dos locais. Esse procedimento funciona tão bem que o conto tem um sabor quase pedagógico, o que se adéqua extremamente bem a meus propósitos neste livro.

É tentador enxergar o conto (que analiso detidamente nos capítulos 2 e 3) como uma descrição do desejo *inautêntico*. Trata-se de uma avaliação justa, desde que reconheçamos a ausência, ao menos no mundo de Kundera, de qualquer desejo que poderia ser chamado de *autêntico*. Seus cínicos libertinos (incluindo o médico mencionado há pouco) dançam segundo a mesma melodia imitativa que seus ingênuos românticos. Em outras palavras, a distinção entre Don Juans esclarecidos e adolescentes ignorantes, que aparece repetidas vezes na literatura crítica a respeito de Kundera, pode ser menos essencial do que parece. Muitos de seus personagens julgam-se hedonistas, mas poucos conseguem sentir qualquer coisa remotamente parecida com o prazer. É por isso que escrevo, no capítulo 6, que Kundera "não é nenhum apologista do hedonismo, mas sim o melancólico profeta de um mundo em que o desejo imitativo, correndo à solta, o hedonismo impossibilitou".

O que garante os valores que guiam nossas ações? E, se os objetivos que buscamos só parecem dignos porque outra pessoa assim os julgou, como podemos escolher uma direção para nossas vidas? A ficção de Kundera não responde a essas perguntas, mas apenas as propõe. "Um romance não afirma nada", diz o autor numa entrevista com Philip Roth. "A burrice das pessoas vem de ter uma resposta para tudo. A sabedoria do romance vem de ter uma pergunta para tudo."

Compartilho a visão de René Girard de que a interpretação literária é "a continuação da literatura". Por algum tempo depois de ter descoberto os romances de Kundera na faculdade, admirei-os tão apaixonadamente que desejei mais do que tudo que eu mesmo os tivesse escrito. Desde então, percebi que o prazer estético e o puro esporte que se pode tirar, como diz Girard, de formalizar "os sistemas implícitos ou já semiexplícitos" nesses romances são mais gratificantes do que reescrevê-los *à la* Pierre Menard. Como observa Proust em *O Tempo Redescoberto*, "só se pode recriar o objeto amado repudiando-o".

Muitas pessoas contribuíram para este livro de várias maneiras, e sou grato a todas elas. Benoît e Emmanuelle Chantre generosamente apoiaram a pesquisa que deu origem a este projeto. Jean-Michel

Oughourlian ofereceu seu conhecimento da teoria mimética e seu apreço por boas gargalhadas durante nossas muitas sessões de trabalho. Sua esposa, Helen, foi como uma anfitriã gentil e hospitaleira. Eric Gans leu os primeiros rascunhos deste projeto; sua hábil orientação e suas intuições moldaram as versões posteriores. François Ricard ofereceu comentários e conselhos de valor inestimável. Milan Kundera também leu o manuscrito e compartilhou suas opiniões durante conversas inesquecíveis. Em minha busca por uma editora, tive a sorte de conhecer Haaris Naqvi, meu editor na Bloomsbury, que foi um guia paciente e sensível através do labirinto da publicação. Os argutos comentários e as palavras de incentivo de Andrew McKenna fizeram-me ir adiante em minhas revisões. Sou grato a ele por ter concordado em enriquecer este ensaio com seu prefácio. Karen Gorton, Haley Malm, S. Morrow Pettigrew e Joshua Stein leram o manuscrito e ajudaram-me a tornar minhas ideias mais claras e a fortalecer meus argumentos. O tempo e a energia que eles dedicaram a essa tarefa resultaram em melhoras significativas – apenas eu sou responsável pelas falhas que ficaram.

Também agradeço a Sorcha Cribben-Merrill, Jean-Pierre Dupuy, Scott Garrels, Bill Johnsen, Jimmy Kaltreider, Efrain Kristal (cujas instrutivas palestras sobre Dante inspiraram a estrutura em nove partes deste livro) e Domenico Palumbo por seu apoio e assistência, e a Susan Merrill pela ajuda na escolha do título. Meu pai, Richard Merrill, teve a ideia original do motivo triangular que (reimaginado de maneira notável pelo capista da Bloomsbury) ornamenta a capa deste livro. Ele também criou o elegante diagrama do capítulo 2, que exibe sua destreza característica de ilustrador. Por fim, minha esposa, Caroline, ajudou-me de mais jeitos que consigo contar. Em Paris, enquanto eu trabalhava na primeira versão, ela submeteu-se graciosamente às inconveniências da vida em nosso mínimo apartamento na mansarda. Sem sua eficiência, seu bom humor e seu apoio moral, este projeto jamais teria sido concluído.

# capítulo 1
## "as mulheres procuram o homem que teve mulheres bonitas"

As primeiras páginas de O Livro do Riso e do Esquecimento fazem um paralelo irônico: Mirek, um dissidente sem papas na língua, opõe-se corajosamente ao poder totalitário, que manipula o passado reinventando a memória coletiva. E no entanto o próprio Mirek comporta-se exatamente como o regime comunista: em sua esfera privada e individual, ele gostaria de exercer controle absoluto sobre sua reputação e apagar seus erros de juventude. No começo do romance, ele faz uma visita a Zdena, sua antiga amante, uma mulher sem atrativos com quem ele teve um enlace aos vinte anos. Mirek quer banir todos os vestígios de Zdena de seu passado, e a primeira parte do romance conta seus esforços (fracassados) de recuperar algumas cartas de amor comprometedoras que estão com ela.

Por que, exatamente, Mirek tem tanta vergonha de ter amado Zdena? Kundera reflete sobre os motivos do personagem para querer fingir que o caso juvenil nunca aconteceu e conclui que Mirek teme suas repercussões potencialmente nocivas. Se sua associação com uma mulher feia tornar-se conhecida, poderia arruinar sua imagem aos olhos de outras fêmeas:

> Anos antes, tivera uma amante bonita. Um dia, ela fora até a cidade onde Zdena mora e voltara contrariada: "Diga, como é que você pode dormir com aquele horror?".

> Ele declarou só conhecê-la de vista e negou energicamente ter tido um caso com ela.
>
> Pois o grande segredo da vida não lhe era desconhecido: As mulheres não procuram o homem bonito. As mulheres procuram o homem que teve mulheres bonitas. Portanto, é um erro fatal ter uma amante feia. (p. 19)

Com uma simplicidade cruel, essa passagem resume uma intuição fundamental num aforismo digno de La Rochefoucauld. Ela define de maneira concisa um fenômeno que está presente em toda a obra de Kundera, e que seus leitores, em sua maioria, ignoraram.

Muitas mulheres sem dúvida protestariam, alegando que o currículo amoroso de um homem não lhes interessa nem um pouco. Não tenho a intenção de questionar sua sinceridade. É verdade, afinal (ou ao menos é o que diz a minha esposa), que é improvável que se ouça uma mulher declarar, mesmo para suas amigas mais íntimas, que está à procura de um par com ex-deslumbrantes. Igualmente, é improvável que muitos homens anunciem que cobiçam uma mulher se, e apenas se, ela possuir admiradores belos e viris. Esses fatores externos não exercem interferência em nossa liberdade pessoal de escolher.

O que dizemos e o que fazemos, porém, podem ser coisas bem diversas, especialmente no que diz respeito ao amor. O aforismo de Kundera chama a atenção para nossa tendência muitas vezes inconsciente de olhar para os outros em busca de guias e de atribuir maior papel a seu aval do que a nossas impressões e julgamentos. Se a beleza plástica pode cativar os olhos, é preciso algo mais para manter nosso interesse. A desejabilidade física é bastante objetiva, mas o misterioso *je ne sais quoi* que faz com que uma mulher desfaleça por um homem de boa aparência mas não por outro não está programado no DNA do sortudo em questão. Ainda que certamente não façam mal, traços perfeitamente delineados e um abdômen bem definido, por si, não fazem um conquistador.

Talvez o segredo da atração não esteja no objeto do desejo, mas na subjetividade de quem deseja. Afinal, mulheres diferentes têm gostos diferentes. Algumas preferem louros mais magros, outras, morenos robustos; algumas gostam de leitores vorazes, outras, de festeiros extrovertidos. Isso também é verdade, numa certa medida. Devemos concluir que a escolha de uma mulher nasce de preferências subjetivas impermeáveis a influências exteriores? Que ela nunca varia em relação ao tipo favorito?

A crer no aforismo de Kundera, a noção de que os instintos primitivos por si governam nossas escolhas é tão enganosa quanto a ideia de que a fantasia individual sempre supera a biologia. As duas teorias erram o alvo: uma visa baixo demais, a outra alto demais. Os seres humanos nem são escravos de seu código genético, nem caprichosos espíritos livres cuja voz interior, infalível, diz-lhes o que querer. À primeira vista, o relato objetivo do desejo parece diametralmente oposto ao subjetivo. Na verdade, porém, os dois se assemelham num aspecto importante: cada qual presume que as pessoas "no fundo" sabem o que desejam.

Kundera propõe uma alternativa incômoda a esse pressuposto: desejamos primariamente aquilo que os outros já desejam, ou parecem desejar. Afinal, a opinião especializada de uma bela mulher não diz mais sobre a desejabilidade de um homem do que jamais diriam uma covinha no queixo e ombros largos? Assim como o aval de um ator famoso a um relógio de pulso atiça mais compradores do que uma demonstração de seu mecanismo de escape, um sujeito calvo, barrigudo, com uma loura deslumbrante nos braços, provoca mais nossas imaginações, fazendo com que creiamos que ele possui talentos ocultos, ou ao menos uma conta bancária monumental.

Em suma, o aforismo de Kundera nos diz que nossos desejos são influenciados por aquilo que os outros desejam. Em outras palavras, são derivativos, mediados, *imitativos*.

Kundera leva seus leitores a um labirinto em que pontos de referência estáveis derreteram. Em seus romances, o valor – seja o valor erótico de um homem, de uma mulher, ou o valor estético de um verso de poesia – não vem nem das qualidades inatas das coisas, nem dos gostos das próprias pessoas, mas sim do aval de um terceiro admirado, de um modelo cuja influência molda, distorce ou transforma nossos sentimentos, nossa percepção do mundo e até nosso senso de identidade.

Muitas obras de ficção, se não a maioria (e a maioria dos filmes também), minimizam ou permanecem cegas para o papel da imitação no que diz respeito a dar vida a nossos desejos, ambições e julgamentos. Essas narrativas perpetuam o mito de que nossas paixões amorosas mais fortes nascem de um lugar lá no fundo de nós e que os tormentos que enfrentamos "por amor" são enobrecedores e significativos. Eles esperam que acreditemos (para tomar apenas um exemplo) que a súbita paixão de Annie por Sam Baldwin em *Sintonia de Amor* não tem nada a ver com os milhares de outras mulheres ouvintes que escutaram sua história no rádio e que o cobrem de cartas de amor e de pedidos de casamento. O filme retrata o amor de Annie como espontâneo, único e individual, portanto desprovido de ligação com o precedente estabelecido pela multidão.[1]

Kundera não subscreve essa visão sem humor, *über*-romântica, nem sucumbe a um niilismo igualmente juvenil, que equivaleria a desdenhar até de conexões humanas genuínas. Em vez disso, com argúcia e charme, ele faz tudo o que pode para que prestemos atenção no fenômeno mimético. Ainda que ele não negue que possuímos livre-arbítrio, ele nos faz pensar duas vezes a respeito de quem somos e de por que queremos as coisas que queremos.

---

[1] Podemos contrastar o idealismo açucarado de Hollywood com a inteligência sutil e o humor exibidos por Antonioni na famosa cena do concerto de rock em *Blow-Up*, em que o protagonista se joga no meio de uma multidão aos gritos para pegar o braço quebrado de uma guitarra elétrica e acaba por descartar seu prêmio momentos depois, quando se vê sozinho na calçada.

Se eu tivesse de resumir a grande tese deste livro em poucas palavras, começaria com a seguinte afirmação: os romances de Kundera mostram como é difícil para os seres humanos comportar-se como hedonistas, vivendo exclusivamente para a *volupté*. Isso porque o desejo imitativo enviesa nossas prioridades, e faz isso com a maior persistência no próprio ambiente cultural *laissez-faire* em que o hedonismo se torna uma possibilidade teórica. No momento em que afirmamos (bons individualistas que somos) estar cuidando de nossos interesses e procurando o prazer e a satisfação pessoal, inconscientemente deixamos que outros puxem nossas cordinhas.
E, se lhes dermos as rédeas por completo, sua influência pode orientar nossos desejos para objetivos indignos e nos atrair para dentro de enredamentos com adversários.

Vivemos num mundo de imitação hipertrofiada, como refletem expressões como "tendências", "viralizar" e "memes". Os estrategistas de negócios e os marqueteiros enxergam isso como oportunidade,[2] assim como o público em geral, e com razão. Seguir a multidão pode maximizar nossas chances de adquirir os melhores bens de consumo ou de encontrar os vídeos mais divertidos no YouTube. Graças aos "*early adopters*", podemos delegar o trabalho duro de descobrir a próxima grande moda àqueles que têm conhecimento especializado e experiência. Contudo, a confiança nos especialistas vem com um risco embutido, porque as próprias forças sociais que dirigem a sociedade de consumo também podem levar à supervalorização, a tentar superar os outros apenas porque sim, e até à intensificação dos conflitos. Assim como algumas celebridades são famosas apenas por serem famosas, alguns objetos tornam-se desejáveis apenas porque outros assim os consideraram, e não porque tenham algum valor intrínseco.

---

[2] Ver Oded Shenkar, *Copycats: How Smart Companies Use Imitation to Gain a Strategic Edge*. Cambridge, Harvard Business Review Press, 2010; e Michael J. O'Brien, Alex Bentley e Mark Earls, *I'll Have What She's Having: Mapping Social Behavior*. Cambridge, MIT Press, 2011.

Em área nenhuma isto é mais evidente do que em nossas vidas amorosas, nas quais, com grande frequência, nos entregamos a jogos bobos de desejo, com o poder de sobrepujar nosso bom senso. É aqui que entra a ficção de Kundera. Ao mostrar verdades de que de outro modo talvez fugíssemos, verdades que a maior parte dos romances e dos filmes esconde, seus livros apontam o caminho para um autoexame mais honesto.

O exemplo que dei de *O Livro do Riso e do Esquecimento* poderia dar a impressão de que Kundera (e eu) acha que somente as mulheres são presas da influência imitativa. Quero banir imediatamente esse equívoco: no universo de Kundera, tanto homens quanto mulheres tendem a tomar emprestados seus desejos de outra pessoa.

Um trecho do romance *A Imortalidade* servirá bem para ilustrar isso. O professor Avenarius está jantando com Milan Kundera (que é personagem do romance). Avenarius pede a seu comensal que imagine que pode escolher entre passar a noite com uma atriz de fama mundial, desde que ninguém saiba, e que possa caminhar pelas ruas de sua cidade com a mesma mulher nos braços, desde que nunca possa dormir com ela. Avenarius conclui que todos diriam preferir a noite de amor à caminhada em público. O que as pessoas realmente querem, porém, é ser vistas como celebridades:

> [...] a seus próprios olhos, aos olhos de suas mulheres, de seus filhos, e mesmo aos olhos do funcionário careca da empresa de pesquisas, querem passar por hedonistas. Mas é uma ilusão deles. Cabotinismo deles. Hoje em dia não existem mais hedonistas. [...] Por mais que digam, se tivessem realmente escolha, todas, em vez da noite de amor, prefeririam um passeio na praça. Pois é a admiração que conta para eles, e não a volúpia. A aparência, e não a realidade. (p. 403-04)

A estrutura do experimento hipotético de Avenarius ecoa o aforismo imitativo mencionado anteriormente ponto a ponto. Aqui, porém, vemos o triângulo a partir de uma nova perspectiva. O foco permanece diretamente no homem, que depende dos olhares de admiração da multidão para dar uma levantada em seu frágil ego. O pseudo-hedonista exibe uma famosa beleza diante dos olhares de seus pares para que sua inveja bata nela e ricocheteie em sua direção. Em vez de obedecer aos ditames de seus impulsos sexuais, o homem contemporâneo (assim como as mulheres no aforismo mencionado anteriormente) age como *homo mimeticus*. Ele deseja beneficiar-se secundariamente da aura da atriz famosa em vez de ter a experiência direta de seu corpo. Para expressar essa ideia na forma de aforismo, poderíamos dizer: "Um homem quer uma bela mulher não por aquilo que ela pode fazer por ele, mas por aquilo que ela pode fazer por sua imagem".

Mesmo quando os protagonistas de Kundera chegam ao quarto, eles sentem pouco prazer um com o outro. É a rivalidade e não a sensualidade que prevalece. Em outras partes de *A Imortalidade*, Kundera apresenta uma descrição cômica do coito concebido como uma luta entre dois antagonistas infelizes, ambos com o objetivo de ter uma performance melhor do que a do outro, nenhum sentindo o menor prazer com o ato sexual:

> [...] ele não tinha nem mesmo tempo para se perguntar se estava excitado ou não, nem se sentia alguma coisa que pudesse se chamar volúpia.
>
> Ela não se preocupava mais nem com o prazer, nem com a excitação. [...] Seu sexo, então, movendo-se para cima e para baixo, transformou-se numa máquina de guerra, que ela movimentava e dirigia. [...]
>
> Essa performance exaustiva sobre o sofá e sobre o carpete, que os fazia transpirar e que os

> deixava sem ar parecia a pantomima de uma
> luta implacável: ela atacava e ele se defendia
> [...]. (p. 176-77)

Não há nada de novo na ideia do sexo como arma. Basta pensar na Madame de Merteuil, a fria sedutora do romance setecentista *As Ligações Perigosas*, que usa seus encantos para seduzir e enganar. Apesar de sua sede de poder, porém, Merteuil e Valmont, sua contrapartida masculina, tiram satisfação física de ir para a cama com suas conquistas. Seus objetivos são nefastos, o destino é trágico, mas a jornada mesma é agradável.

Em *A Imortalidade*, por outro lado, assim como em *O Livro do Riso e do Esquecimento*, o ressentimento, a inveja e o ciúme afastaram o prazer para os bastidores e tomaram o centro do palco. Kundera ergue um espelho revelador diante de nossa era contemporânea de pseudo-hedonismo. Estilhaçando as piedosas crenças da revolução sexual, ele aponta repetidas vezes para a subordinação dos prazeres concretos e do senso comum às risíveis ilusões do desejo imitativo.

Os leitores familiarizados com a obra de René Girard podem temer que, no momento em que eu parar de falar de Kundera, ele tenha sido *girardizado*, padronizado, embalado e amarrado com fita. Espero que esses temores revelem-se infundados. Se pretendo mostrar que Kundera está deliberadamente jogando com o fenômeno que Girard chamou de "desejo triangular" em 1961, não tenho a intenção de insinuar que Kundera seja uma espécie de girardiano no armário, ou que sua obra possa ser reduzida, de uma vez por todas, a uma sucessão de triângulos.

Também não estou tentando contrabandear as crenças religiosas de Girard para dentro da ficção de Kundera. Em seus romances, Kundera busca minimizar e relativizar toda certeza estável, o que explica sua aversão não apenas por sistemas ideológicos, mas também religiosos. Seu lado "satânico", como diria François Ricard, contrasta com a fé cristã que Girard defendeu desde seu primeiro livro.

Porém, isso não deveria nos impedir de explorar pontos fecundos de convergência. Ainda que as diferenças entre os dois e entre suas visões permaneçam significativas num determinado nível, elas importam muito menos no nível mais profundo que me interessa aqui. Ao contrário de Roland Barthes, de Michel Foucault e de outros críticos franceses das décadas de 1960 e 1970, cujos voos de imaginação teórica, pode-se dizer, pouco têm a oferecer aos romancistas, Girard é o tipo de pensador que é admirado pelos escritores por ter coisas úteis a lhes ensinar sobre a literatura e a natureza humana. Em seu ensaio *Os Testamentos Traídos*, Kundera menciona Girard numa nota de rodapé: "Tive enfim ocasião para citar René Girard: *Mentira Romântica e Verdade Romanesca*, de sua autoria, é o melhor que já li sobre a arte do romance" (p. 168). Vejo isso como indício de que a crítica e a literatura podem enriquecer-se mutuamente, como fizeram, por exemplo, na época do estruturalismo de Praga e da vanguarda tcheca, quando críticos como Roman Jakobson e Jan Mukařovský andavam junto com artistas, com poetas e com romancistas, incluindo Vladislav Vančura, um dos favoritos de Kundera.

Mesmo assim, nas páginas a seguir farei o melhor que posso para evitar usar a imitação como "lente crítica" *a priori* através da qual seriam lidos os romances de Kundera, como se essa noção existisse independentemente deles, como conceito invariável que nos permitiria deduzir tudo de antemão. O desejo imitativo *é* um conceito. Porém, ele só pode ser entendido concretamente, em suas encarnações específicas. Ele deve ser derivado empiricamente, desenredado das relações humanas que autores brilhantes como Kundera dedicam-se a explorar e a analisar.

É por isso que quero convencer o leitor de que o próprio Kundera colocou deliberada e conscientemente a imitação e a rivalidade no coração mesmo de seus romances. Ainda que outros antes dele tenham apreendido a realidade do desejo triangular, poucos autores, se tanto, representaram tão claramente seu funcionamento. Ao lê-lo, atingimos um entendimento melhor das peças que o desejo nos prega. Sua ficção nos ajuda a ver por que tendemos a crer (erroneamente) que nossos sentimentos mais fortes são necessariamente os mais autênticos. Ela aguça nossa capacidade de pensar criticamente a respeito de noções românticas como "aquela pessoa especial" e "amor à primeira vista". E nos obriga a reconhecer que as pessoas mesmas que detestamos mais ardorosamente costumam dividir conosco um mesmo segredo, e que nós as transformamos em inimigos simplesmente por querer as mesmas coisas que elas.

Mesmo assim, alguns fãs de Kundera podem erguer as sobrancelhas diante de meu foco incansável no desejo imitativo em obras como *A Insustentável Leveza do Ser* e *Risíveis Amores*. Afinal, o autor deixou clara sua repugnância pelo tipo de interpretações simplistas que reduzem a literatura a uma mensagem ou a uma teoria. O único argumento que posso oferecer em minha defesa é que os resultados falam por si. Quando comecei a rastrear as diversas instâncias de imitação na obra de Kundera, eu não tinha certeza do que ia encontrar, nem se ia encontrar alguma coisa. Ao me deparar com um exemplo atrás do outro, eu me sentia como alguém que tinha tropeçado não apenas num tesouro escondido, mas numa série inteira de tesouros, uma verdadeira caverna de Ali Babá – com a diferença de que Kundera escreve sobre o desejo imitativo de maneira tão direta que, quando você sabe o que procurar, o tesouro é escancaradamente óbvio.

Assim, convido os leitores a permitir que eu os guie por aquilo que Kundera chama de "labirinto de valores", e que experimentem por si próprios como a perspectiva que adotei pode trazer um foco nítido a uma dimensão negligenciada de sua ficção... e, ao mesmo tempo, como essa ficção pode oferecer intuições preciosas sobre nossas vidas amorosas e sexuais.

# capítulo 2
# no labirinto de valores

## A Transfiguração do Objeto

Em *O Cânone Ocidental*, seu levantamento de 1995 de obras-primas literárias, Harold Bloom incluiu *A Insustentável Leveza do Ser* numa lista de obras canônicas contemporâneas ao final do livro.[1] Em 2003, sua opinião tinha mudado. Em sua introdução a uma coletânea de ensaios sobre Kundera, ele sugere que *A Insustentável Leveza* está ultrapassado, que seus temas e personagens ficaram obsoletos depois da queda do Muro de Berlim:

> "O Momento de Praga" já passou. Os jovens não vão mais para a capital tcheca com Kundera na mochila. Não consigo acreditar que Kundera aprecie muito ser louvado como mais um pós-moderno. Ele sabe que Cervantes supera todos na arte do romance autoconsciente. Concluo, assim como comecei, com certa dúvida sobre a longevidade da proeminência de Kundera. Muito talento foi investido, antes disso, em obras que se revelaram de época.[2]

---

[1] Harold Bloom (ed.), *Milan Kundera*. Philadelphia, Chelsea House Publications, 2003, p. 1.
[2] Ibidem, p. 2.

Seria difícil imaginar uma avaliação mais desdenhosa. Bloom reduz o livro mais famoso e bem avaliado de Kundera (e, por extensão, toda sua obra) a um retrato do período comunista em Praga. Ao fazer isso, ele alude a uma crítica comum dos romances de Kundera, isto é, que seus leitores mais ávidos são ingênuos universitários que, encantados com as preocupações eróticas e com a profundidade "filosófica" do autor, partem em viagens pela Europa tendo seus livros como guias.

Bloom dá o veredito com sua arbitrariedade habitual. Contudo, ele levanta questões legítimas sobre valor literário. Qual ingrediente permite que uma obra transcenda o momento histórico em que foi escrita? E por que a referência à febre de Kundera entre universitários é tão danosa?

A primeira pergunta é difícil de responder. E, de todo modo, seria inútil fazer previsões sobre o modo como a posteridade julgará os romances de Kundera, considerando especialmente que a maior parte dos prognósticos desse tipo equivale a tentativas (à moda do *Cânone Ocidental* de Bloom) de gerar profecias autorrealizáveis.

A segunda pergunta me parece ao mesmo tempo mais intrigante e menos problemática. A referência de Bloom a Cervantes oferece uma resposta possível. Dom Quixote fica louco por ler romances demais e parte para um mundo decadente a fim de ressuscitar a instituição obsoleta da cavalaria. Em sua avaliação da "longevidade da proeminência" de Kundera, Bloom dá a entender (suspeito que involuntariamente) que os jovens errabundos do Leste Europeu com *A Insustentável Leveza do Ser* na mochila identificam-se com os romances de Kundera do mesmo jeito que Dom Quixote se identificava com seus queridos romances. Esses romances, sugere, oferecem a seus leitores impressionáveis um modelo, um "ego ideal" que Bloom não se dá ao trabalho de definir, mas que, caso necessitemos esboçar seus nebulosos contornos, provavelmente consistiria em alguma encarnação do "mulherengo épico" kunderiano, uma mistura sedutora de promiscuidade sexual e de ironia, com algumas citações de Nietzsche na mistura para garantir.

O desdém de Bloom por Kundera compara o Momento de Praga à ilusão romântica de Quixote. Os romances de Kundera fizeram uma geração de universitários sonhar com aventuras. Saciaram uma sede adolescente por excitação erótica e justificaram esse prazer cheio de culpa coroando as cenas de sexo com meditações sobre luz e peso. Bloom escreve que Kundera, assim como Philip Roth, acredita sinceramente no mito do libertino, e que ele coloca um Don Juan no centro de seu romance (no caso, Tomas, de *A Insustentável Leveza*) porque a promiscuidade do personagem lhe parece esteticamente agradável e portanto digna de representação ficcional.

Bloom talvez não esteja completamente errado a respeito do valor dramático intrínseco do personagem libertino (existe algo de apelativamente ousado na figura de Don Juan tal como retratada por Molière ou por Mozart), que Roth, em sua estimativa, capitaliza com mais sucesso do que Kundera. Porém, ao apresentar o personagem libertino de Kundera como uma versão contemporânea de Amadis de Gaula e os jovens leitores como lúbricos Quixotes ansiosos para vivenciar as possibilidades eróticas para as quais *A Insustentável Leveza do Ser* abriu seus olhos, parece-me que ele perpetua uma confusão preexistente.

Podemos chamar esse equívoco de "falácia do Quixote". Ela ocorre quando leitores excessivamente entusiasmados decidem emular um personagem ficcional que, em muitos casos, constitui um modelo absolutamente inadequado. O melhor exemplo dessa tendência, é claro, nos é dado por nada menos do que as interpretações românticas de *Dom Quixote*, que levam o equívoco à segunda potência, já que o erro do leitor reproduz aquele do protagonista delirante. Surdo para as intenções satíricas do autor, leitores de Coleridge a Ortega exaltaram Quixote como um sublime *outsider*, e o romance em que ele aparece como um convite a embarcar em demandas impossíveis.³ A história da literatura está salpicada de exemplos semelhantes. Quase dois séculos depois de Cervantes, uma onda de suicídios recebeu a publicação de *Os Sofrimentos do Jovem Werther*, de Goethe, como se a mera representação do ato equivalesse a aprová-lo, e apesar do fato de que Goethe afirmasse ter matado seu personagem a fim de matar-se a si mesmo. Mais recentemente, *Pé na Estrada*, de Jack Kerouac, inspirou incontáveis universitários a cruzar o país dirigindo, a fim de emular as viagens originais da geração beat.

Em suma, quaisquer que fossem as intenções do autor, sempre haverá leitores que, como Dom Quixote, enxergam o protagonista de um romance como o ideal em que sonham em ser transformados. Aquilo que Bloom chama de Momento de Praga de fato acabou. Porém, isso não é motivo para expulsar as obras de Kundera do cânone ocidental. Afinal, muito antes de o Momento de Praga ter sequer começado, antes de universitários impressionáveis partirem das províncias americanas para a Europa cosmopolita na esperança de ficarem mais parecidos com o libertino Tomas, o próprio Kundera, num de seus primeiros contos, intitulado "O Dr. Havel Vinte Anos Depois", previu sua existência e ofereceu uma interpretação não tão distante da de Bloom, mas muito mais autoconsciente e divertida. O grande ancestral de Kundera, como Bloom depreciativamente – mas corretamente, creio – sugere, é Miguel de Cervantes. Ao contrário de Bloom, porém, afirmo que, no que diz respeito à escritura de romances autoconscientes, Kundera está no mesmo nível de seu mestre.

"O Dr. Havel Vinte Anos Depois" pode ser encontrado na coletânea de contos *Risíveis Amores*.⁴ Ela data do começo do período maduro

---

³ Ver Anthony Close, *The Romantic Approach to Don Quixote*. Cambridge, Cambridge University Press, 1978. W. H. Auden, a quem originalmente foi encomendada a letra do popular musical *Man of La Mancha*, foi dispensado ao insistir que Quixote explicitamente rejeitasse sua tola demanda na conclusão.
⁴ *Laughable Loves* [*Risíveis Amores*]. Trad. Suzanne Rappaport, rev. Aaron Asher e Milan Kundera. New York, Harper Perennial, 1999.

de Kundera, e muitos dos temas que ele viria a abordar em seus romances posteriores aparecem aqui pela primeira vez, acima de tudo o do "jogo e poder erótico", como diz Philip Roth em sua introdução à primeira tradução inglesa da coletânea.[5]

No desenrolar da história, o Dr. Havel, um mulherengo de certa idade, chega a uma estação de águas para uma cura. Um jovem jornalista o procura porque gostaria de entrevistar a esposa de Havel, uma atriz famosa, e descobre *ex post facto* que Havel ele próprio é um personagem conhecido. Uma médica informa-o sobre a lendária habilidade de Havel como sedutor, que não teria par em toda a Tchecoslováquia, e considera o infeliz rapaz um "ignorante" no campo do conhecimento erótico. Muito impressionado, o jornalista não consegue pensar em nada além de sua imagem aos olhos do médico. Ele fica ainda mais angustiado porque em seu primeiro encontro ele causou uma impressão desfavorável:

> [...] [o jornalista] sentiu vergonha de ter sido tachado de ignorante e de ter, além do mais, confirmado esse julgamento pelo fato de nunca ter ouvido falar do Dr. Havel. E como sempre sonhara em ser um conhecedor como aquele homem, ficou mortificado com a ideia ter se comportado, justamente diante dele, diante de seu mestre, como um imbecil odioso. (p. 168-69)

Muitos rapazes sonham em se tornar grandes sedutores. Este, porém, é especialmente sortudo. Ele cruzou o caminho de Don Juan em pessoa, e pode até ganhar um curso relâmpago na arte da conquista. Certamente ele está precisando. Pela maneira como Kundera o descreve, o jornalista não é exatamente o tipo que abala as mulheres com sua confiança e seu charme.

---

[5] Philip Roth, introdução a *Laughable Loves*, de Milan Kundera. New York, Alfred A. Knopf, 1974, p. xxi.

> Na realidade, como sempre duvidava de si, ficava num estado de dependência servil em relação às pessoas com quem convivia; temerosamente, procurava no olhar delas a confirmação da sua identidade e do seu valor. (p. 168)

Nas páginas que seguem, Kundera explora as possibilidades cômicas abertas pela desesperada necessidade de afirmação do jornalista. No jantar com Havel, que ele procura e com quem consegue se encontrar uma segunda vez, o acólito tenta manobrar seu caminho até as boas graças do mestre, mostrando-lhe ser um conhecedor de queijos, de vinhos e de mulheres. Esses assuntos representam os três sacramentos do credo epicurista: "Comer, beber e congraçar-se". Isso não prova que o jornalista é um libertino em flor, com um pendor para a devassidão. Nem tanto. Ele pode ver-se a si mesmo desse modo, mas seria mais preciso descrevê-lo como um enófilo esnobe esforçando-se para impressionar o sommelier do que como um *gourmand* radical que só atende ao próprio paladar. Ele tem tanta vontade de agradar que esquece de se concentrar no que lhe agrada:

> Parecia um candidato a bacharel diante do júri. Não procurava dizer o que pensava nem fazer o que queria, mas se esforçava para agradar aos examinadores; esforçava-se para adivinhar suas ideias, seus caprichos, seus gostos; desejava ser digno deles. (p. 171)

Todavia, as perguntas de Havel confundem o rapaz, e ele cai num silêncio abatido enquanto ouve o médico repetir uma série de anedotas espirituosas a respeito de si mesmo.

O jornalista admira Havel exatamente como universitários americanos que, partindo para Praga, costumavam ler *A Insustentável Leveza do Ser* e admirar seu libertino protagonista – o qual, deve-se notar, também é médico, o que implica um grande *savoir-faire* e vasta e variada experiência com a anatomia feminina. Como aqueles estudantes impressionáveis, o jornalista quer deixar para trás sua falta de jeito juvenil e tornar-se um favorito das senhoras, "um conhecedor, como aquele homem" (p. 169). É desse modo que ele expressa sua intenção de pôr de lado a visão de mundo medíocre e tacanha nele incutida pelos habitantes da cidade provinciana. Envergonhado de sua conformidade com o rebanho, a qual agora ele enxerga claramente, ele declara que doravante vai adotar como suas as atitudes sofisticadas e cosmopolitas de Havel. "É terrível", exclama ele, "ver o mundo com seus olhos míopes!" (p. 184).

Apesar de ele conseguir se libertar de sua dependência dos habitantes locais e de suas opiniões, o jornalista permanece iludido e dependente como sempre. Ele nada mais fez do que trocar seu modelo antigo por um novo; agora, é pelos olhos de Havel que ele deseja enxergar.

A estrutura triangular do desejo como descrita por René Girard em *Mentira Romântica e Verdade Romanesca* começa a tomar forma. O jornalista ocupa um vértice do triângulo como sujeito, o imitador. Havel fica no topo como mestre, o modelo do desejo. Qualquer objeto que ele deseje ou pareça desejar também parecerá desejável ao jornalista (Figura 2.1).

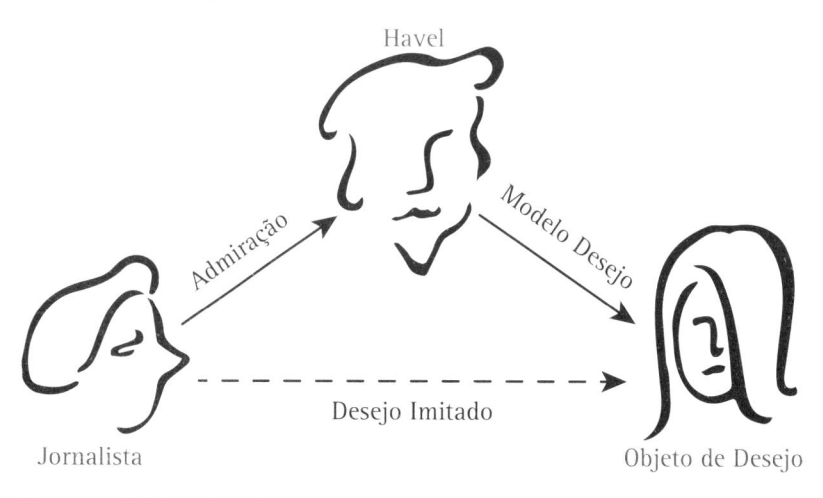

Figura 2.1. "O Triângulo do Desejo" © 2012 by Richard Merrill.

O triângulo, é claro, nada mais é do que uma metáfora que expressa a geometria não linear do desejo, um modelo estrutural que muda de figura e de tamanho de acordo com a distância entre mediador e imitador. Ele não tem existência na realidade. "As verdadeiras estruturas", como observa Girard em *Deceit, Desire, and the Novel*, "são intersubjetivas."[6] Além disso, a metáfora funciona melhor em algumas instâncias do que em outras (quando um único indivíduo serve tanto de modelo quanto de objeto do desejo, como no caso do sedutor que finge amar-se mais a si mesmo para atrair o interesse de seus admiradores, o triângulo é mais difícil de enxergar, apesar de ainda estar presente). Essa história, porém, é tão adequada a meus propósitos pedagógicos que quase me sinto constrangido. "O Dr. Havel" parece ter sido concebido de propósito em algum laboratório girardiano para ilustrar o triângulo do desejo, tão perfeitamente as interações entre os personagens se aproximam da configuração mimética arquetipal.[7]

Assim como quer comer os mesmos queijos e beber os mesmos vinhos que seu modelo, o jornalista também quer possuir o tipo de mulher de que Havel gosta. Assim, ele pede permissão para levar sua namorada para o jantar, para que o lúbrico doutor possa emitir um juízo sobre sua beleza:

> [...] o rapaz teve vontade de falar também [...] por isso conduziu de novo a conversa para a namorada e perguntou confidencialmente a Havel se aceitaria encontrá-la no dia seguinte para dizer como a julgava à luz de sua experiência; em outros termos (sim, foi esta a palavra que empregou no seu entusiasmo), para *homologá-la*. (p. 173)

---

[6] René Girard, *Deceit, Desire, and the Novel*. Baltimore, Johns Hopkins University Press, 1976, p. 2. [*Deceit, Desire, and the Novel* é a versão em inglês de *Mentira Romântica e Verdade Romanesca*. O trecho citado consta apenas na versão em inglês, e não no original francês, a partir do qual a versão brasileira foi produzida.]

[7] De acordo com minhas conversas com o autor, porém, Kundera só leu Girard *depois* de chegar à França, em 1975, e a coleção de contos em que esta história aparece foi publicada em 1968.

Em virtude de sua proximidade com o modelo, os tênis usados por um atleta famoso ou o relógio endossado por uma lendária estrela de cinema parecem dotados de propriedades sobrenaturais. Os publicitários pretendem que acreditemos que qualquer pessoa que adquira aqueles tênis ou aquele relógio (ou suas réplicas produzidas em massa) também adquirirá a posse dos superpoderes. Igualmente, tomar a safra favorita de Havel ou dormir com uma mulher que ele aprova é, para o jornalista, um modo de instilar em si próprio seu carisma e sua potência, seu "borogodó". A aprovação de Havel funciona como critério: o imitador só pode desejar uma moça se ela entrar na radiante esfera de influência do modelo, onde tornar-se o meio de comungar com ele.

Sem a inspiração trazida pelo desejo antecedente do mestre, o jornalista carece dos recursos interiores para amar a namorada. Ele tem tão pouca confiança em si mesmo e em suas próprias percepções que nunca se dá ao trabalho de se perguntar se sente algum prazer na companhia da moça, se ela o empolga, se o faz rir. Ele desconta esse tipo de evidência concreta, de primeira mão, porque vem de uma fonte indigna de confiança: ele próprio. Em vez de confiar em seus cinco sentidos e em suas próprias capacidades de discernimento, ele terceiriza o ato de julgamento para Havel, o finíssimo "conhecedor":

> O rapaz não sabia realmente o que devia pensar da namorada, era realmente incapaz de avaliar seu charme e beleza. [...] Mas precisamente porque se tratava do julgamento dos outros, ele não ousava muito se fiar nos próprios olhos; até então, ao contrário, tinha se contentado em dar ouvidos à voz da opinião pública e se identificar com ela.
>
> Mas o que era a voz da opinião pública comparada à voz de um mestre e conhecedor?
> (p. 179-80)

O jornalista nunca considera a possibilidade de que uma renomada autoridade possa ser falível. De mau humor porque algumas mulheres da região o rejeitaram, o médico decide se divertir à custa do jovem amigo. Apesar de a namorada ser jovem e bonita, Havel dá a entender a seu discípulo que ela não é tudo isso. Sem chegar a ponto de formular diretamente seu conselho, ele sugere que o jornalista cometeria um erro se deixasse de procurar uma mulher dali, chamada Frantiska, em vez da namorada. Trata-se de uma mãe de meia-idade, tão sem graça, tão comum, que, quando o doutor menciona seu nome, o jornalista confessa nunca ter lhe ocorrido "olhar para ela como mulher" (p. 185). Segundo Havel, porém, Frantiska possui uma espécie de beleza que é muito mais atraente e sofisticada do que o vulgar bom talhe que o rapaz até então preferira:

> [...] o gosto comum da província tem um falso ideal de beleza e que esse ideal é essencialmente estranho ao erotismo, até antierótico, ao passo que o encanto verdadeiro, erótico, explosivo, permanece despercebido para esse gosto. Existem mulheres em torno de nós que poderiam levar um homem a conhecer as aventuras mais vertiginosas dos sentidos, e ninguém as vê. [...] Diga-me, diga-me, rapaz [...] já reparou que Frantiska é uma mulher extraordinária? (p. 184-85)

O Don Juan envelhecido brinca com o esnobismo de seu admirador (quase conseguimos vê-lo beijando a ponta dos dedos enquanto descreve Frantiska), e o jornalista cai na lorota porque, como o resto de nós, ele tende a descrer dos próprios olhos e a confundir a tolice que outro lhe vende por uma pérola de pura sabedoria. Para remover quaisquer dúvidas que restem, Havel fortalece seu argumento com a ajuda da propaganda triangular: ele diz ao jornalista que qualquer um de seus amigos "dariam tudo o que têm" (p. 185) por uma oportunidade de passar apenas uma noite com Frantiska. E, para completar a venda, ele elogia com grande fervor as pernas dela:

> "Mas alguma vez já reparou no seu andar?", continuou Havel. "Já reparou que suas pernas literalmente falam quando ela anda? Meu caro, se você ouvisse o que dizem aquelas pernas, ficaria vermelho, embora eu o conheça e saiba que você não é nenhum santo." (p. 185)

Seduzido por essa descrição (e sem dúvida lisonjeado por ouvir Havel chamá-lo de libertino), o jornalista percebe o quanto tem sido tolo e agradece ao especialista erótico por ter lhe aberto os olhos para a verdade. Dizendo gentilmente, Frantiska já não está na primeira flor da juventude. O editor, porém, foi convencido pela garantia de Havel. Desafiando a realidade, ele agora a enxerga como um prêmio incomparável, ainda mais encantadora por transcender os cânones habituais da beleza. E assim, sufocando a voz interior de sua consciência e de seus sentimentos (pois, como observa Kundera, o jornalista possui sentimentos genuínos, só que permite que o juízo do modelo os sobrepuje), ele rompe com a bonita namorada e logo consegue o que quer com a singela doutora:

> [...] o jornalista foi à casa de médica no mesmo dia em que seu mestre a elogiou. [...] afirmou que a médica possuía uma beleza secreta que era mais preciosa do que uma beleza comum; elogiou seu andar e disse que suas pernas falavam quando ela andava. (p. 191-92)

Em vez de minimizar ou de dissimular a gênese imitativa da ilusão, Kundera faz todo o possível para acentuá-la. Ele escreve que o jornalista deseja Frantiska por causa de Havel, "cujo gênio tinha entrado nele, e ora nele habitava" (p. 235). Em vez de seguir por uma linha reta do sujeito para o objeto, o desejo faz um desvio pelo modelo. Assim como Dom Quixote deseja por Amadis, o jornalista deseja por Havel. O interesse do doutor envolve seus objetos num halo brilhante; sua indiferença os deixa odiosos. Apenas por demonstrar aprovação ou desaprovação, ele transforma sapas em princesas e princesas em sapas com a facilidade com que um mágico move sua varinha.

O objeto foi transfigurado no olhar do modelo, mas não só: Havel fala *pelo* rapaz do mesmo jeito que Cyrano fala por seu amigo Christian na peça *Cyrano de Bergerac*, de Edmond Rostand. Ao repetir exatamente as palavras de Havel, o jornalista permite que seu mestre o *possua* e engendre nele um novo eu, nascido dessa possessão. No caso de Christian, a possessão é deliberada e aberta (ainda que escondida de Roxanne); no caso do jornalista, o processo é menos estratégico, menos autoconsciente. Daí o delicioso espetáculo cômico de um rapaz cujo próprio eu é movido e sustentado pela energia do modelo, manipulado por Havel como um títere é manipulado pelo titereiro. Como diria Jean-Michel Oughourlian, o jornalista é o "títere do desejo [de Havel]".[8]

O exagerado retrato que a história faz da natureza triangular do desejo, a transfiguração de uma mulher sem atrativos numa beldade pela pura mágica da sugestão mimética, o modo como o jornalista permite que seu mestre fale por meio dele – tudo isso resulta numa ilustração que supera, por seu puro caráter de cartum farsesco, praticamente qualquer descrição do desejo-por-imitação fora de Cervantes, o mestre que Kundera reconhece como seu. A história recorda a cena do começo do primeiro volume de *Dom Quixote* em que o Cavaleiro da Triste Figura chega a uma estalagem:

> Por acaso estavam à porta duas mulheres jovens, dessas que chamam da vida, que iam a Sevilha com uns tropeiros que naquela noite combinaram pousar na estalagem; e como ao nosso aventureiro tudo quanto pensava, via ou imaginava parecia ser feito e acontecer da

---

[8] Ver a brilhante análise de Jean-Michel Oughourlian da peça de Rostand em *The Puppet of Desire*. Trad. Eugene Webb. Stanford, Stanford University Press, 1991, p. 117-21.

> maneira como havia lido, logo que avistou a estalagem pensou que era um castelo com suas quatro torres de telhados cônicos de prata cintilante, sem faltar a ponte levadiça e o fosso profundo, com todos aqueles acessórios que se pintam em semelhantes construções. [...] foi até a porta da estalagem e viu as duas jovens cortesãs, que a ele pareceram duas formosas donzelas ou duas graciosas damas que se entretinham diante da porta do castelo.[9]

Aqui, não são moinhos de vento que são confundidos com gigantes, mas prostitutas que são confundidas com damas de alta posição. Cervantes escolhe mulheres na camada mais baixa da sociedade não porque quer que riamos à custa delas, mas para ressaltar a loucura de seu protagonista. Quanto maior a distância entre a efetiva posição das mulheres e seu valor percebido, mais óbvia é a má apreensão de Dom Quixote do mundo, e mais deliciosamente cômica a cena. Kundera, igualmente, exagera a distância entre realidade e ilusão com o propósito de gerar efeitos cômicos. É difícil dizer se a história é engraçada porque ele está deliberadamente tentando ilustrar o triunfo da sugestão imitativa sobre a impressão pessoal, ou porque ele consegue mostrar-nos como a imitação funciona simplesmente porque tem uma história engraçada em mente e quer que saboreemos seus traços mais cômicos. Em qualquer hipótese, o humor da história é inseparável de suas intuições sobre a condição humana.

Nossa tendência como seres humanos é guardarmos as partes mais embaraçosas de nossa vida interior, num lugar em que não precisemos admiti-las. Numa era de tabus em colapso, as bravatas sexuais tornaram-se aceitáveis socialmente, ao menos em alguns contextos,

---

[9] Miguel de Cervantes, *Dom Quixote*. Vol. 1. Trad. Ernani Ssó. São Paulo, Companhia das Letras, 2013, p. 69-70.

mas a maioria de nós evita falar de nossa própria inveja, ciúme e esnobismo (falar da inveja alheia é, obviamente, parte do jogo). A arte do romancista está em descrever esses segredos embaraçosos desde dentro, de maneira tão clara, tão fácil de reconhecer, que não podemos evitar nos ver na descrição e admitir sua exatidão.

Em outras palavras, a pequena comédia revela uma profunda verdade antropológica não apesar de ser boba, mas exatamente por sê-la. O autor *caricatura* o desejo imitativo exagerando os traços mais típicos da personalidade esnobe do jornalista e eliminando tudo o mais, um pouco como um cartunista que acentua uma covinha no queixo de um político ou que alonga ainda mais um nariz que já é longo.

Kundera tira a máscara da dignidade atrás da qual escondemos nossa dívida secreta com os outros. Ao colocar-nos face a face com nosso esnobismo intimamente familiar, mas reprimido, ele ergue um espelho côncavo no qual ao mesmo tempo reconhecemos e recusamos a nós mesmos. Esse misto de reconhecimento e de recusa – a sensação de que, se não fincarmos pé, o "eu" a que nos aferramos pode escapar – resulta numa catarse libertadora chamada riso, sinalizando que a descrição foi em cheio no momento em que liberamos a insustentável tensão que ela cria em nós.

"O Dr. Havel" nos obriga a olhar a obra de Kundera de um novo ângulo. Não podemos mais colocar nosso autor exclusivamente na tradição dos grandes autores da Europa Central – Musil, Broch, Kafka –, que ele afirma serem seus antecessores. Também não podemos vê-lo apenas como sucessor de Diderot ou de Sterne, a menos que reconheçamos que Sterne via a si próprio como fornecedor daquilo que ele chamava de "*Cervantick wit*" [espirituosidade cervantesca]. Cervantes é que é o grande antecessor desse conto da fase inicial, que detém, se não *a* chave, ao menos *uma* chave da importância da obra de Kundera, tanto para a literatura dos séculos XX e XXI quanto dentro de toda a história do romance.

E não precisamos parar aqui. Nesse texto primevo, o autor vai além da mera ilustração narrativa e formula o princípio que governa o comportamento de seus personagens. Ao enumerar os benefícios que o jornalista espera obter ao fazer Havel dar uma conferida em sua namorada, Kundera escreve:

> [...] caso o mestre desse sua aprovação [...] a própria jovem teria mais valor aos olhos do rapaz, e o prazer que ele experimentava com a sua presença se transformaria de um prazer fictício num prazer real (pois o rapaz às vezes tinha a impressão de que o mundo em que vivia era um labirinto de valores cujo sentido só lhe aparecia de maneira extremamente confusa e que só poderiam se transformar de valores aparentes em valores reais depois de terem sido *verificados*). (p. 173)

Esse trecho enfatiza a total subordinação do físico ao metafísico. Nada poderia ser mais concreto e presumivelmente imune às distorções do esnobismo do que o prazer, que, afinal, é uma sensação facilmente verificável e difícil de confundir com seu oposto. Contudo, aqui vemos que a influência de segunda mão triunfa até mesmo sobre a experiência primária do prazer, pois esse prazer permaneceria "ficcional", em outras palavras, irreal, intangível, impossível de ser experimentado como tal, a menos que Havel o confirmasse; nesse caso, o rapaz imediatamente começaria a sentir e a saborear seu prazer como real e palpável.

Tendo dado esse exemplo deveras eloquente, Kundera então passa à afirmação da lei geral exemplificada pela incapacidade do rapaz de sentir prazer sem a aprovação de Havel. Para aqueles que não gostam do termo "desejo imitativo", seu "valor endossado", ainda que um pouco pesado, dá conta de maneira precisa e sucinta do fenômeno em questão. Como as celebridades que endossam produtos na televisão, Havel age como um porta-voz erótico, e o editor como um consumidor cheio de confiança que "compra" o que quer que o mestre recomende. O valor – isto é, aquilo que é desejável, estimável, digno de interesse, e bom de apropriar – é determinado pelo endosso ou (acenando para o contexto acadêmico) pela revisão dos pares.

Por fim, a passagem oferece ao leitor uma metáfora esclarecedora do desejo imitativo: o jornalista, escreve Kundera, vagueia por um labirinto. Num artigo sobre a *Phaedra* de Racine, Jacques-Jude Lépine entende o labirinto como uma figura para a erosão de barreiras e de hierarquias qualitativas (primogenitura, o tabu do incesto, o sistema de castas etc.) que canalizam o desejo, afastando os rivais potenciais uns dos outros. Para Lépine, a metáfora do labirinto representa a confusão produzida (e exacerbada) pelo desejo imitativo desenfreado; ela expressa o que acontece quando os indivíduos afastam-se da massa de modelos estabelecidos e buscam afirmar sua originalidade, o que fazem do único jeito que sabem, isto é, copiando os desejos uns dos outros.[10]

Um labirinto é caracterizado pela ausência desorientadora de marcos, como bem sabe qualquer pessoa que tenha se aventurado pelo labirinto de Hampton Court, se perdido numa cidade estrangeira ou enfrentado algum problema burocrático. A pessoa que tenta sair pode estar desesperada o bastante para seguir qualquer sinal de direção, sem se dar ao trabalho de se perguntar aonde ele vai levá-la. Com seu uso da imagem do labirinto, Kundera alude àquilo que Hermann Broch, em seu romance *Os Sonâmbulos*, denominou "a desintegração dos valores", isto é, o desaparecimento gradual de sinalizações que apontavam para um ponto de fuga transcendente, a perda de costumes herdados e de uma base coletiva comum. O afastamento dos deuses e o colapso das hierarquias deixam um vazio existencial

---

[10] Jacques-Jude Lépine, "Phaedra's Labyrinth as the Paradigm of Passion: Racine's Aesthetic Formulation of Mimetic Desire". In: *Contagion: Journal of Violence, Mimesis, and Culture*, vol. 1, p. 53, primavera de 1994.

preenchido pelos vários Havels que exercem sua influência sobre a alma humana.

A incapacidade do jornalista de escolher por si o caminho certo, que o leva a confiar nas orientações equivocadas de Havel, testemunha uma crise social mais ampla. Outras histórias em *Risíveis Amores* aludem às consequências nocivas ou absurdas do regime comunista na Boêmia natal de Kundera: um professor de arte perde o emprego em "Ninguém Vai Rir"; um professor de escola entra em conflito com seus colegas comunistas em "Eduard e Deus". Em "O Dr. Havel", ninguém é despedido por motivos políticos, nem interrogado por um comitê escolar marxista (nem, aliás, há qualquer menção ao "culto da personalidade", ainda que, num contexto não político, e em pequena escala, a expressão pudesse ser aplicada à adoração que o jornalista tem por Havel). A crise social pode ser sentida de maneira indireta, porém, principalmente na falta de pontos de referência existencial confiáveis no labirinto em cujo centro está Havel, mediador diabólico do desejo. Nesse labirinto desorientador, os valores "ilusórios" são aqueles do "eu detestável" de Pascal, incapaz de achar seu rumo sem o guiamento de um modelo divinizado. Nesse ínterim, os únicos valores "reais" são aqueles endossados pelo mesmo modelo, cuja estadia na estação de águas é temporária, e dali a pouco será substituído por outra pessoa.

Desde o começo mesmo de sua obra, portanto, Kundera maneja o paradoxo imitativo com uma exuberância brincalhona que recorda as obras de Cervantes, de Shakespeare e de Molière. Não contente em apontar o fenômeno, ele também dá conta dele em termos teóricos, usando uma linguagem figurada para explicitar o que quer dizer.

O que devemos tirar dessa história? Primeiro, devemos reconhecer que a atração do jornalista por Frantiska nada tem a ver com suas características físicas ou com sua personalidade sedutora, e tudo a ver com a suposta opinião que Havel tem dela.

Como observa o psicólogo Sam Sommers, ao sermos indagados a respeito dos critérios que determinam nosso interesse num parceiro potencial, geralmente citamos um corpo bem-feito, um rosto bonito, ou a boa conversa: "[...] pergunte às pessoas o que as leva a se apaixonar por alguém, e suas respostas parecem tiradas direto dos classificados pessoais ou de um desses websites que procuram o par ideal prometendo uma análise científica da compatibilidade".[11] Inteiramente focados no objeto, deixamos de computar a influência dos pares na equação do desejo, convencidos de que, no lugar do jornalista, escolheríamos a namorada bonita em vez da doutora de mais idade.

Em suma, apesar de reconhecermos a validade da história enquanto ilustração do mecanismo imitativo, tendemos a limitar seu escopo. São sempre os *outros* que desejam mimeticamente, nunca nós mesmos. Admitir que nós nos assemelhamos sob qualquer aspecto ao tolo jornalista seria equivalente a renunciar à nossa psicologia orientada ao objeto e, junto com ela, parte do nosso orgulho. Será que possuímos senso de humor para isso? É esse o teste com que nós, como leitores, nos defrontamos, mas só porque o autor primeiro passou por ele. Suspeito de que Kundera foi capaz de escrever seu conto porque, por volta dos trinta anos, ele percebeu de repente que seu próprio desejo na verdade não era mais autêntico do que o de ninguém (falo dessa transformação no capítulo 8). Ele reconheceu *às próprias custas* o papel do modelo na designação do objeto de atração. Na medida em que nós também estamos dispostos a sacrificar algo de nossa preciosa dignidade, "O Dr. Havel" nos desengana quanto à ideia de que são exclusivamente os méritos individuais de uma pessoa que nos atraem para ela.

Segundo, deveríamos notar os poderosos efeitos (e afetos) produzidos pela imitação. Desde a perspectiva do indivíduo, desejos

---

[11] Sam Sommers, *Situations Matter*. New York, Riverhead Books, 2011, p. 184.

mediados parecem mais fortes e mais autênticos, e parecem mais dignos de credibilidade e de confiança do que suas próprias percepções, sentimentos ou julgamentos. O entendimento de Kundera da imitação inverte a hierarquia aceita das coisas, que atribui menos força aos sentimentos e desejos imitados do que às impressões espontâneas. Um dogma bastante difundido brota dessa concepção romântica: quanto mais forte o sentimento, mais autêntico deve ser. Kundera vira essa ideia de cabeça para baixo e, ao fazer isso, revoluciona nosso entendimento do desejo: *quanto menos autêntico o sentimento, mais forte e mais intensamente "nosso" ele parece.*

Isso não significa que a falta de afeto denota autenticidade, nem que devemos acreditar na aura do temperamento "*cool*", que simplesmente coloca o culto romântico do sentimento de ponta-cabeça. Porém, isso significa que um coração batendo não garante que encontramos "a pessoa certa", assim como uma raiva fortíssima não garante que estamos lutando por uma causa justa. Nas últimas décadas, o QI deu lugar à "inteligência emocional". Usamos as palavras "eu sinto que" em vez de "eu penso" para expressar nossas opiniões. Ao se recusar a submeter-se àquilo que chama de "ditadura do coração", os romances de Kundera nos previnem contra colocar fé demais em nossas emoções.

Nos livros subsequentes, a descrição de Kundera, feita em termos de comédia, da ilusão imitativa, abre caminho para abordagens mais complexas do desejo. Em particular, ele dá cada vez mais atenção ao impacto mais amplo, histórico, das miragens e frustrações da imitação. Ele analisa as manifestações coletivas do desejo imitativo junto com as manifestações individuais e pessoais, mostrando como estão inter-relacionadas. E volta à situação do Don Juan experiente e de seu sincero discípulo, principalmente no romance farsesco *A Lentidão*, em que o sedutor aprendiz encarna a falta de conexão da sociedade contemporânea com a realidade.

## Metamorfoses de Christine[12]

Antes de passar à questão da rivalidade, eu gostaria de dar mais um exemplo eloquente do desejo imitativo e de seu poder transfigurador. As passagens que tenho em mente podem ser encontradas na Parte Cinco de *O Livro do Riso e do Esquecimento*, em que um jovem poeta convida sua amante, a esposa de um açougueiro, da província, para passar o fim de semana com ele em Praga.

A primeira transfiguração ocorre quando a mulher chega à cidade. O estudante a encontra num café sujo e percebe que ela não é tão atraente quanto ele antes pensara:

> [...] a fada provinciana de suas férias estava sentada no canto dos banheiros, numa mesa que não era destinada aos clientes, e sim à louça suja. Estava vestida com uma desajeitada elegância, como só poderia se vestir uma moça do interior que visita a capital à qual não vai há muito tempo e onde quer experimentar todos os prazeres. Ela usava chapéu, pérolas vistosas em volta do pescoço e escarpins pretos de salto alto. (p. 147-48)

Kundera apresenta a primeira impressão do estudante para que possamos saborear cada detalhe cômico dela, e em seguida descreve sua reação. O leitor pode sorrir diante do estilo da senhora provinciana, e sentir pena da óbvia pouca afabilidade com que ela foi tratada no restaurante. O estudante, porém, só pode sentir constrangimento:

> O estudante sentia que seu rosto queimava – não de emoção, mas de infelicidade. No pano

---

[12] No original tcheco de Kundera, e no original inglês deste livro, Kristyna. A tradução francesa de Kundera afrancesou o nome, sendo seguida nisso pela tradução brasileira deste livro. (N. T.)

> de fundo de sua pequena cidade com seus
> açougueiros, seus mecânicos e seus aposenta-
> dos, Christine tinha produzido uma impressão
> inteiramente diferente desta em Praga, cidade
> de estudantes e de bonitas cabeleireiras. Com
> suas pérolas ridículas e seu dente de ouro
> discreto (no canto, no canto da boca), ela lhe
> aparecia como a negação personificada daquela
> beleza feminina, jovem e vestida de jeans, que
> o rejeitava cruelmente havia vários meses. Ele
> avançou em direção a Christine com um passo
> incerto [...]. (p. 148)

Christine parece bonita na cidadezinha natal provinciana do estudante e feia tendo Praga como pano de fundo. Aqui, o mediador não é um único indivíduo, mas mais um contexto, um fundo. O estudante não consegue deixar de ver sua amante pelos olhos dos habitantes da cidade. Ao lado das belas cabeleireiras e das moças bonitas que povoam as ruas de Praga, ela só consegue aparecer sob uma luz desvantajosa. Kundera outra vez faz com que o leitor sinta a desconcertante relatividade de todos os juízos estéticos e eróticos. Será a Christine real aquela que o estudante achou terrivelmente atraente, ou aquela que ele agora não acha atraente? Estamos de volta ao labirinto dos desejos, em que o único meio de resolver essas questões é apresentá-las a um especialista.

O estudante parece perceber que seu desejo por Christine está sendo influenciado pelo juízo negativo que ele imagina que os outros estão fazendo dela. Ele espera restaurar sua beleza levando-a a seu apartamento: "Queria levá-la bem depressa para sua casa, escondê--la de todos os olhares e esperar que a intimidade de seu refúgio fizesse reviver o encanto desaparecido" (p. 149).

O estudante não é tão infeliz quanto a maioria dos personagens de Kundera. Ainda que ele continue a não achar Christine atraente, ele não quer se livrar dela. Faz tempo demais que ele dormiu com uma mulher, e ela representa sua melhor chance de dar fim à seca. Não há motivo particular para aplaudir seus motivos. Porém, ao menos podemos felicitá-lo pela concretude de seu desejo. Ele quer gratificação sexual e não é esnobe o bastante para permitir que seu desejo imitativo triunfe sobre seus impulsos carnais.

O estudante está particularmente dividido em relação a Christine porque foi convidado a uma reunião dos poetas mais famosos do país naquela noite mesmo. Ele quer dormir com sua convidada, mas também quer demais ir à reunião. No fim, cheia de boa vontade maternal, Christine insta-o a não desperdiçar a oportunidade de confraternizar com companhias tão ilustres. Tomando um livro de versos do poeta mais ilustre dentre eles, a quem Kundera apelidou Goethe, ele promete, a pedido dela, conseguir-lhe uma dedicatória:

> O estudante exultou. A dedicatória do grande poeta substituiria para Christine os teatros e os espetáculos de variedades. [...] Como o estudante esperava, a intimidade de sua mansarda reavivou os encantos de Christine. As moças que iam e vinham pelas ruas tinham desaparecido, e o encanto de sua modéstia invadiu silenciosamente a peça. A decepção se dissipou lentamente [...]. (p. 151)

Isolada da multidão, Christine volta a parecer atraente. O estudante age um pouco como Havel, mas com intenções muito diferentes. Ele usa mágica mimética para fazer a garota com quem está parecer mais atraente, mas sua manipulação é na verdade bastante inofensiva. Ele deliberadamente leva Christine para o quarto para que não seja mais forçado a compará-la desfavoravelmente com as meninas bonitas na rua, nem obrigado a imaginar que ela reflete mal nele aos olhos da opinião pública. O estudante poderia ter rompido com a namorada, como fez o jornalista em

"O Dr. Havel". Ou ele poderia ter tentado despertar o interesse de algum outro homem por ela, elevando seu valor de mercado, mas criando para si um rival. Em vez disso, ele encontra uma solução que não envolve nenhum risco desnecessário de conflito. Afinal, o que o atrai em Christine não é seu erotismo exibido, e sim sua modéstia. De fato, nessa história, o breve acesso de esnobismo em que o estudante cai só faz ressaltar a ternura fundamental de seus sentimentos por ela.

Na reunião dos poetas, o estudante se pronuncia em defesa de Lermontov (o apelido que Kundera deu a outro poeta tcheco presente na reunião), e, com suas palavras, conquista a admiração dos outros. Ele logo se vê numa conversa com o próprio Goethe, e, sem conseguir pensar em nenhum assunto mais interessante, começa a falar ao grande poeta sobre Christine, a mulher do açougueiro. Goethe escuta com sincero interesse e o estudante logo confessa que Christine tem um dente de ouro e se veste mal. Ele se apressa em explicar que esses pequenos detalhes, típicos de uma mulher provinciana, foram o que ele primeiro achou atraente. Tomando da caneta, Goethe lhe garante que ele escolheu sabiamente sua amante, e concorda, com prazer, em fazer uma dedicatória no livro de versos: "inclinou-se para a página de rosto, pegou sua caneta e começou a escrever. Encheu a página toda, escreveu com entusiasmo, ficou quase em transe, e seu rosto irradiou o brilho do amor e da compreensão." (p. 165).

Goethe não é uma divindade diabólica ao estilo de Havel. Ele desempenha o papel de um Deus amoroso e benevolente que apoia o desejo do discípulo sem entrar numa relação competitiva com ele. Ele só quer que o estudante seja feliz, e sua dedicatória atinge esse objetivo:

> O estudante pegou o livro de volta e enrubesceu de orgulho. Aquilo que Goethe escrevera para uma desconhecida era belo e triste, nostálgico e sensual, sério e alegre, e o estudante

> estava certo de que nunca antes palavras tão
> belas tinham sido dirigidas a uma mulher. Ele
> pensa em Christine e a deseja infinitamente.
> Sobre suas roupas ridículas, a poesia jogou um
> manto tecido com as palavras mais sublimes.
> Fez dela uma rainha. (p. 165)

A metamorfose está completa: a capa brilhante de palavras envolve Christine em seu brilho. Os atrativos que ele descreve estão mergulhados na nostalgia do autor por sua terra natal e por seus dias de juventude em Praga. No final, o espírito de camaradagem masculina vence o esnobismo da comparação invejosa. E os artifícios empregados nessas passagens nascem de intenções fundamentalmente benevolentes. Havel, também, era um mago cuja varinha transformava sapos em princesas. Porém, ele fazia magia negra com humor sardônico, beirando a malícia. Os poetas nos aparecem através das brumas douradas das lembranças de Kundera. Ao contrário de Havel, eles são divindades benevolentes que intervêm para o bem nas vidas dos homens. Os nomes lendários aumentam sua estatura mítica; o pequeno clube em que se encontram é uma espécie de Monte Olimpo.

Mais tarde naquela noite, o estudante fala com Petrarca, que, proclamando que amar uma mulher significa ser inteiramente consumido por ela, aconselha-o a não dar ouvidos ao cínico libertino Boccaccio:

> O estudante escutava Petrarca com fervor
> e tinha diante dos olhos a imagem de sua
> Christine, de cujos encantos duvidara al-
> gumas horas antes. Agora tinha vergonha
> dessas dúvidas, porque elas faziam parte da
> metade menos boa (boccacciana) de seu ser;
> não tinham nascido de sua força, mas de sua
> fraqueza: eram a prova de que ele não ou-
> sava entrar no amor inteiramente, com todo

o seu ser, a prova de que tinha medo de se consumir na mulher amada. (p. 171)

O estudante promete a si mesmo amar Christine como ela nunca foi amada antes. Kundera observa: "Um pouco antes, Goethe tinha revestido Christine com um manto real e agora era Petrarca que espalhava fogo no coração do estudante. A noite que o esperava seria abençoada por dois poetas" (p. 171). Como que para enfatizar o papel desempenhado pela ilusão imitativa no episódio, Kundera nos dá não um, mas um par de Cyranos. A poesia lírica supostamente nasce dos recantos mais profundos e pessoais da alma do poeta. A alma do estudante, porém, está cheia de anseios e de sentimentos colocados ali pelos outros. Os dois poetas cumprem a função do escriba da esquina ou mesmo do cartão de lembranças produzido em massa. Seu prestígio aos olhos do rapaz, porém, concede uma evocatividade extraordinária a suas palavras, que o enchem de sentimentos emprestados mais fortes e mais aparentemente autênticos do que poderiam ser quaisquer sentimentos espontâneos.

A noite, infelizmente, termina de maneira decepcionante. Temendo uma gravidez, e contente por passar a noite castamente abraçada ao estudante, Christine repele seus avanços e retorna à sua cidade provinciana de trem no dia seguinte, sem jamais entregar ao estudante o que ele queria. Porém, uma pirueta final põe as coisas de volta no lugar certo: decepcionado porque Christine não quis dormir com ele, o estudante volta ao clube, onde, na companhia de Petrarca e de Lermontov, recebe um consolo inesperado. Os dois poetas leem um bilhete escrito pela esposa do açougueiro e acham que se trata de uma estrofe poética criada pelo estudante. Assim, o jovem protagonista (que Kundera de maneira nada bondosa chama de "incorrigível imbecil" (p. 182) é recebido no clube dos poetas como igual, tendo a simples mensagem de Christine ("Espero você. Eu te amo. Christine. Meia-noite", p. 181) sido transformada e envolvida, como a própria Christine, num manto real pelas divindades benevolentes da poesia.

## "Uma Imitação de Sentimento"

*Kundera, or, The Memory of Desire* [*Kundera, ou a Memória do Desejo*], de Eva Le Grand, examina a obra do autor numa série de variações lúcidas e livres. Como a palavra "desejo" ocorre no próprio título do livro, pareceria natural buscar em Le Grand uma definição do desejo tal como retratado nos romances de Kundera. Para Le Grand, o tema central do autor é o "kitsch", entendido não simplesmente como uma estética, mas também, e de fato primariamente, como categoria existencial. Na concepção dela, o kitsch é uma atitude de delírio ou de negação extremamente semelhante ao tipo de desejo transfigurador que venho examinando. Ela o define como a faculdade de trocar "a realidade por sonhos de um mundo melhor (o paraíso perdido como o futuro brilhante)", a faculdade de "representar equivocadamente o que é real como uma visão idílica e extática do mundo, à qual sacrificamos sem escrúpulos toda consciência ética e crítica".[13]

Num nível, é difícil discutir essa definição. Afinal, ela bate com o bom senso da sabedoria popular: vemos o que queremos ver, ou, como diz um velho provérbio, achamos que a lua é feita de queijo. Em outras palavras, quando desejamos algo sem motivo, é porque permitimos que nossas esperanças interfiram em nossa percepção. Nossos sonhos, expectativas e desejos ("sonhos de um mundo melhor") fazem as coisas parecerem diferentes do que realmente são ("representar equivocadamente o que é real").

Le Grand enfatiza que a ilusão não se aferra aos objetos mesmos, mas ela nunca explica exatamente de onde ela vem e o que a produz. E, como não podemos culpar o mundo mesmo – nos termos de Le Grand, "o que é real" –, devemos concluir que a miragem se origina dentro do sujeito. Na visão dela, os romances de Kundera

---

[13] Eva Le Grand, *Kundera, or, The Memory of Desire*. Trad. Lin Burman. Waterloo, Wilfred Laurier University Press, 1999, p. 10.

invertem esse erro subjetivo, desfazendo o encanto que esconde a realidade e revelando outra vez para nós o mundo objetivo. Ela vê Kundera (com razão) como demolidor de ilusões, e seus romances como meio de desmistificar os mitos mais perniciosos do século XX, tanto pessoais quanto políticos. François Ricard adota uma abordagem semelhante: "ler um romance de Kundera é sempre uma experiência de desilusão".[14]

A definição de desejo de Le Grand tal como funciona nos romances de Kundera aplica-se bem a "O Dr. Havel Vinte Anos Depois". O jovem jornalista "representa equivocadamente o que é real", considerando atraente uma mulher sem atrativos. Com o juízo paralisado, ele não tem escrúpulos quanto a "sacrificar" a bonita namorada ao plano de Havel, apesar de suas apreensões e da falta de beleza da substituta. Além disso, Le Grand acrescenta uma dimensão ética a nosso entendimento da história, levantando questões de responsabilidade e recordando-nos de que ações realizadas em estado de delírio podem causar males e sofrimentos.

Em suma, ela faz um retrato fiel do desejo tal como aparece no texto. Quase todas as características da história (substituição, sacrifício, falta de percepção, a transfiguração do objeto) encontram eco em sua definição do kitsch. Isto é: todas, menos uma. Falta um ingrediente, um ingrediente tão importante e, ao menos nessa história, tão óbvio que a maior parte dos críticos parece ter passado por cima dele em silêncio, talvez na crença de que uma fruta tão baixa oferecesse exercícios insuficientes para suas faculdades interpretativas. Uma vez que o acrescentamos, tudo entra no lugar, e até as implicações éticas do texto tornam-se mais ricas e mais complexas.

Le Grand refere-se ao ingrediente que falta quando, no processo de refinar sua definição, ela escreve: "O conhecimento mesmo do mundo torna-se contaminado, ainda mais porque não se baseia

---

[14] François Ricard, prefácio a *Oeuvre*, de Milan Kundera. Paris, Gallimard, 2011, p. xvi.

num sentimento da vida real, mas numa imitação de sentimento".[15] A palavra "imitação" abre um buraco na psicologia de Le Grand do sujeito e a transforma desde dentro. Quando ela começa a falar das "imitações sentimentalistas" e de personagens que "vivenciam sentimentos 'por procuração'", seu arcabouço linear adquire profundidade tridimensional, e sua leitura sobe de nível.

Contente em apontar a existência do fenômeno sem se deter mais profundamente no assunto, Le Grand nunca insiste nessa promissora linha investigativa. Se tivesse feito isso, teria descoberto que a imitação desempenha um papel muito maior na ficção de Kundera do que seus leitores até então suspeitaram. Um exemplo da "imitação de sentimento" de que ela fala ocorre no romance *A Vida Está em Outro Lugar*. Jaromil, o poeta talentoso mas ingênuo, voltou para o apartamento de subsolo de sua namorada. Ela está usando um vestido com botões grandes que descem pela frente. Ele tenta desajeitadamente desabotoá-los, sem perceber que a função deles é apenas ornamental. Rindo, a moça lhe diz que ela própria vai tirar a roupa, e põe as mãos para trás para abrir o fecho ecler. Chateado por ter cometido um erro tão tosco, Jaromil insiste em abrir ele mesmo o fecho ecler.

Kundera revela a razão para a insistência de Jaromil. O rapaz está desempenhando um papel que decorou nos livros. Ele carece de experiência erótica, mas precisamente por essa razão tem rígidas concepções prévias sobre como deve se desenrolar seu encontro com a moça:

> [...] era muito desagradável a jovem querer despir-se sozinha. No seu entender, a diferença entre um despir-se amoroso e um despir-se comum consistia exatamente em que a mulher fosse despida pelo parceiro.

[15] Ibidem, p. xvi.

> Não era a experiência que lhe inculcara essa concepção, mas a literatura e suas frases sugestivas: *ele sabia despir uma mulher*; ou *ele desabotoou sua blusa num gesto versátil*. Ele não podia imaginar o amor físico sem um prólogo de gestos confusos e impacientes para abrir botões, puxar zíperes, tirar pulôveres. (p. 213)

A palavra "sugestivas" deve ser entendida em dois sentidos. As frases nos livros que Jaromil lê possuem uma carga erótica e excitante, e também *sugerem* ao rapaz o modo correto de agir com uma mulher. Do ponto de vista bovaryesco de Jaromil, o prelúdio ao amor com a moça carece de paixão febril. A cena da vida real não corresponde às cenas imaginadas evocadas pelos romances baratos. A determinação de Jaromil de desabotoar o vestido da moça não brota de nenhum efetivo anseio físico e urgente. Ele não está nem dominado pela paixão, nem cegado pela concupiscência.

O episódio recorda a análise que Kundera faz do *homo sentimentalis* em *A Imortalidade*:

> Por definição, o sentimento surge em nós à nossa revelia e muitas vezes com nosso corpo se defendendo. Do momento que *queremos* experimentá-lo (assim que *decidimos* experimentá-lo, assim como Dom Quixote decidiu amar Dulcineia), o sentimento não é mais sentimento, mas imitação de sentimento, sua exibição. Aquilo que geralmente chamamos histeria. É por isso que o *homo sentimentalis* (em outras palavras, aquele que instituiu o sentimento como valor) é na realidade idêntico ao *homo hystericus*. (p. 229)

A *idée fixe* do histérico lhe chega de longe: Dom Quixote decide amar Dulcineia porque está tentando viver a trajetória narrativa que lhe é sugerida por seus romances de cavalaria favoritos. O sentimento de extrema paixão tornou-se para ele um valor porque é (ou porque se crê que seja) um valor para o modelo. Porém, ele não vivencia sua imitação como imitação. Em vez disso, ele sinceramente acredita na autenticidade de seu sentimento, assim como o jornalista em "O Dr. Havel" sem dúvida acredita no intenso desejo erótico que o avassala na presença da enrugada Frantiska, sem perceber que esse desejo lhe vem de Havel.

Ainda que em algum nível a imitação seja mais deliberada do que a do jornalista, Jaromil também acredita sincera e completamente na concepção de amor que tirou dos livros. A sensação desagradável que ele tem diante da ideia de que sua namorada deva despir-se é em si autêntica, na medida em que ele realmente a sente. Como escreve Kundera em *A Imortalidade*, a crítica do *homo sentimentalis* não deveria nos fazer pensar que "o homem que imita o sentimento não o sinta. O ator que representa o papel do velho rei Lear sente em cena, defronte aos espectadores, a tristeza autêntica de um homem abandonado e traído, mas essa tristeza evapora-se no mesmo momento que a representação termina" (p. 229-30). Jaromil identifica-se inteiramente com seu papel, e é por esse motivo que as reações da moça causam-lhe tanta ansiedade: ela se recusa a desempenhar a parte que lhe cabe no teatro do ato amoroso! Esse papel, porém (como o dele próprio), existe inteiramente em sua mente hipersuscetível, uma ficção da *sugestividade* literária entendida nos dois sentidos da palavra.

A concepção de Le Grand do desejo é muito devedora da filosofia. Ela coloca a ênfase na subjetividade, ao passo que Kundera acentua o modelo. Minimizando as partes de sua definição que nos levariam a pensar que o desejo nasce de algum núcleo interior, devemos ressaltar as passagens em que ela fala da imitação. Desse modo, nós críticos podemos estender e elucidar as intuições do romance em vez de ficar defasados em relação a elas.

Se não fizermos isso, nossa leitura crítica vai operar num nível de percepção inferior ao do texto. As psicologias do sujeito deixam de nos avisar de que nem sempre devemos dar atenção ao conselho de Obi-Wan Kenobi a Luke Skywalker em *Guerra nas Estrelas* ("Confie no que sente, Luke!"). A "força" que corre dentro de nós pode ser energia cósmica, mas também pode vir de uma propaganda de refrigerante, do nosso vizinho de porta, ou, como no caso de Jaromil, de um romance da Harlequin. Essas psicologias orientadas para o sujeito também deixam de captar que "O Dr. Havel" e o episódio de Christine de *O Livro do Riso e do Esquecimento* agem como parábolas sobre a natureza mimética da beleza. Elas subvertem o velho dito segundo o qual "a beleza está nos olhos do observador". Após ler os contos e os romances de Kundera, deveríamos dizer: "a beleza está nos olhos do mediador".

Le Grand não está só ao conceder grande importância ao desejo e à ilusão na ficção de Kundera. François Ricard e Guy Scarpetta estão entre os leitores mais perspicazes de Kundera, e em seus ensaios eles elogiam a abordagem desiludida de Kundera e sua desconstrução de mitos políticos e ideológicos. Porém, eles não falam de imitação. Nas páginas iniciais de *Agnès's Final Afternoon* [*A Última Tarde de Agnès*], Ricard discute a noção girardiana de "conversão" e logo a põe de lado.[16] Enquanto isso, John O'Brien esboça as linhas gerais de "O Dr. Havel" em seu estudo da obra de Kundera e de sua relação com o feminismo e com a crítica literária feminista. Porém, ele está preocupado demais em condenar as deturpações misóginas das mulheres para dar grande importância ao desejo triangular, exceto para denunciar o uso manipulativo que Havel faz da esposa para despertar o interesse das mulheres locais que o esnobaram (discutirei esse episódio no capítulo seguinte).[17] Maria Nemcova Banerjee chega mais perto, talvez, quando, em sua breve análise da história, refere o "carisma derivativo" de Havel.[18]

---

[16] François Ricard, *Agnès's Final Afternoon*. New York, Harper Perennial, 2004.
[17] John O'Brien, *Milan Kundera and Feminism: Dangerous Intersections*. New York, St Martin's Press, 1995.
[18] Maria Nemcova Banerjee, *Terminal Paradox: The Novels of Milan Kundera*. New York, Grove Weidenfeld, 1990, 67.

Até onde eu sei, apenas um leitor explorou extensivamente a interpretação triangular de "O Dr. Havel" – o próprio Milan Kundera. Aqui pode valer a pena recordar o que disse Kundera durante um programa de rádio com René Girard:

> Há um conto que eu não poderia ter escrito se tivesse primeiro lido seu livro sobre o romance, porque você fala do desejo que é sempre inspirado pelo desejo de um outro, não é mesmo? Eu tinha escrito um conto que se chama "O Dr. Havel Dez ou Vinte Anos Depois", em que um grande conquistador de mulheres é admirado por um jovem adepto, e este depende tanto do julgamento de seu modelo que só é capaz de se relacionar com as mulheres que ele recomenda. Esse grande Don Juan é tão sádico que sempre lhe recomenda mulheres absolutamente feias. E quando uma moça é bonita, ele diz: não, não vale a pena. E ele obedece completamente. Então eu disse a mim mesmo que ela é quase a caricatura – aliás, eu adoro esse conto – daquilo que você escreveu. Assim, se eu tivesse lido seu livro, eu teria ficado bloqueado. Teria dito a mim mesmo: "Agora, você está fazendo uma ilustração daquilo que René Girard escreveu", não é mesmo? Eu tive o duplo prazer de lê-lo, e de lê-lo tarde demais.[19]

O testemunho do autor não é de jeito nenhum indispensável. Afinal, as evidências textuais falam por si. Porém, as observações de Kundera fortalecem essas evidências. Elas me levam à conclusão de que ele escreveu "O Dr. Havel Vinte Anos Depois" especificamente para

---

[19] France Culture, *Tout Arrive*, conversa entre Milan Kundera e René Girard, 11 de novembro de 1989. Disponível em: http://yrol.free.fr/LITTERA/GIRARD/entretien.htm. [Hoje disponível em: http://www.rene-girard.fr/57_p_22556/introduction.html.]

revelar o funcionamento de "um desejo inspirado pelo desejo de outra pessoa" (ou, na medida em que o Dr. Havel não deseja efetivamente Frantiska, pela *aparência* desse desejo). É fácil entender por que Kundera usaria a palavra "caricatura". Como observei anteriormente, ele descreve o mecanismo imitativo do jeito como um cartunista descreve um rosto, enfatizando os traços mais importantes – a fé quase religiosa do discípulo no mestre; a transfiguração do objeto; a cegueira do imitador para a ilusão que o prende – em passagens analíticas esclarecedoras. E, como veremos no próximo capítulo, ele cria até um segundo triângulo que reflete o primeiro, afastando o centro de gravidade da história de qualquer protagonista em particular para se concentrar diretamente nas mudanças em valor percebido produzidas pelo endosso de terceiros.

Nem Dostoiévski nem Stendhal tinham qualquer termo para o desejo triangular, nem meios conceituais de lidar com o fenômeno. Mesmo Proust carece de uma boa teoria do desejo mediado; suas descrições do ciúme triangular, por prodigiosas que sejam, permanecem implícitas e intuitivas. Esses autores precederam Kundera no caminho da revelação mimética. Em contos como "O Dr. Havel", mostra-se que as intuições deles fazem parte de um padrão conceitual maior. Apoiando-se nas inovações de romancistas ensaísticos como Mann, Broch e Musil, Kundera tece uma reflexão filosófica brincalhona na trama narrativa de seus livros. Em suas mãos, o romance gradualmente abre caminho para o ensaio, sem jamais abandonar seu propósito fundamental, que é explorar o mundo da experiência humana.

# capítulo 3
# da imitação à rivalidade

### A Mudança da Admiração para a Inveja

Tendo observado anteriormente que Dom Quixote e o jovem jornalista em "O Dr. Havel Vinte Anos Depois" têm muito em comum, gostaria de agora explorar o que os separa. No romance de Cervantes, Amadis e os outros cavaleiros que Dom Quixote imita desempenham o papel de modelos transcendentes, impassivos, reinando benevolentemente desde o alto sobre seu discípulo. Eles não julgam Dom Quixote, que nunca realmente tem a experiência da derrota, até ser derrubado num combate um a um na conclusão do romance. Além disso, Dulcineia é uma fantasia. Dom Quixote nunca vai consumar seu amor por ela porque ela não existe. Com Cervantes, o amor permanece casto, sem a contaminação daquela sexualidade tingida de crueldade e de humilhação a que chamamos de *erotismo*.[1]

Havel, ao contrário, intimida o rapaz desde o começo com seu ar viril e experiente. A metáfora da prova escolar, que citei anteriormente, sugere a sensação de pânico e de insegurança do acólito, inversamente proporcional ao ar de autoconfiança do professor. O deus desceu à Terra e se coloca no caminho do adorador, pronto para pronunciar um veredito devastador. Ele se tornou o torturador

---

[1] Algumas partes de minha análise de "O Dr. Havel" apareceram em forma diferente em meu artigo "O Labirinto dos Valores: Desejo Triangular em 'O Dr. Havel Vinte Anos Depois'". *Heliopolis*, vol. VIII, n. 1, p. 111-23, 2010. [Artigo incluído como posfácio do livro.]

sartreano ("Cada um de nós atuará como torturador dos outros dois", declara Inez em *Entre Quatro Paredes*), ou o porteiro kafkiano da parábola de *O Processo*, que fecha a porta para o homem que procura ser admitido à lei. Não há nada mais doloroso e humilhante do que sentir a rejeição das mãos do próprio Deus que adoramos. Quando as esferas de ação do modelo e do imitador sobrepõem-se, um frustra o desejo do outro. Um frustra a capacidade do outro de atingir seu objetivo mimeticamente inspirado.

É isso que corre o risco de acontecer ao jornalista e a Havel. Sem que o rapaz saiba, Havel percebe-o como rival. O doutor percebe durante o jantar que, se fizesse uma proposta à namorada do jornalista, ela muito provavelmente o rejeitaria, assim como fizeram as duas mulheres que abordou antes. Outrora um grande sedutor, Havel ganhou peso e começou a ter problemas de saúde. Não é mais o homem que um dia foi. Não pode ser acidente que ele queira separar a moça do jornalista, tirar do rapaz aquilo que ele, Havel, não pode possuir por conta própria, como na fábula de Esopo do cão invejoso. Por sua vez, o jornalista admira demais Havel para imaginar que este último possa invejá-lo. Ele tem medo de que Havel o julgue tolo e ingênuo, mas nunca lhe ocorre que ele possa ter mais sorte no amor do que esse protótipo do *savoir-faire* erótico.

A relação de Havel com a moça na história é ainda mais obviamente adversativa: "o Dr. Havel mergulhou nos olhos azuis da moça como nos olhos hostis de alguém que não iria lhe pertencer" (p. 181). Tendo percebido que não conseguiria seduzir a moça, ele resolve que ela é feia – e dessa vez não é a fábula de Esopo do cão invejoso mas a da raposa e as uvas que deve ser mencionada para caracterizar a má-fé de Havel: "E quando se apoderou desses olhos, com todo o seu significado de hostilidade, retribuiu com hostilidade, e de repente viu diante de si uma criatura cuja expressão estética era absolutamente clara: uma garota frágil, com o rosto manchado de sardas, insuportavelmente tagarela" (p. 181). Esse trecho nos obriga a uma ligeira revisão de nossa ideia de Havel. Ao recomendar ao jornalista que ele jogue a moça de volta na água como "um verdadeiro pescador", ele age menos como alguém que prega peças do que como um pretendente ressentido. Ele consegue esconder seu mau humor, mas Kundera penetra além da superfície do alegre disfarce do *bon vivant* para revelar as profundezas da infelicidade de Havel: as alegrias que ele sente ao pensar que a moça é feia e ao ter o olhar admirado do jornalista fixado em si "eram bem pequenas comparadas ao abismo de amargura que se abria nele" (p. 181).

É o jornalista, porém, que foi mais profundamente envenenado pelas emoções tóxicas de rivalidade. Como antídoto para seus pensamentos sombrios, Havel traz a esposa, uma bela e famosa atriz, para a estação de águas. Enquanto isso, a avaliação do médico convenceu o jornalista de que sua própria namorada é feia, e portanto indigna do libertino que ele deseja tornar-se. Envergonhado de aparecer com ela em público, ele rompe o relacionamento, apesar de no fundo ainda amá-la. Esses acontecimentos colocaram-no num estado de espírito tão negativo que, ao encontrar Havel com a bela atriz, ele não percebe mais o mestre com admiração, mas com inveja:

> A manhã seguinte não trouxe nenhuma melhora para seu mau humor, e quando ele cruzou diante do prédio das termas com o Dr. Havel acompanhado de uma senhora elegante, cedeu a um sentimento de inveja que lhe pareceu quase raiva. A mulher era escandalosamente bela, e o humor do Dr. Havel, que lhe fez um sinal alegre assim que o viu, estava escandalosamente radiante, de maneira que o jovem jornalista se sentiu ainda mais infeliz. (p. 183)

O desejo de Dom Quixote, em sentido lato, é benigno porque é aspiracional e desprovido de teimosia. Além disso, o sofrimento que recai sobre o Cavaleiro da Triste Figura é em grande parte físico. As surras que ele e seu escudeiro enfrentam, assim como o mal que ele inflige a si mesmo para demonstrar a imensidão de seu amor por Dulcineia, são típicas do mundo hegeliano e pré-moderno de violência física. Por outro lado, o sofrimento que o jornalista precisa enfrentar, uma espécie de tormento peculiar ao *éthos* moderno e democrático, é primariamente interior e psicológico. Ele assume a forma de humilhação, de ressentimento e de inveja.

No romance de Kundera *A Valsa dos Adeuses*, outro personagem das províncias é retratado como alguém que tem inveja dos visitantes da cidade grande. A enfermeira Ruzena, escreve Kundera, é infeliz porque inveja as sofisticadas mulheres que vêm receber a cura: "A inveja: essas mulheres iam para lá deixando maridos ou amantes para trás, um universo que ela imaginava repleto de mil possibilidades que lhe eram inacessíveis, se bem que ela tivesse seios mais bonitos, pernas mais longas e traços mais regulares" (p. 41). O universo provinciano fica situado entre o regime de mediação externa benigna e as regiões infernais de mediação interna[2] (ou infernal) localizadas mais perto do centro do labirinto dos valores. A admiração tende para a inveja à medida que o modelo se aproxima, à medida que a cidade grande faz contato com o campo, polinizando os botões provincianos e causando o florescimento de novas formas de desejo. Essa mudança aparece claramente no modo como a proximidade geográfica do homem desejado por Ruzena (um famoso trompetista) afeta seu ânimo: "Quando ele estava longe, ela ficava cheia de

---

[2] Mediação externa e interna são termos cunhados por Girard em *Mentira Romântica e Verdade Romanesca* para distinguir entre dois modos fundamentais de imitação. Na mediação externa, o modelo é, precisamente, *externo* à esfera de ação do discípulo. O imitador (Josh, digamos) jamais sonharia em cobiçar as mesmas posses que sua figura de autoridade ou superior social (David, digamos), a quem venera abertamente, e seu relacionamento, portanto, não é perturbado por conflitos. Na mediação interna, por outro lado, Josh opera no mesmo plano espiritual que David. Agora o discípulo sente-se autorizado a relacionar-se com o modelo, a quem imita sub-repticiamente, em pé de igualdade: eles tornaram-se pares. Sem leis nem tabus para detê-lo, Josh pode acabar buscando os mesmos objetivos que David, e nesse caso ele começa a ver David como obstáculo à realização daqueles mesmos desejos que este último inspirou nele. David por sua vez provavelmente perceberá Josh como um intruso mal vindo ou como um usurpador. Logo cada um deles estará simultaneamente suscitando e imitando o desejo do outro, cada qual servindo de obstáculo à realização do outro, como dois pedestres que, ao tentar dar passagem, acabam repetidamente esbarrando um no outro.

uma enérgica combatividade; mas agora que sentia sua presença, a coragem a abandonava" (p. 43). O modelo distante instila energia e espírito de combate; o modelo próximo tira a energia da imitadora e a priva de seus recursos emocionais.

A inveja também desempenha um papel em *A Vida Está em Outro Lugar*, em que Jaromil imita seu antigo colega de turma, hoje policial: "invejou no antigo colega de classe aquela profissão viril, aquele segredo e aquela esposa, e também que ele deveria ter para com ela segredos que ela era obrigada a aceitar; invejava-lhe a *vida real* cuja beleza cruel (e bela crueldade) não cessava de ultrapassá-lo [...] invejava-lhe a vida real, em que ele mesmo [...] ainda não tinha entrado" (p. 234). O trecho ecoa a breve teoria de Kundera do desejo imitativo em "O Dr. Havel", em que valores "aparentes" só podem tornar-se "reais" quando endossados por outra pessoa. Assim como o jornalista naquela história, Jaromil enxerga o mundo ocupado pelo colega como mais real do que o seu próprio, e sonha pertencer a ele. O trecho poderia servir de advertência a acadêmicos, que sempre falam do mundo "real", oposto à torre de marfim da universidade. Será que o mundo dos banqueiros, dos soldados e dos homens de negócios é verdadeiramente mais *real* do que o mundo da crítica literária? Escritores e intelectuais precisam tomar cuidado para não serem vitimados pela mesma ilusão romântica que acomete Jaromil.

Qual o lugar de "O Dr. Havel" no arcabouço histórico apresentado por Girard em *Mentira Romântica e Verdade Romanesca*? Gosto de interpretar o pedido do rapaz para que Havel "homologue" sua namorada como uma paródia de *O Eterno Marido*, de Dostoiévski. Nessa obra compacta, de trama muito bem amarrada, um viúvo perturba o ex-amante da falecida esposa para que este o acompanhe numa visita a sua bela e jovem noiva. O eterno marido prepara para si novos fracassos ao buscar as circunstâncias em que foi derrotado anteriormente. Ele tenta obter um resultado diferente da segunda vez, como um boxeador que pede uma revanche contra o campeão que o nocauteou com um único soco. Assim como o jornalista pediu a Havel que conferisse sua namorada, o eterno marido apresenta o antigo rival à futura esposa para obter a confirmação de sua atratividade de uma autoridade reconhecida em sua área. Em seu estudo de Dostoiévski, Girard sugere que ele também espera arrancar a vitória das garras da derrota ao vencer o Don Juan *blasé* num combate erótico de um para um. Em vez disso, o eterno marido fica só olhando, arrasado, enquanto a esposa vai às nuvens com o intruso.

O eterno marido deliberada e efetivamente prepara sua própria queda. "O Dr. Havel Vinte Anos Depois" carece da força satírica feroz do romance de Dostoiévski, mas exibe a mesma estrutura subjacente, mesmo que Kundera evite o confronto direto entre o rapaz e seu rival mais velho, fazendo apenas uma menção passageira à inveja do jornalista e ao mau humor de Havel.

Kundera sacrifica a intensidade ao efeito cômico. O tema do embuste (a deliberada mistificação do rapaz por Havel, que o influencia a desejar uma mulher objetivamente indesejável) permite a Kundera tratar a rivalidade ao mesmo tempo que obtém efeitos farsescos que remetem a Cervantes. Nos romances de Kundera, entramos no reino do *vaudeville*, mas de um *vaudeville* sombrio, um teatro de *boulevard* do século XX. De um ponto de vista técnico, também o teatro é um ponto de vista inteiramente apropriado, ainda mais à luz da experiência do romancista como dramaturgo e roteirista de cinema.[3] Seria exagero dizer que os romances de Kundera são "teatrais", mesmo que alguns dos contos e o romance *A Valsa dos Adeuses* utilizem uma estrutura de farsa em cinco atos. O teatro mostra sem explicar. A técnica ficcional contemporânea, especialmente nos Estados Unidos, nasce com Flaubert e seu narrador impessoal: "Mostrar, não explicar" é o dogma do grupo dos escritores. Os romances de Kundera arrebatam o tabu

---

[3] Kundera escreveu duas grandes peças: *O Guardião das Chaves* e *Jacques e Seu Amo*. Como roteirista de cinema, escreveu o roteiro da versão cinematográfica de *A Brincadeira*, e também uma adaptação de seu próprio conto "I, Lamentable God" [Eu, Deus Lastimoso].

contra a explicação. Eles apresentam um narrador tagarela que se refere a si mesmo como "eu", dirige-se ao leitor, faz perguntas retóricas etc. O romance dostoievskiano "mostra" o desejo imitativo; o romance kunderiano "explica-o". A história se desenrola no palco, por assim dizer, mas estamos face a face com o narrador, que, de vez em quando, aparece, levanta a cortina e nos permite ter um vislumbre da ação.

Esse procedimento técnico dá ao autor licença para analisar cada ação, meditando e refletindo a seu respeito. Por exemplo, o jornalista tem a ideia de pedir a Havel que avalie a beleza da namorada. A ideia nasce da bebida e de seu desejo desesperado de ter algo a dizer. Ele permanece alheio a suas implicações maiores. Em vez disso, é o narrador que explica exatamente quais vantagens o jornalista pode esperar obter com seu pedido. Ele enumera essa "vantagem tripla" na forma de uma lista, analisando brevemente cada elemento. O resultado é um *conte* no estilo do século XVIII combinado com uma análise fenomenológica de estilo sartreano, uma mistura da antiquada *explicação* com a *elucidação* meditativa.

### Engano, Desejo e o Mal que Aflige o Don Juan mais Velho

Na primeira das duas tramas entremeadas em "O Dr. Havel Vinte Anos Depois", o jornalista ajoelha-se diante do julgamento do mestre. Havel, por outro lado, parece escapar às provações mais humilhantes do desejo. Ele nunca faz o papel de jovem estudante tremendo sob o olhar severo do professor. Sua esposa – jovem, bela, famosa – adora-o tanto quanto o jornalista. Porém, não devemos imaginar que Havel escape à ironia do autor. O Don Juan não é mais autossuficiente do que o discípulo, que dependia de outros para obter "a confirmação de sua identidade e do seu valor" (p. 168). Como sugeriram as reflexões prévias sobre a "mediação interna", a autoestima de Havel é um gigantesco edifício apoiado em duas estacas muito frágeis: a admiração do discípulo e o desejo das moças que ele consegue seduzir.

Kundera dá-se certo trabalho para demonstrar que o amor-próprio de Havel depende do interesse que os outros têm por ele. No primeiro encontro com o jornalista, que o procura, acha ele, para dar uma entrevista, Havel está secretamente adorando a atenção, ainda que pretenda não estar. Depois, ao descobrir que o editor quer entrevistar não ele, mas sua esposa, a atriz famosa, Havel fica chateado e dá ao rapaz uma resposta fria. Após a partida do jornalista, ele "viu no espelho um rosto que achou desagradável" (p. 174): ele se vê feio porque o jornalista prefere outra pessoa a ele. Em outras palavras, Havel é ao mesmo tempo o imitador e o objeto do desejo: ele deseja a si mesmo *por meio* do jornalista, que lhe serve de modelo.

O mesmo padrão vale para as mulheres em sua vida. Numa história anterior, "O Simpósio", em que desempenha um papel central, Havel rejeita uma moça que se oferece a ele com muita facilidade. Essa rejeição dá testemunho do desejo derivativo de Havel: ele imita as mulheres que o cercam. Se elas parecem desejar a si mesmas, ele vai desejá-las também. Porém, se elas desejarem demais *a ele*, elas não desejam *a si mesmas* o bastante, e ele não tem modelo para sustentar seu desejo por elas. Vaidoso como é, Havel é incapaz de desejar sem um predecessor que lhe mostre o caminho. Segue-se que as mulheres que têm ar desdenhoso ou arrogante serão para ele as mais atraentes. Ele vai imitar seu amor-próprio aparente e desejá-las feito louco.

E de fato é isso o que acontece. As tentativas de Havel de seduzir duas moças bonitas que ele conhece na estação de águas não dão em nada. A primeira o rejeita: "Compreendeu que fora rejeitado, e isso foi uma nova afronta" (p. 175). A segunda mulher parece um cavalo de montar, e "era justamente esse tipo de mulher que sempre fazia o Dr. Havel ficar maluco" (p. 177-8). Comparar uma mulher a um animal não é um procedimento literário arbitrário. Ele deve ser tomado como um sinal da degradação dos relacionamentos humanos no mundo da mediação descrito por Kundera. Além da óbvia comparação grosseira entre sexo e "montaria", ele sugere uma mulher que é fundamentalmente *outra* e, portanto, inacessível. Kundera enfatiza a qualidade bestial da garota não porque ele desgoste das mulheres e queira insultá-las, mas porque a metáfora explica a força que certo tipo de beleza vazia exerce sobre o Don Juan culto e inteligente: sua insensibilidade animalesca está no polo oposto de sua sensibilidade de esteta, sendo sua indiferença muda o obstáculo ideal para seu desejo. Diante de tanto domínio, Havel é imediatamente escravizado.

Ele se apressa em ajudar a moça a colocar o casaco, oferecendo-lhe um sorriso convidativo. Ela não sorri de volta: "Havel tomou isso como uma bofetada, e, num estado de renovada solidão, dirigiu-se ao café" (p. 178). O tapa também não é uma símile arbitrária; a presença da violência física, ainda que apenas em registro metafórico, dá ao encontro um tom sádico: Havel deseja a mulher com ainda mais força porque ela é capaz de golpear seu ego.

Ferido pela indiferença das moças da cidade, que prenuncia o declínio de suas capacidades de sedução, Havel recorre a um estratagema. Sua esposa é uma atriz famosa, e a cidadezinha conhece-a bem. Cartazes anunciando seu último filme aumentam sua visibilidade. O ciúme da esposa o exaspera, mas, após esses fracassos, Havel sente-se só, e a convida a passar o dia com ele na cidadezinha. No dia seguinte, eles dão um passeio juntos e Havel nota que "alguns transeuntes tinham os olhos fixos na atriz; ao se virar, constatou que eles paravam, e se viravam para olhar para eles" (p. 186). Havel "deleitava-se com o interesse dos transeuntes, e desejava atrair também para si a maior parte possível daqueles raios de atenção" (p. 187). Dando algum pretexto, ele incentiva a esposa a beijá-lo na frente de uma das mulheres que o rejeitou, fingindo indiferença o tempo todo. Depois, eles esbarram por acaso na segunda mulher ao entrar no restaurante: "Ela pousou sobre eles um olhar atônito, longamente sobre a atriz, e quando olhou de novo para Havel, cumprimentou-o com naturalidade" (p. 188). Kundera ressalta a natureza *involuntária* da reação reflexivamente imitativa. O encanto exercido pela celebridade da atriz transformou a moça num brinquedo de seu desejo. Ela não escolhe cumprimentar Havel – o cumprimento acontece por conta própria.

O endosso involuntário dado pela esposa faz com as ações de Havel tenham forte alta (recordemos o aforismo com o qual comecei este livro: "As mulheres procuram homens que tiveram mulheres bonitas"). Em paz consigo outra vez, o doutor combina de encontrar uma delas no dia seguinte. Fica evidente que

> [...] a breve estada de sua mulher o havia metamorfoseado por completo aos olhos daquela gentil jovem musculosa, que ele bruscamente adquirira charme e, melhor ainda: que seu corpo era para ela a oportunidade de ter uma ligação secreta com uma atriz célebre, de se igualar a uma mulher ilustre, para a qual todos os olhares se voltavam. (p. 190)

Esse trecho deixa clara a função sacramental do objeto, que serve de elo entre a adoradora e a deusa a quem ela deseja assemelhar-se. A corrente do desejo primeiro fluiu na direção da moça. Agora ela inverte o curso e começa a fluir na direção de Havel. Outra vez desejado, Havel não acha mais que vale a pena correr atrás da moça: "Bastou que a moça loura desistisse de sua arrogância insultante, que tivesse a voz doce e o olhar humilde, para que o Dr. Havel deixasse de desejá-la" (p. 190). Uma vez que se torne acessível, o objeto do desejo perde sua aura e entra no círculo banal e profano do eu.

Claro que Havel está apenas enganando a si mesmo: ele, dentre todas as pessoas, deveria ser mais inteligente e não aceitar a submissão da moça loura como prova legítima de seus poderes de sedução, já que foi ele quem estimulou o interesse dela usando meios artificiais. Como um ditador que começa a acreditar no culto da própria personalidade, Havel passou a ser o tolo da mesma máquina de propaganda que ele pôs para funcionar ao desfilar pela cidade com sua esposa-troféu. Há tanta diferença entre o Havel gordo e calvo do começo da história e o soberbo conquistador que faz as mulheres da aldeia desmaiar quanto há entre Frantiska, desprovida de encantos, e a magnífica beleza percebida pelo jornalista. É só nosso fascínio com o personagem do sedutor, a quem levamos mais a sério do que a seu discípulo, que nos impede de rir da primeira metamorfose da mesma maneira que rimos da segunda.

Em seu prefácio ao ensaio de Le Grand sobre Kundera, Guy Scarpetta lamenta o fim da "magnífica soberania" do libertino setecentista. Os ditos libertinos do século XX jamais conseguiram recapturar essa "verdadeira liberdade".[4] Como Scarpetta, Kundera olha o sedutor contemporâneo com olhar cético: "Don Juan era um amo, ao passo que o [libertino contemporâneo] é um escravo" (p. 133). A mulher moderna não é mais um objeto passivo de desejo; ela lutou pela liberdade de conceder a quem ela escolher aquilo que a virtude outrora exigia que preservasse, e conquistou-a. Isso significa que não precisamos mais congratular o sedutor por ter superado sua resistência, e que quando ela o rejeita, ele não tem mais nenhum meio disponível de manter as aparências. Ao longo dos séculos, as mulheres tornaram-se ameaças cada vez mais ativas e perigosas à supremacia erótica masculina. Como escreve René Girard, o libertino deseja a liberdade absoluta, e sua insegurança resulta dessa ambição desmedida:

> A vaidade moderna não teme nada mais do que a pura indiferença. O egoísta moderno está *quase* convencido de que é Deus. Assim, ele deveria ser invulnerável a todos e todos deveriam ser invulneráveis a ele [...]. Diante de uma

---

[4] Guy Scarpetta, prefácio de *Kundera ou La Mémoire du Désir*, de Eva Le Grand. Paris, L'Harmattan, 1995.

mulher indiferente, o sedutor moderno suspeita imediatamente, com *angoisse* no coração, que ela, não ele, é que é a Divindade.[5]

A mudança do modo de desejo do jornalista para o de Havel representa aquilo que Michel Houellebecq denominaria uma "*extension du domaine de la lutte*", uma "expansão do jogo de guerra". O modelo de Havel está muito mais perto, espiritualmente falando, do que o do jornalista, pois Havel, privado de sua virilidade juvenil, desprovido de sua fama lendária, descobre que tem de jogar o jogo erótico em igualdade de condições; a partir desse momento, ele se move num mundo de iguais, no mesmo plano que as mulheres cujo amor-próprio media seu desejo. Num mundo como esse, a rejeição é profundamente humilhante.

A situação de Havel é inseparável de uma era específica. O sedutor do século XVIII podia atribuir sua rejeição por uma mulher à sua modéstia ou à sua prudência. Posteriormente, mostrarei como Kundera compara o libertino do Antigo Regime ao sedutor moderno em seu romance *A Lentidão*. Antecipando essa comparação, creio que é esclarecedor contrastar a reação de Havel com a de Meilcour, o protagonista de *Os Desnorteios do Coração e do Espírito* [*Les Égarements du Coeur et de l'Esprit*] (1736), clássico romance libertino de Crébillon Fils. O protagonista desse romance em primeira pessoa conhece a menina que deseja no Jardim das Tulherias. Ele quer atrair a atenção dela, mas ela o recebe com pura indiferença:

> Minha beldade desconhecida nem sequer tinha me notado. Seu desdém surpreendeu-me, doeu. A vaidade me fez pensar que eu não o merecera [...] eu achava que tinha me equivocado; e, sem conseguir pensar mal de mim mesmo por muito

---

[5] René Girard, *Mimesis and Theory: Essays on Literature and Criticism, 1953-2005*. Ed. Robert Doran. Stanford, Stanford Press, 2008a, p. 36.

> tempo, imaginei que tão somente a modéstia a
> tinha forçado a fazer o que fizera.[6]

O protagonista de Crébillon não sente (ao menos nesse trecho) os efeitos infernais da rejeição. Ele consegue convencer a si próprio de que a indiferença da moça reflete antes sua modéstia do que o verdadeiro desdém. Havel, por outro lado, em função da situação histórica (a sociedade não exige mais que as mulheres rechacem os avanços masculinos), só pode atribuir seu fracasso à genuína falta de interesse. Ele é portanto obrigado a *se ressentir* com a rejeição, que o inunda de sentimentos tóxicos.

Todos esses sentimentos tóxicos florescem no labirinto dos valores. No mundo comunista descrito por Kundera, as diferenças qualitativas – o sistema de classes – foram abolidas por decreto do regime. O resultado é que o processo imitativo chega a um novo estágio. Em seu breve texto sobre Kundera, Girard escreve:

> Os jogos de amor e de azar descritos por Marivaux são já programados, em sentido romanesco, mas ainda não são kafkianos [...]. À medida que o programa sem autor ganha espaço, a existência e o ser tornam-se trágicos sem perder sua leveza romanesca, aquela leveza que se torna *insustentável* em sentido kunderiano.[7]

No século XVIII, o desejo imitativo ainda é "um passatempo aristocrático que só afeta uma parte da alma humana", escreve Girard. Em *O Livro do Riso e do Esquecimento* e em *A Insustentável Leveza do Ser*, que examinam a realidade concreta do comunismo, a influência do modelo é tão esmagadora e tão onipresente que pode ser qualificada como totalitária; no primeiro livro, não há fuga

---

[6] Crébillon Fils, *Les Égarements du Coeur et de l'Esprit*. Paris, Seuil, 1993.
[7] René Girard, "Le Jeu des Secrets Interdits". *Le Nouvel Observateur*, p. 102, 21 nov. 1986.

para Tamina na "ilha das crianças", ao passo que, no segundo, o relacionamento de Tereza com a mãe é um universo totalitário em miniatura. Girard escreve: "O colapso de valores comuns leva a um aumento vertiginoso na proporção do nosso ser que está condenada a definir-se não sozinha ou face a face com uma humanidade ideal, mas no combate imprevisível de pequenas interações romanescas".[8] Em vez de um aristocrata dotado de um *status* sagrado *a priori*, o sedutor de hoje é um ser instável cujo valor flutuante é determinado pelo voto direto, sendo seu mediador um brutal ditador que governa sua vida psíquica com punho de ferro. O flerte leve e brincalhão do século XVIII dá lugar à *marivaudage totalitária*.

Kundera escreve contos de filosofia no *boudoir* ao estilo do século XVIII que se desenrolam num cenário pós-Segunda Guerra de valores devastados. Essas histórias tratam de acontecimentos históricos com grande parcimônia. Os marcos mais importantes da história tcheca moderna aparecem: a Segunda Guerra Mundial (o aviador de *A Vida Está em Outro Lugar*); o golpe de 1948 e o começo do regime comunista (*A Vida Está em Outro Lugar*); os jogos políticos dos primeiros anos do stalinismo (*O Livro do Riso e do Esquecimento*); a morte de Stálin ("Eduard e Deus"); o degelo que conduz à Primavera de Praga e à invasão russa subsequente, os expurgos da "normalização" (*A Insustentável Leveza do Ser*); e, por fim, a Revolução de Veludo (*Ignorância*). Porém, Kundera tende a colocar em primeiro plano as vidas de seus personagens. As implicações sociológicas ou históricas deste ou daquele momento no drama tcheco importam menos para nosso autor do que a maneira como a história expõe a essência da natureza humana. O comunismo é um caso limite que leva as fronteiras das possibilidades humanas a novos extremos. Raskolnikov e Kirílov, de Dostoiévski, concebiam uma práxis audaciosa com a qual testar e na qual basear suas ideias de super-humanidade. Essas figuras possuem uma grandeza trágica que falta aos personagens de Kundera. Raskolnikov levou a sério sua "ideia"; os

---

[8] Ibidem.

personagens de Kundera já nem são mais capazes de ter uma ideia. Eles não podem fazer nada além de encenar uma risível comédia, na qual eles próprios há muito tempo deixaram de acreditar.

Havel é um exemplo excelente do sedutor pós-trágico, um mero "colecionador" do que um Don Juan completo. Manipulador hábil do desejo imitativo, sua consciência está no mesmo nível da do próprio romancista. Porém, seus ardis, que lembram a publicidade, marcam-no antes como burguês do que como libertino aristocrático. O aristocrata supera a resistência de suas conquistas com promessas de amor eterno. Mesmo no século XVIII, quando a linguagem da paixão começa a ficar mais rarefeita e a meramente servir de álibi para o desejo sexual, a recusa em utilizá-la significa um fracasso quase certo. Havel, pelo contrário, precisa convencer suas conquistas de que *não* as ama, ou melhor, que é amado por outra pessoa. Ele não é hedonista; o prazer sensual interessa-o muito menos do que a gratificação metafísica. Ou, como diz um personagem de "O Simpósio", outro conto do jovem Kundera, "o erotismo não é apenas o desejo do corpo, mas, em igual medida, o desejo da honra. Um parceiro que conquistamos, que se apega a nós e nos ama, torna-se nosso espelho, é a medida de nossa importância e de nossos méritos" (p. 97).

## A Rivalidade e a Transfiguração do Objeto

O elo entre honra e erotismo fica ainda mais evidente no primeiro romance de Kundera, *A Brincadeira*, que gira em torno de uma trama de vingança. Ludvik Jahn voltou à sua cidade natal na Morávia com o propósito de dormir com Helena, jornalista de TV casada com Pável Zemanek, conhecido de Ludvik de seus dias de estudante. Ao conspurcar Helena, ele espera contra-atacar indiretamente Zemanek, que, anos antes, foi responsável por expulsar o jovem Ludvik tanto do Partido Comunista quanto da universidade. Assim, Ludvik deseja dormir com Helena não porque ele a considere atraente por si, mas porque ela pertence a seu detestado rival (ou ao menos é isso que ele pensa).

No momento de sua expulsão, a ofensa de Jahn tinha sido enviar um cartão-postal atrevido a sua namorada Marketa, que tinha ido passar o verão num retiro de trabalho organizado pelo partido, deixando Ludvik para trás, mergulhado num ciúme ressentido. A provocação brincalhona do cartão-postal ("O otimismo é o ópio do povo! O espírito sadio fede a imbecilidade! Viva Trótski! Ludvik.") coloca-o numa encrenca com o secretariado do partido e, na assembleia geral alguns meses depois, Zemanek, o novo chefe da organização partidária da universidade, aproveita a oportunidade para voltar a multidão contra ele.

Desde o começo, Zemanek fica à espreita na periferia da vida de Ludvik como uma espécie de *doppelganger*, dividindo sua companhia e seus gostos. Ludvik está apaixonado por Marketa, mas Zemanek muitas vezes está com eles: "[...] Zemanek conhecia Marketa. Circunstâncias diversas da nossa vida de estudante muitas vezes haviam reunido nós três" (p. 51). Zemanek e Ludvik têm o mesmo senso de humor. Quando Ludvik engana Marketa, fazendo com que ela acredite na existência de uma tribo de anões que vive nas montanhas tchecas, os outros "mordiam os lábios, com medo de estragar o prazer que Marketa sentia em se informar, e alguns deles (sobretudo Zemanek, precisamente) formaram um coro para reforçar, cada qual com mais ênfase, minha informação sobre os anões" (p. 52). Depois, Ludvik confirma que tanto ele quanto Zemanek admiravam Marketa, e que era precisamente por essa razão que gostavam tanto de provocá-la. Os dois também gostam do mesmo tipo de música. Ludvik é moraviano e Zemanek "adorava cantar canções da Morávia" (p. 50). Sujeito bonito, ele até participa do desfile de Primeiro de Maio e enquanto Ludvik, toca clarineta, canta e se refestela na atenção da multidão, com o braço erguido.

Após retornar do retiro de trabalho de verão, Marketa evita Ludvik. Então, um dia, vai visitá-lo. Ele pergunta a ela por quê: "Ela me disse que era coisa do camarada Zemanek. Ele a encontrara no dia seguinte ao início das aulas num corredor da faculdade e a levara para o pequeno escritório onde ficava a secretaria da organização do Partido na faculdade de ciências" (p. 56). A essa altura, Kundera não apresenta nenhum indício escancarado de uma rivalidade entre os dois rapazes, mas as pistas espalhadas pela narrativa sugerem, se não uma rivalidade aberta, ao menos uma ambivalência nascida da similaridade, como se Ludvik, brincalhão, carismático, musical, representasse uma ameaça a Zemanek, brincalhão, carismático, musical, e vice-versa. De algum modo, não ficamos surpresos ao saber que Zemanek, longe de salvar o amigo da armadilha em que caiu por causa do cartão-postal provocativo, deliberadamente atiça a multidão contra ele, e, de maneira muito consciente e cínica, instiga sua queda. E, no entanto, se a estrutura triangular não fosse além dessa relação nebulosamente esboçada no começo do romance, provavelmente uma análise de *A Brincadeira* desde uma perspectiva imitativa simplesmente não valeria a pena.

Esse primeiro triângulo rudimentar, porém, cede o lugar na última parte do romance a uma relação imitativa rigorosamente nítida e geometricamente precisa, com a mesma transfiguração do objeto que ocorre em "O Dr. Havel Vinte Anos Depois". É apenas em retrospecto, à luz dada por esta última estrutura triangular, que os contornos do primeiro triângulo Ludvik-Zemanek-Marketa tornam-se discerníveis. Ludvik conseguiu pegar emprestado um apartamento de seu amigo Kotska, e ali ele se prepara para dormir com Helena, esposa de Zemanek. Trata-se de sexo sem qualquer prazer sensual, com o único propósito de golpear um terceiro invisível que assombra a cena como um fantasma. Mesmo antes de Ludvik e Helena começarem a fazer amor, a presença de Zemanek se faz sentir. As carícias prévias servem como preliminares vingativas. Seu objeto não é tanto Helena quanto o homem com quem ela é casada. Ludvik saboreia o ato amoroso próximo não porque prevendo com gosto o prazer que ele lhe trará, mas porque sente que o triunfo está próximo e se vê na posição de poder em relação ao antigo rival: "Minhas mãos se pousam sobre elas [as pernas de Helena] e acho que abrigam a própria vida de Zemanek" (p. 227). Depois, a presença de Zemanek (ausente) é sentida com insistência ainda maior:

> [...] esse corpo só tinha significado para [minha alma] porque normalmente era visto e amado da mesma maneira por alguém que não estava ali; por isso procurava olhar esse corpo com os olhos do terceiro que estava ausente; por isso se aplicava em se tornar intermediária desse terceiro; ela via a nudez de um corpo feminino, a perna dobrada, a prega do ventre e o seio, mas tudo isso só adquiria sentido nos instantes em que meus olhos se tornavam aqueles do terceiro ausente; então minha alma entrava subitamente no olhar desse outro e se confundia com ele; apossava-se da perna dobrada, da prega do ventre, do seio, tais como eram vistos pelo terceiro ausente. (p. 229-30)

Nessa passagem extraordinária, o objeto de desejo muito claramente serve de coadjuvante para o Outro, o modelo que determina a escolha de Ludvik, e pelo qual ele deseja Helena vicariamente. Quando Ludvik possui o corpo de Helena, Zemanek possui a alma de Ludvik, até que as duas almas tornam-se indistinguíveis. O rival odiado é ao mesmo tempo radicalmente alheio e profundamente semelhante ao eu. O corpo de Helena, nesse ínterim, só tem importância na medida em que serve de elo entre Ludvik e Zemanek. Ele age como uma espécie de sacramento que possibilita a comunhão entre os rivais.

Logo depois dessa odienta fusão de almas, o ato sexual torna-se um ato de violência. Tendo adentrado os recessos secretos da alma de Zemanek, Ludvik quer arrasar o que encontrou ali. Ele tenta dar a Helena um orgasmo atrás do outro, não porque ele se importe com ela e queira lhe dar prazer, mas para ter a mesma experiência que

Zemanek teve, para vê-la sob a mesma luz nua e inadulterada que o marido. O terceiro continua a presidir a cópula como um deus ausente. O único desejo de Ludvik é arrancar o objeto do inimigo:

> [...] mas minha alma ordenou que eu prosseguisse; que eu a perseguisse de volúpia em volúpia; que forçasse seu corpo em todas as posições, a fim de arrancar da sombra e do segredo todos os ângulos sob os quais aquele terceiro ausente a observava; sobretudo, nenhuma trégua; repetir de novo e de novo essa convulsão em que ela é verdadeira e autêntica, em que não finge nada, convulsão em que ela está gravada na memória desse terceiro que não está presente, gravada como uma tatuagem, como um selo, um código, um emblema. Roubar então esse código secreto! O selo real! Arrombar o gabinete secreto de Pavel Zemanek, vasculhar todos os cantos e revirar tudo! (p. 230)

A violência das intenções de Ludvik enfim se manifesta de maneira sádica. Ele bate em Helena repetidas vezes, arrancando dela ainda mais gritos de prazer. Quando ela, após fazer amor, declara com lágrimas nos olhos seu amor por ele, Ludvik contenta-se em lhe fazer perguntas a respeito de Zemanek: "objetei que certamente ela exagerava ao falar de uma experiência que só acontecia uma vez na vida; não teria ela vivido com seu marido um grande amor?" (p. 234). Ludvik reage com surpresa quando Helena lhe diz que ele tem "certa semelhança" (p. 234) com seu inimigo. Ele trata essa ideia como o ápice do absurdo, mas o leitor não consegue deixar de sentir que as tentativas confusas de Helena de explicar sua intuição transmitem uma verdade fundamental a respeito do relacionamento entre os dois homens. Isso fica mais claro quando Ludvik descobre, para seu desespero, que Helena e Zemanek estão separados há três anos. Seu ato de vingança errou o alvo. O golpe que ele dirigira ao rival volta-se contra ele. Ele não obtém nada além de fazer com que uma mulher pela qual ele não tem nenhum interesse se apaixonasse por ele.

Porém, será que ele realmente não tem interesse nela? Antes que Helena revelasse para ele que ela e Zemanek, apesar de oficialmente casados, tinham concordado em se separar três anos antes, Ludvik estava inegavelmente interessado. Se sobrasse alguma dúvida a respeito da origem de seu interesse ou do mecanismo imitativo em sua origem, as passagens seguintes dissipam-nas de uma vez por todas. Após sua revelação, Helena perde a capacidade de excitar Ludvik. Seu corpo, já não mais iluminado pela associação com o rival, metamorfoseia-se num objeto defeituoso, desencantado:

> Essa nudez, que eu não via como antes, era de súbito uma nudez *desnudada*, desnudada do poder excitante que envolvia todos os defeitos da sua idade, nos quais a história do casal Zemanek parecia estar concentrada e que por isso mesmo haviam me seduzido. Agora que ela estava diante de mim despojada, sem marido nem laços conjugais, apenas ela mesma, seus defeitos físicos tinham perdido bruscamente o encanto perverso e também não eram nada mais senão eles mesmos: defeitos físicos. (p. 236)

O corpo de Helena aparecia para ele transfigurado por seu relacionamento com Zemanek, e era por essa razão que tinha conseguido cativá-lo. A ausência desses laços conjugais deixa-a duplamente nua: sem roupas e também sem o manto da atração erótica lançada sobre ela pelo mediador do desejo. Suas falhas físicas subitamente destacam-se, e, em vez de despertar nele uma excitação perversa, apenas impedem que ele se empolgue. A evidente decepção dessa passagem volta alguns parágrafos depois: "esse corpo estava ali, corpo que eu não tinha roubado de ninguém, em que não tinha derrotado nem destruído ninguém, corpo deixado de lado, abandonado pelo marido" (p. 237). Zemanek, o modelo-rival, pairava acima dos corpos em cópula. Agora ele é flagrante por sua ausência, que acentua o desencanto pós-coito de Ludvik. A frase busca nos fazer sentir o vazio deixado pela partida do deus. Nesse ínterim, os verbos "roubado", "derrotado" e "destruído" sugerem o triplo motivo de Ludvik, cada qual um passo a mais na escalada da vingança. O primeiro verbo concentra-se no objeto: rouba-se *algo*. O segundo verbo, porém, passa para o *alguém* que é derrotado. O verbo final expressa o desejo de Ludvik não apenas de vencer, mas também de aniquilar o rival. Nesses três verbos podemos observar a metamorfose da rivalidade, que primeiro trata de posses, gradualmente transforma-se num embate entre antagonistas mutuamente obcecados, e termina numa explosão de ódio destrutivo. Esses verbos também seguem a progressão do ato de amor: as carícias de Ludvik logo viram tapas, e esses tapas, golpes que deixam marcas vermelhas no corpo de Helena.

Helena sai do apartamento emprestado. No dia seguinte, Ludvik esbarra com ninguém menos do que Zemanek, que veio ao festival da região com Miss Broz, sua atraente namorada. As afirmações de Helena a respeito da estranha semelhança entre os dois homens ficam mais plausíveis quando sabemos que Zemanek começou a fazer o papel de dissidente na universidade, e que ele e Ludvik agora estão (ao menos teoricamente) do mesmo lado. Nesse ínterim, Kundera faz todo o possível para ressaltar o misto de repulsa e admiração que constitui os sentimentos de Ludvik em relação a Zemanek: "eu contemplava a srta. Brozova e constatava com tristeza que era bonita e simpática; sentia despeito por não ser minha" (p. 306). Tendo acabado de ler sobre como a associação ou não associação de Zemanek com Helena era capaz de tornar seu corpo excitante ou desinteressante, é difícil não associar este último triângulo com o anterior. Se Ludvik deseja que a srta. Brozova pudesse lhe pertencer, isso só pode significar que ela pertence a Zemanek. Fora de contexto, essa frase não rompe realmente com a concepção romântica e linear do desejo. Porém, o "sentir despeito" de Ludvik sugere a influência latente do rival, ao mesmo tempo que, no contexto do que veio antes, pode haver pouca dúvida quanto às origens ambivalentes e imitativas do interesse de Ludvik pela namorada de Zemanek. Quando Zemanek e sua companheira enfim vão embora, Kundera sugere a primazia do modelo pela ordem em que ele menciona os membros do casal que se vai:

> Foram embora. Eu não conseguia tirar os olhos deles: Zemanek andava empertigado, a cabeça loura levantada orgulhosamente (vitoriosamente), a moça morena a seu lado; mesmo de costas ela era bonita, tinha o andar leve, agradava-me; agradava-me de forma quase dolorosa, pois sua beleza que se afastava me manifestava sua indiferença glacial [...]. (p. 312)

O orgulho vitorioso da postura majestosa de Zemanek testemunha a relação adversativa que Ludvik tem com ele. Somente após se deter em seu antigo rival é que o olhar de Ludvik repousa na morena. Mais uma vez, o desejo que ele sente por ela vem junto de uma sensação desagradável. Dessa vez, é a indiferença glacial da garota (corolário necessário do interesse dela por Zemanek) que lhe provoca dor.

Essa leitura de *A Brincadeira* confirma-o como um dos mais poderosos romances de Kundera. Como em "O Dr. Havel", como em *O Livro do Riso e do Esquecimento*, o objeto é transfigurado pelo mediador. Neste caso, porém, a transfiguração é ainda mais intensa, porque ocorre como resultado de uma rivalidade exacerbada entre iguais, e não como uma peça pregada ao estilo do *vaudeville*. Assim como em "O Dr. Havel", Kundera faz todo o possível para evocar a triangularidade da relação entre Ludvik, Helena e Zemanek. Ainda que a evidência textual não seja forte o bastante para constituir uma prova decisiva, parece que ele astutamente sublinha a similaridade entre os dois rivais fazendo de Helena sua porta-voz. Ludvik mesmo descarta a ideia como se fosse ridícula, mas os fatos da história e a enfática insistência dos protestos do protagonista sugerem o contrário.

## "A Irmã mais Nova Imitou a mais Velha"

Estamos pouco a pouco subindo os degraus de uma escada que leva das manifestações menos destrutivas psicologicamente do desejo triangular para as mais destrutivas. Quanto mais o modelo se aproxima do discípulo, mais intensas são as energias competitivas liberadas pela interação. Havel e o jornalista têm uma relação de professor e aluno. O rapaz respeita Havel demais para considerá-lo um rival. Por isso, a boa sorte do homem mais velho não desperta nele nada mais do que alguns breves momentos de rancor. Ludvik enxerga Zemanek primeiro como amigo e depois como um inimigo desprezível. Ele cultiva sentimentos continuados de ódio, ao passo que o jornalista apenas se entrega a um rápido acesso de inveja.

Em *A Imortalidade*, o romance mais longo e mais ambicioso – do ponto de vista formal – de Kundera, o modelo aproximou-se ainda mais do imitador, e seus desejos estão ainda mais inextricavelmente entremeados do que os dos dois amigos de *A Brincadeira*. A trama é centrada num triângulo amoroso que tem dois vértices ocupados por irmãs. Agnès é casada com Paul. Após a morte de Agnès, Paul se casa com Laura, a irmã mais nova de Agnès.

As duas irmãs estão associadas desde o começo da história (e, desde que eram meninas, antes de Paul entrar em cena) por um gesto. Uma das memórias de infância de Agnès envolve uma secretária da universidade em que seu pai costumava dar aulas. Essa mulher costumava visitar seu pai, e a jovem Agnès fica intrigada com o relacionamento. Enquanto os espiava pela janela, ela viu a secretária dar tchauzinho:

> [...] a secretária virou-se, sorriu, e lançou a mão para o ar num movimento súbito, rápido e leve. Foi inesquecível: a aleia de areia brilhava como um jato dourado sob os raios de sol, e de cada lado da pequena grade floresciam dois arbustos de jasmim. O gesto desdobrara-se na

> vertical como para indicar a esse pedaço de terra dourado a direção de seu voo, tanto que os arbustos brancos já se transformavam em asas. (p. 47)

As imagens dessa breve passagem desafiam a gravidade; os jasmineiros brancos transformados em asas sugerem um pombo ou um anjo. Trata-se de um instante de deslumbramento quase religioso. Não admira que a jovem Agnès ache o gesto "tão inesperado, tão belo, que ficou na memória de Agnès como um traço de luz; ele a convidava para alguma viagem distante, e despertava nela um desejo indeterminado e imenso" (p. 47-8). Posteriormente, ela usa o gesto para dar um adeus encorajador a um rapaz tímido demais para beijá-la. Espontaneamente, irrefletidamente, ela *imita* a secretária; ou melhor, o gesto da secretária habita-a, usa-a; "são os gestos que se servem de nós; somos seus instrumentos, suas marionetes, suas encarnações" (p. 14). Sua imitação não é causa de nenhum sentimento ou consequência desagradáveis. Pelo contrário, ele permite que Agnès se aproprie de algo daquele momento sublime de sua infância. Em vez de torná-la menos individualizada, o gesto ajuda-a a expressar o inexprimível: "[...] o gesto reviveu nela para dizer em seu lugar aquilo que ela não soubera dizer" (p. 48).

O gesto possui tão somente uma discreta sugestão de sexualidade. Porém, trata-se de um gesto inegavelmente adulto, como Agnès percebe ao ver a irmã mais nova fazendo-o:

> [...] ela constatou que sua irmã, oito anos mais moça, lançava a mão no ar para despedir-se de um colega. Ao ver seu próprio gesto executado *por sua irmã menor que desde sua mais tenra infância a tinha admirado e imitado em tudo, sentiu um certo mal-estar: o gesto adulto combinava mal com uma menina de onze anos.* (p. 48) (itálicos meus)

Porém, a verdadeira origem de seu desconforto está na tensão entre seu desejo de permanecer individualizada e seu entendimento cada vez maior de que um gesto a que todos têm acesso mais diminui do que aumenta sua originalidade: "Mas, sobretudo, ficou perturbada pelo fato de esse gesto ficar à disposição de todo mundo e não ser absolutamente propriedade sua; como se, ao fazê-lo, ela se tornasse culpada de um roubo ou de uma contravenção" (p. 48). Agora ela não consegue mais imitar abertamente. Se de início ela tomava emprestado de maneira inconsciente e desapercebida do repertório de gestos da secretária, agora ela vê sua própria imitação como uma contrafação; em outras palavras, como algo secundário, derivativo e não autêntico. Ela faz um grande esforço para evitar fazer o gesto e *resiste* à imitação da qual só agora percebeu: "Desde então, começou não apenas a evitar esse gesto [...], mas a desconfiar de todos os gestos" (p. 48).

Essa mudança de uma imitação aberta e espontânea para a determinação autoconsciente de *não* imitar (e de não ser imitada) espelha a transição da inocência infantil para a percepção adulta. As crianças imitam os pais ingenuamente e sem envergonhar-se; os adultos orgulhosamente evitam imitar seus pares de maneira óbvia demais: a desconfiança de Agnès de todos os gestos, despertada pelo inocente comportamento copiador da irmã, deve ser entendida como uma desconfiança tipicamente adulta da própria imitação.

A terceira parte do romance (intitulada "A Luta") retoma o tema da imitação, dessa vez concentrando-se mais estreitamente na relação entre Agnès e a irmã mais nova. Aqui, Kundera associa a imitação explicitamente à rivalidade, e, mais particularmente (como sugere o título dessa parte), à luta amorosa entre Agnès e a irmã mais nova pela preferência de Paul, marido de Agnès.

A história recomeça onde parou no fim da primeira parte. Agnès usava seu gesto especial sempre que se despedia de um namorado. A pequena Laura escondia-se atrás de um arbusto e esperava a irmã voltar para casa:

> [...] queria ver o beijo que iam trocar, depois
> seguir Agnès quando ela voltasse sozinha até
> a porta de casa. Esperava que Agnès voltasse e
> acenasse com o braço. Para a menina, nesse mo-
> vimento estava magicamente incluída a vaporosa
> ideia do amor do qual ela nada sabia, e que, para
> ela, ficaria ligada para sempre à ideia de uma
> encantadora e carinhosa irmã mais velha. (p. 109)

Agnès é o modelo de Laura do desejo. Laura fica agachada, escondendo-se atrás de um arbusto, e aprende vicariamente o que é amar observando a irmã mais velha. A geometria triangular da rivalidade entre irmãos já é evidente. Agnès e o namorado ocupam dois dos vértices desse triângulo, e a pequena Laura, o terceiro. Agnès, o modelo, aponta o que é desejável. A irmã mais nova, imitando o desejo do modelo, sentir-se-á atraída por qualquer homem que a irmã mais velha traga para casa.

Assim como fizera em "O Dr. Havel Vinte Anos Depois", Kundera caracteriza explicitamente a relação entre as irmãs como imitativa. A história do gesto é aquilo que possibilita entender a relação entre irmãs, definida integralmente pela imitação:

> Quando Agnès surpreendeu Laura imitando
> esse gesto para cumprimentar seus amiguinhos,
> achou desagradável e decidiu, desde então,
> como sabemos, despedir-se de suas amigas(fn)
> sem demonstrações. Essa breve história de um
> gesto nos permite discernir o mecanismo que
> determinava o relacionamento entre as duas ir-
> mãs: a caçula imitava a mais velha, estendia as
> mãos para ela, mas esta lhe escapava no último
> momento. (p. 109)

A irmã mais velha passa a ser o "*être de fuite*", aquele que se recusa a ser imitado. Positiva, a imitação aberta é uma via de mão dupla.

Ela exige não apenas que o discípulo imite o mestre, mas também que o mestre consinta ser imitado. O professor *quer* que o aluno aprenda e faz tudo em seu poder para possibilitar isso.[9] Quando o mestre retém o objeto em vez de dá-lo ao discípulo, cortando a corrente da reciprocidade positiva, surge um novo tipo de relação. Em vez de levar o discípulo a abandonar todo esforço de apropriação, a retenção do objeto faz com que ele se torne ainda mais desejável. A mão estendida da irmã mais nova busca o objeto (nesse caso, a irmã) sem conseguir tomá-lo: Agnès escorre pelos dedos de Laura, intensificando ainda mais o desejo da irmã mais nova. A cada repetição desse padrão, o círculo vicioso se aperta. Nesse sentido, o "mecanismo" em funcionamento contém o potencial de gerar relações competitivas, adversativas.

Das duas irmãs, Agnès é a que não é competitiva. Ela desiste de uma carreira potencialmente brilhante como cientista, casa-se com Paul, aceita um emprego bem pago mas sem nada de especial. Enquanto isso, Laura quer ser musicista. Ela frequenta o conservatório e jura compensar a falta de ambição da irmã ficando famosa no lugar dela. Ela não almeja imitar o que a irmã efetivamente faz. Em outras palavras, ela não se esforça para apagar-se, como a irmã, nem escolhe desistir da busca da "imortalidade". Em vez disso, ela imita a trajetória possível da vida da irmã, isto é, seu desejo (ou o que ela acredita ser seu desejo), conformando sua escolha de carreira à ideia sublime que tem de Agnès (isso explica sua decepção quando Agnès recusa-se a ir atrás de seus sonhos acadêmicos, e sua determinação de consertar o que ela vê como o erro da irmã). E, mesmo ao imitar Agnès, ela se esforça para superá-la, dinâmica para a qual o inglês possui uma palavra cujo sentido mudou ao longo dos séculos, apagando gradualmente suas conotações mais perigosas: "*emulation*" [emulação], do latim "*aemulatio*", "rivalizar, buscar a excelência", sinônimo quase perfeito da rivalidade imitativa.

---

[9] Ver Jean-Michel Oughourlian, *The Genesis of Desire*. Trad. Eugene Webb. East Lansing, Michigan State University Press, 2009.

Duas pessoas que fazem o mesmo gesto podem ter uma sensação desconfortável de semelhança, mas isso em si não precisa trazer nenhum conflito. Duas pessoas que buscam a fama podem também viver em harmonia, desde que não estejam no mesmo campo (e Laura pelo menos tem o bom senso de escolher a música e não a pesquisa científica). Duas pessoas que se apaixonam pelo mesmo homem, porém, tornam-se rivais inevitavelmente. Quando os desejos das duas irmãs convergem para um único homem, Paul, ele se torna objeto de uma amarga competição que em última instância implica as duas mulheres:

> Um dia Agnès apresentou-lhe Paul. Naquele instante do encontro, Laura ouviu alguém invisível dizer-lhe: "Eis um homem! O verdadeiro. O único. Não existe outro no mundo". Quem era o interlocutor invisível? Talvez a própria Agnès? Sim. Era ela que mostrava o caminho à sua irmã caçula, ao mesmo tempo que o barrava. [...] o homem que poderia amar, ao mesmo tempo era o único que lhe era proibido. (p. 110)

Isso seria um acidente inevitável. A pequena Laura costumava ficar espiando a irmã despedir-se dos namorados com um beijo. Na época, ela era inocente demais, e estava muito longe da esfera de possibilidades da irmã para rivalizar com ela. Porém, a competição entre irmãs já existia como possibilidade não realizada.

Suponhamos, porém, que não sabíamos disso. Fora de contexto, o amor de Laura por Paul pareceria uma epifania amorosa, o tipo que vem com fogos de artifício e música de cordas em *crescendo*. Afinal, quando ela encontra Paul pela primeira vez, fica imediatamente deslumbrada. Não é esse um sinal de que Paul é sua "metade"? No *Banquete* de Platão, Aristófanes explica que os amantes sentem-se completos, inteiros, quando encontram seu par. Ele explica isso com uma história. Outrora existia uma raça de criaturas andróginas que tentaram alcançar os céus e desafiar os deuses. Para punir sua *hybris*, Zeus dividiu-os em dois, e cada metade de cada criatura, uma metade fêmea e uma metade macho, foram condenadas a vagar pela Terra em busca de sua contraparte perdida. Paul tem para Laura o apelo da "pessoa certa", o par predestinado.

A essa altura, já sabemos que não devemos levar a ideia de "outra metade" ou da "pessoa certa" a sério demais. A história platônica atribui uma importância exagerada ao objeto amoroso. Kundera, ao contrário, quer que prestemos atenção no modelo. É por isso que ele apresenta o primeiro encontro de Laura e Paul no contexto da relação dela com Agnès. A história do relacionamento entre as irmãs explica por que Laura acha Paul tão irresistível, desde o começo.

Para deixar isso claro, Kundera descreve o encontro em duas fases. Primeiro, ele apresenta a história convencional que Laura sem dúvida contaria se perguntássemos a ela o que a fez se apaixonar por Paul: uma voz invisível lhe diz: "este é o homem certo". A voz pode ter vindo de qualquer lugar. Pode ser o destino falando com Laura, ou a voz invisível pode vir de alguma parte dela profunda e autêntica, inacessível à influência externa.

Nenhuma dessas explicações satisfaz Kundera. Gradualmente, ele levanta o véu para revelar a identidade de alguém oculto. Quem era? Poderia ter sido Agnès? A mentira romântica do "amor à primeira vista" não é exatamente estilhaçada, mas descascada até revelar a verdade romanesca embaixo dela: "era ela que mostrava o caminho à sua irmã caçula [...]". O alguém invisível está localizado não em Laura, nem em Paul, mas sim em Agnès: é o desejo dela que provoca o de Laura e que lhe dá tanto sua energia quanto seu objetivo.

É também o desejo de Agnès que bloqueia o caminho e que impede Laura de atingir seu objetivo de segunda mão. Agnès é ao mesmo tempo modelo e obstáculo. A proibição que ela encarna não é o tabu impessoal e inviolável da lei, mas uma barreira pessoal e próxima contra a qual o imitador bate de maneira frustrante.

A rivalidade incipiente se manifesta numa alternância delicada e bipolar de bom para o mau humor: "ficando, desta forma, no ambiente familiar, desfrutava uma felicidade que não era isenta de uma certa melancolia. [...] os momentos de felicidade alternavam-se com crises de tristeza" (p. 110). Agnès e Paul cuidam de Laura. Com metáforas tórridas, Kundera sugere uma cumplicidade muda, e talvez doentia, entre os três: "todos os três mergulhavam num banho voluptuoso feito de sentimentos confusos: fraternos e amorosos, tolerantes e sensuais" (p. 110).

O trio forma um pequeno mundo de desejos ambíguos: o desejo de Agnès desperta o de Laura por Paul; Laura, a mais nova, é proibida, mas, como ficamos sabendo depois, Agnès pediu ao marido que cuidasse dela. Ela está ciente de que Laura a admira e espera que de algum modo possa ajudar a irmã, a criá-la. Assim, ela abre a casa a Laura e, sem qualquer perversidade, mas ainda assim de maneira um pouco arriscada, de modo consciente ou inconsciente, incentiva a amizade entre o marido e Laura.

Nesse ínterim, Kundera rastreia a evolução da relação imitativa entre Laura e Agnès. Dessa vez, ele fala não de um gesto, mas de óculos de sol. Agnès os usa desde o ensino secundário, e Laura, após um aborto espontâneo, começa a usá-los também, não para esconder as lágrimas, mas para que as pessoas saibam que ela estava chorando: "Os óculos tornaram-se o substituto das lágrimas, tendo [...] a vantagem [...] de a favorecer mais" (p. 111).

Kundera escreve:

> Aí também foi Agnès que inspirou a Laura o gosto pelos óculos escuros. Mas a história dos óculos também mostra que a relação entre as duas irmãs não poderia se resumir à imitação da mais velha pela mais moça. Ela a imitava, sim, mas ao mesmo tempo a corrigia: dava aos óculos escuros um conteúdo mais profundo, um

> sentido mais grave, forçando por assim dizer os óculos de Agnès a enrubescer por sua frivolidade. (p. 111-12).

Em outras palavras, há um lado agressivo na imitação de Laura. Quando ela coloca os óculos escuros, Agnès "sentia que devia tirar os seus, por modéstia e por delicadeza" (p. 112). A imitação da irmã compele Agnès a abandonar o comportamento imitado. Quando uma irmã usa os óculos, a outra não pode usá-los. Outra vez, observando em Laura uma imitação de seus próprios hábitos, gostos e comportamentos, Agnès quer ficar fora de alcance. Porém, algo mudou. Dessa vez, Laura força-a a ceder. Pouco a pouco, a rivalidade começa a se infiltrar na relação outrora pacífica das irmãs.

Na crista de um doloroso rompimento e de uma tentativa de suicídio quase não evitada, Laura volta a Paris e bate na porta de Paul e Agnès. Paul está sozinho e a toma nos braços. A tensão erótica que vai crescendo pouco a pouco entre eles atinge uma altura insustentável. Laura pergunta a Paul por que eles não podiam ter se conhecido mais cedo, antes de todos os outros:

> Essas palavras espalharam-se entre eles como uma neblina. Paul penetrou nessa camada estendendo o braço, como se estivesse tateando; sua mão tocou em Laura. Laura deu um suspiro e deixou a mão de Paul em sua pele. [...] Alguns instantes mais tarde, Agnès voltou do trabalho e entrou na sala. (p. 208)

Subitamente, Agnès entende o que está em jogo e cede ao empuxo da rivalidade: "Não era mais possível esquivar-se da luta" (p. 211).

No momento em que as duas irmãs começam seu duelo verbal, Kundera muda de técnica. Ele deixa de usar uma lente grande-angular. Para de ficar indo e vindo no tempo como um narrador proustiano, fazendo comparações, dando detalhes importantes.

Nesse momento ele passa a adotar um novo estilo narrativo, invocando explicitamente o teatro, e escrevendo no presente, e não no passado: "imaginemos a sala como um palco de teatro" (p. 211). Os comentários do narrador tornam-se *marcações cênicas*, e o embate entre as duas irmãs conduz a um clímax em modo intensamente dramático, e não meditativamente romanesco. Cada irmã expõe sua filosofia do amor. Suas visões diametralmente opostas (Agnès, a razoável, acusa a irmã de egoísmo; Laura, a romântica, acusa a irmã de ser incapaz de amar) não conseguem esconder a semelhança fundamental entre as duas mulheres. O narrador Kundera observa ironicamente: "Enquanto falavam de amor, as duas mulheres se dilaceravam com os dentes" (p. 212). Agnès é para Laura "sua irmã-inimiga" (p. 213), ou, em outras palavras, sua rival-modelo. O processo imitativo passou, em fases, da imitação aberta por meio da ambivalência para a hostilidade aberta.

No clímax da disputa, Agnès deliberadamente deixa cair os óculos de sol da irmã, que se estilhaçam. O sacrifício simbólico representa o despedaçamento da conexão entre as irmãs. Ele reflete o modo como a rivalidade, que começa como a disputa por um objeto, acaba destruindo ou esquecendo os objetos físicos e colocando todas as apostas em bens menos palpáveis, como prestígio ou superioridade moral. Ele também representa o desvio da violência contra um bode expiatório, real ou (nesse caso) puramente simbólico, um ser ou um objeto que assume o lugar do rival e absorve a violência que os adversários de outro modo infligiriam um ao outro.

Por nove meses, as irmãs deixam de se ver. Agnès define a relação delas como uma corrida, uma competição: "Em sua vida, Laura era uma constante, e era ainda mais fatigante para Agnès porque as relações delas, desde o começo, pareciam uma corrida: Agnès corria na frente, sua irmã vinha atrás" (p. 272). Ela compara a si mesma a uma heroína num conto de fadas que lança objetos atrás de si para se separar de seu perseguidor malvado: "Depois Agnès só tinha na mão um último objeto: os óculos escuros. Ela jogou-os no chão, e os cacos de vidro cortante a separaram de seu perseguidor" (p. 273).

Após jogar o último objeto, o último chamariz, para trás, ela fica de mãos vazias:

> A corrida aproxima-se do fim. [...] Não tem mais a menor vontade de correr. Não é uma atleta. Nunca procurou uma competição. Não escolheu sua irmã. *Não queria ser seu modelo, nem sua rival.* (p. 273) (itálicos meus)

Podemos entender a decisão subsequente de Agnès de se exilar voluntariamente na Suíça como renúncia deliberada do desejo imitativo. Nesse caso, é o modelo que deseja sair do alcance da hostilidade do imitador, e não o imitador que quer se afastar do modelo. E, no entanto, na medida em que as duas irmãs são rivais, competidoras, inimigas, cada qual é um modelo e uma rival da outra. O sonho de Agnès de escapar pode assim ser visto como um repúdio da irmã-inimiga, uma fuga da histeria do drama do relacionamento, um meio de se retirar do *ménage à trois* em que ficou enredada:

> Quando era pequena, seu pai lhe ensinara a jogar xadrez. Uma das jogadas a encantara, aquela que os especialistas chamam roque: o jogador desloca duas peças ao mesmo tempo: põe a torre ao lado da casa do rei, e faz passar o rei do outro lado da torre. Essa manobra agradava-lhe muito: o inimigo junto todas as suas forças para atacar o rei, e de repente o rei desaparece diante de seus olhos; ele muda de casa. Toda a sua vida Agnès sonhara uma jogada dessas, e sonhava cada vez mais à medida que seu cansaço aumentava. (p. 273)

Kundera usa outra metáfora de xadrez em *A Insustentável Leveza do Ser*, na qual Tomas, posto contra a parede por dois membros da oposição que querem que ele assine uma petição, sente-se como um jogador de xadrez cujas peças estão paralisadas e que não consegue evitar a derrota. No conto "O Jogo da Carona", a metáfora das peças de xadrez presas no tabuleiro sugere um padrão implacável de ação e reação, uma forma de relacionamento que transcende a vontade individual de cada jogador. Aqui, a metáfora do xadrez não transmite nem resignação, nem rivalidade. Agnès também admite a derrota, de certa maneira. A imagem do rei rocado, porém, é em última instância libertadora e esperançosa. Agnès quer fugir da fadiga causada por sua rivalidade imitativa com a irmã. Seu exílio, que inspirou François Ricard a escrever um ensaio da perspectiva de sua última tarde, culmina em sua morte. Antes do acidente que lhe custa a vida, porém, ela tem uma experiência mística que pode ser considerada uma das cenas mais misteriosas em toda a ficção de Kundera. Essa experiência liberta-a da desgastante competição com a irmã e a coloca em contato com uma forma daquilo que René Girard denomina transcendência vertical. Explorarei esse momento no penúltimo capítulo.

## Publicar ou Morrer

Quando Agnès quebra os óculos da irmã, isso sinaliza uma mudança de um mundo em que rivais querelam em torno de coisas tangíveis para um mundo em que a competição tornou-se a própria razão de ser. Como no *potlatch*, em que chefes de clãs disputam um com o outro para ver quem consegue destruir mais posses, o objeto é sacrificado no altar na tentativa de ser melhor do que os outros: é melhor *ser alguém* do que *ter algo*.

Em ambiente nenhum o juízo dos pares tem mais peso do que no universo dos escritores, que Kundera explora na quarta parte de *O Livro do Riso e do Esquecimento*. Suas reflexões sobre aquilo que ele denomina "grafomania" miram principalmente romancistas, mas aplicam-se igualmente bem a estudantes de pós-graduação e a professores universitários, que colocam uma fé sem limites no caráter triangular da "revisão dos pares" (*peer reviewing*) e consagram a rivalidade imitativa na forma de um credo profissional: "publicar ou morrer".

Kundera define da seguinte maneira a grafomania: "A grafomania não é o desejo de escrever cartas, diários íntimos, crônicas familiares (isto é, escrever para si ou para seus próximos), mas de escrever livros (portanto ter um público de leitores desconhecidos)" (p. 111). Essa ideia assume um significado mais profundo quando se considera que, no regime comunista, os autores muitas vezes enfrentavam a escolha entre publicar livros aprovados pelo Estado para um público amplo ou compartilhar suas obras em reuniões pequenas e secretas. Para Jaromil, em *A Vida Está em Outro Lugar*, a *littérature engagée* sartreana torna-se o caminho da glória. Com o apoio de um ex-colega que faz parte da polícia do Estado, ele participa de leituras promovidas pela oficialidade que lhe dão uma exposição que de outro modo ele não teria tido. De modo análogo, em *A Lentidão*, Kundera contrasta o exibicionismo e a vaidade dos políticos modernos com o discreto anonimato sob o qual Vivant Denon publicou *Sem Amanhã*, sua história libertina.

Em *A Vida É em Outro Lugar*, Kundera já tinha abordado a questão da proliferação excessiva da literatura. Jaromil vai a uma editora e fala com um editor que lhe diz que recebe manuscritos de poesia de doze novos autores por dia, o que dá 4.380 novos poetas por ano:

> "Então continue escrevendo", disse o redator. "Estou certo de que mais cedo ou mais tarde iremos exportar poetas. Outros países exportam montadores, engenheiros, trigo ou carvão, mas nós, a nossa principal riqueza, são os poetas líricos. Os poetas líricos tchecos irão fundar a poesia lírica dos países em desenvolvimento. Em troca de nossos poetas líricos, poderemos conseguir coco e banana." (p. 231)

As palavras do editor sugerem a escala grandiosa do que está acontecendo. À medida que a literatura se integra à economia global, a mania de escrever livros espalha-se dos prósperos Estados europeus para a África e para a América do Sul. Em *O Livro do Riso e do Esquecimento*, Kundera formula a ideia de maneira mais explícita. Ele sugere que a epidemia de grafomania floresce de maneira mais virulenta nos países em que a satisfação de necessidades básicas criou um excedente de *desejos* soltos por aí:

> A grafomania (mania de escrever livros) assume fatalmente proporções de epidemia quando o desenvolvimento da sociedade preenche três condições fundamentais:
>
> 1. um nível elevado de bem-estar geral, que permite às pessoas dedicar-se a uma atividade inútil;
>
> 2. um alto grau de dispersão da vida social, e, consequentemente, de isolamento geral dos indivíduos;
>
> 3. a falta radical de grandes mudanças na vida interior da nação (sob esse ponto de vista, parece-me sintomático que na França, onde nada praticamente acontece, a porcentagem de escritores seja vinte e uma vezes mais elevada do que em Israel). (p. 111-12)

O aumento no bem-estar geral conspira com o colapso das comunidades e com a ausência de grandes acontecimentos para criar um ambiente incubatório ideal no qual o vírus pode proliferar. Os indivíduos em países pacíficos e ricos não precisam lutar nem pela sobrevivência, nem pela subsistência material. Libertados da necessidade de sacrificar seus desejos pessoais à causa maior do grupo, eles "pegam" sua fome por fama literária um do outro, como quem pega um resfriado. O contágio propaga-se segundo um padrão de reciprocidade de *feedback*:

> Mas o efeito, por um contragolpe, se repercute na causa. O isolamento geral engendra a grafomania, e a grafomania generalizada reforça e agrava, por sua vez, o isolamento. A invenção do prelo no passado permitiu aos homens se compreenderem mutualmente. Na era da grafomania universal, o fato de escrever livros adquire um sentido oposto: cada um se cerca de suas próprias palavras como de um muro de espelhos que não deixa passar nenhuma voz de fora. (p. 112)

Esse é um dos "paradoxos terminais" que Kundera associa com o fim do Período Moderno: a disseminação de livros e o aumento da alfabetização primeiro promoveram a comunicação; agora, elas levam ao desentendimento mútuo, e até ao solipsismo.

Essas mudanças não apenas prenunciam um desastre para a cultura literária como um todo, mas também envenenam as vidas dos autores individuais, que devem lutar não apenas com a "angústia da página em branco" mas também (e acima de tudo) uns com os outros. Em seu ensaio *The Year of Henry James* [*O Ano de Henry James*], o romancista David Lodge conta sua amarga experiência pessoal de escrever e publicar um romance baseado na vida de Henry James na mesma época que dois outros autores de renome também publicaram romances baseados na vida de James. Ele nota que "a proliferação de prêmios literários nas últimas décadas [...] intensificou e institucionalizou o elemento competitivo da escrita e da publicação de romances – desenvolvimento que pode ter sido bom para o Romance, na medida em que aumentou o interesse do público pela ficção literária, mas não para a equanimidade dos romancistas [...]".[10] No mundo literário, a ênfase passou dos romances mesmos (o objeto) para a classificação invejosa de romancistas

---

[10] David Lodge, *The Year of Henry James: The Story of a Novel*. London, Penguin, 2007, p. 1.

(o modelo-rival). A literatura, assim como o amor e os negócios, torna-se outra arena para o combate pela supremacia metafísica.

A competição intensifica-se ainda mais quando dois ou mais autores publicam um livro sobre o mesmo assunto: "Os escritores sempre ficam desconfortáveis quando se veem nessa situação, porque ela ameaça diminuir a originalidade de sua obra – e a originalidade é uma qualidade altamente valorizada na cultura literária moderna".[11] Em algumas passagens admiráveis de autorrevelação, Lodge divulga a lógica por trás de sua ética autoral de dissimulação: "Normalmente mantenho segredo quanto à minha obra em progresso [...]. Talvez eu tenha medo de que algum outro autor possa 'roubar minha ideia' se eu divulgá-la amplamente".[12] A confissão de Lodge ecoa aquilo que Girard diz sobre o ascetismo-pelo-desejo em *Mentira Romântica e Verdade Romanesca*: "Todo desejo que se exibe pode suscitar ou redobrar o desejo de um rival. Faz-se pois necessário dissimular o desejo para apoderar-se do objeto".[13]

Quando o modelo se aproxima ainda mais, porém, essa estratégia torna-se insuficiente. Como observa Lodge, alguns autores acham importante deixar todos saberem no que estão trabalhando: "Pode ser um meio de avisar outros autores para evitarem o assunto".[14] O ímpeto de parecer original sobrepuja o impulso de imitar. Para evitar parecer seguidores, outros autores vão cortar pela raiz qualquer anseio de competir com um modelo escancaradamente exibido. Anteriormente, o modelo abençoava o objeto e o tornava desejável; agora seu endosso torna-o intocável. Em vez de um caminho ascensional iluminado pelo brilho do mediador, a mediação é reduzida a uma *via negativa* que leva para longe de todas as influências possíveis.

---

[11] Ibidem, p. 13-4.
[12] Ibidem.
[13] René Girard, *Mentira Romântica e Verdade Romanesca*. Trad. Lilia Ledon da Silva. São Paulo, É Realizações, 2009, p. 181. (N. T.)
[14] David Lodge, op. cit., p. 15.

A rivalidade entre autores é um estágio especialmente agudo e avançado no pior do processo imitativo, como demonstrado pelo escritor Banaka em *O Livro do Riso e do Esquecimento*. Um dia, ele entra no café em cujo balcão trabalha Tamina, a protagonista do romance. Completamente bêbado, ele cai do banquinho e fica inconsciente por alguns instantes. Quando recobra a consciência, Tamina pergunta-lhe o que há de errado: "Banaka levantou para ela um olhar lacrimoso e com o dedo apontou para o peito: 'Não sou, você compreende? Não sou! Não existo!'" (p. 126). A explicação para essas palavras de autopiedade não demora a chegar: Banaka recebeu uma resenha negativa. Os livros que ele escreve (e a opinião que os outros têm dele) são a medida mesma de seu ser. A resenha negativa tem portanto a força de aniquilar Banaka, privando-o de seu direito de existir.

No campo erótico, o homem ou a mulher em torno de quem os rivais brigam, apesar de transfigurado pela influência do modelo ou esquecido no calor da rivalidade entre os irmãos, mesmo assim garante que há algo concreto em jogo. O jornalista em "O Dr. Havel Vinte Anos Depois" pode considerar uma mulher sem atrativos uma beleza estonteante porque Havel influenciou-o a vê-la sob essa luz, mas essas mudanças de valor ocorrem numa camada superficial, superior. Abaixo da efervescência do desejo imitativo, as bases do mercado continuam no lugar: a namorada do jornalista é realmente mais jovem e mais bonita do que a médica de meia-idade.

Igualmente, apesar de o estudante no episódio de Goethe mudar de opinião a respeito de sua amante Christine, achando-a atraente em sua cidade provinciana e sem atrativos em Praga, e depois atraente de novo quando os poetas lhe dão sua bênção, ele a deseja sexualmente e ela o deseja também, mesmo que sua atração mútua nunca seja consumada.

Nessas histórias, o encanto imitativo lança uma gaze de ilusão sobre a realidade abaixo. Essa camada concreta nunca desaparece por completo, e a proporção da alma de cada personagem afetada pelos jogos imitativos do amor e da sorte é portanto relativamente baixa.

Uma parte do ser do indivíduo permanece ancorada no mundo dos instintos e das necessidades corporais.

No mundo da grafomania, por outro lado, a rivalidade não tem mais um componente concretamente aquisitivo. A luta para "ter" deu lugar à luta para "ser". Os fundamentos subjacentes evaporam e os juízos mediados determinam tudo. O modelo deixa de estimular o imitador, como fazia quando desempenhava o papel do rival, criando um recrudescimento da energia. Em vez disso, sua mera presença tem um efeito viciante, deprimente. Ele fica no caminho do discípulo como obstáculo existencial:

> O episódio de Banaka, que apontava o dedo indicador para o peito chorando porque não existia me lembra um verso do *Divã Ocidental-Oriental* de Goethe: "Estamos vivos quando outros homens vivem?". Na pergunta de Goethe se esconde todo o mistério da condição de escritor: O homem, pelo fato de escrever livros, transforma-se em universo (não se fala do universo de Balzac, do universo de Tchékhov, no universo de Kafka?), e o característico de um universo é justamente ser único.
> A existência de um outro universo o ameaça em sua própria essência. (p. 126)

A descrição de Kundera confirma outra vez a intensidade única da competição literária. A existência de Havel provocava a inveja do jornalista; Agnès provocava a admiração de Laura, sua irmã mais nova, e, depois, seu rancor. Nenhum modelo, porém, ameaçava a individualidade do sujeito "em sua própria essência". Em "O Dr. Havel", há mulheres mais do que o bastante (contei ao menos cinco), e o jornalista termina feliz com aquela que conquista. Em *A Imortalidade*, Agnès e Laura brigam por um homem apenas, mas ao menos estão brigando por *algo* (ou, caso o leitor prefira, *alguém*). Os escritores não brigam por nada tão sólido e substancial quanto um parceiro. Eles querem afirmação existencial. E, infelizmente, na maior parte das vezes não a obtêm: "Goethe está convencido de que um só olhar de um só ser humano que não esteja presente nas linhas de sua obra coloca em questão a própria existência de Goethe" (p. 127).

Para deixar definitivamente claro o que quer dizer sobre os efeitos do vírus da grafomania, Kundera inventa uma parábola a respeito de dois sapateiros:

> Dois sapateiros, que tenham suas sapatarias exatamente na mesma rua, podem viver em perfeita harmonia. Mas, se começarem a escrever um livro sobre a vida dos sapateiros, vão logo incomodar um ao outro e se fazer a pergunta: "Um sapateiro está vivo quando vivem outros sapateiros?". (p. 126-27)

Enquanto os dois lojistas disputarem clientes, conseguem coexistir em paz. Quando começam a competir por leitores, porém, o valor do que está em jogo fica incomensuravelmente maior. O escritor provavelmente investe mais de si mesmo em seu livro do que o sapateiro nos sapatos que conserta; porém, mesmo que não investisse, o mero fato de equilibrar palavras em vez de costurar nacos de couro o colocaria numa posição frágil e instável: "Somos desconhecidos, ciumentos, azedos, e desejamos a morte do outro" (p. 127), afirma Kundera sobre a vida do escritor, o que não admira. Como mostra o caso de Banaka, os autores dependem exclusivamente do *feedback* mediado dos leitores e dos críticos para determinar o sucesso, ao passo que o sapateiro não precisa que ninguém lhe diga se fez um bom trabalho consertando a sola de um par de botas.

Para concluir, Kundera ressoa uma advertência apocalíptica: "Quando um dia (isso acontecerá logo) todo homem acordar escritor, terá chegado o tempo da surdez e da incompreensão universais" (p. 127). Essas palavras foram escritas na era imediatamente anterior ao surgimento dos computadores e da internet. Elas soam ainda mais sinistras na era do blog, do e-book e da publicação sob demanda.

# capítulo 4
# o modelo como obstáculo

### Estratégias de Revelação

Segundo a hipótese de Girard, todo romancista enfrenta a mesma realidade, mas num momento diferente de sua evolução. Cada nova fase do processo imitativo acentua os traços distintivos da anterior, assim como uma caricatura evidencia os traços de um rosto. O esnobismo proustiano caricatura a vaidade stendhaliana, e o desejo dostoievskiano do "subsolo" (apesar de Dostoiévski ser cronologicamente anterior a Proust), por sua vez, caricatura o esnobismo proustiano. Quanto mais o "mediador" ou o modelo do desejo se aproxima do sujeito, mais caricaturalmente exagerados são os efeitos da mediação: os jogos relativamente leves de amor e de sorte jogados por Julien Sorel e por Mathilde de la Mole em *O Vermelho e o Negro*, de Stendhal, dão lugar às agonias mais pesadas e mais esmagadoras do narrador proustiano ou do homem do subsolo dostoievskiano.

Se Girard está certo a respeito do modo como o romance captura o desejo, há de chegar uma época em que o fenômeno torna-se óbvio demais para precisar ser revelado. Em nossa época de bolhas da bolsa de valores e dos *realities shows* de TV, o desejo mimético influ a ponto de virar uma paródia de si mesmo. É por isso que venho argumentando que Kundera não é tanto o membro mais recente de uma linhagem de reveladores, mas o *caricaturista* da imitação. Uma analogia da história da pintura pode ajudar a esclarecer o que quero dizer. Pode-se dizer que os romances de Kundera estão para os de Diderot ou de Stendhal do mesmo jeito que uma tela de Picasso está para uma de Velázquez. Se a série *Las Meninas* de Picasso for posta ao lado do original de Velázquez, é possível identificar muitos traços comuns, mas aquilo que a interpretação de Picasso deixa de fora é tão importante quanto aquilo que ela inclui: tudo se torna primeiro plano; não há um centímetro quadrado da tela que seja menos importante do que o resto.

O mesmo vale para a obra de Kundera. Voltando nostalgicamente os olhos para os romances descontraídos de Rabelais, Sterne e Diderot, Kundera inventa suas histórias com insolente desprezo pelo imperativo oitocentista da plausibilidade. Em vez de retratar o mundo de maneira literal, fotográfica, ele escreve contos exagerados, cartunescos. Sua ficção enfrenta muitos dos mesmos problemas que, digamos, a de Stendhal (o problema da vaidade como obstáculo à felicidade, por exemplo), mas omite todos os detalhes, exceto os mais essenciais, de modo a mirar exclusivamente no tema existencial, que está sempre sob os holofotes. Kundera não apenas descreve as várias leis do desejo imitativo – a relação inversa entre a força da paixão e a importância concreta do objeto; a não reciprocidade do amor no universo da mediação dupla; o triunfo da sugestão secundária sobre a impressão em primeira mão, e daí por diante – mas também as define conceitualmente, como faria um ensaísta, ainda que sem chegar a reduzi-las a um sistema.

Ao mesmo tempo, ele inventa procedimentos técnicos que nascem da necessidade de representar as novas formas de alienação e situá-las no contexto do Período Moderno. Kundera compartilha a preocupação modernista em fazer uma representação sintética da existência humana sem dar atenção a "grandes eventos externos", como diz Auerbach em *Mimesis*. Em vez de adotar a tática modernista de filtrar a realidade através de um coral de vozes interiores, porém, Kundera desenvolve uma abordagem original da narrativa, que aumenta dramaticamente a liberdade do autor de atacar o assunto como escolher: a arte da polifonia romanesca, que envolve entretecer a narração direta com passagens ensaísticas jocosas, autobiografia, anedota e a narrativa de sonhos. Quebrando as seções de seu romance em microcapítulos numerados, ele se livra das transições suaves e cria um mosaico entalhado de elementos unidos por um único tema ou grupo de temas.

*Mentira Romântica e Verdade Romanesca* pode nos ajudar a captar a razão de ser dessa abordagem polifônica. Estou pensando nos capítulos que dizem respeito aos métodos específicos de revelação. Neles, Girard esboça uma tipologia das estratégias literárias, postulando que a técnica é funcional: uma metáfora, uma mudança da narração em primeira pessoa para a narração em terceira, ou um monólogo interior, estão presentes não para criar algum efeito estético arbitrário, mas porque o projeto do romancista torna sua presença necessária. Se é verdade, como supõe Girard, que o propósito da literatura clássica é revelar o funcionamento do desejo imitativo, e se esse desejo difere em suas manifestações de uma época para a outra, segue-se que os romancistas devem intuitivamente elaborar uma técnica adaptada ao "sistema em que foram originalmente aprisionados junto com seus contemporâneos".[1]

As estratégias literárias variam segundo o estreitamento da distância entre modelo e imitador. De início, as técnicas incluem ressaltar o contraste entre o herói "doente" e a norma "saudável", no mais das vezes por meio de algum mal-entendido óbvio e farsesco (em Cervantes, o personagem delirante enxerga gigantes, e os sãos, moinhos de vento; a epidemia de desejo imitativo acaba de começar, e é fácil notar os casos mais virulentos).

---

[1] Girard, *Deceit, Desire, and the Novel*, p. 3. [Trata-se de outra parte do trecho que consta no início da edição americana de *Mentira Romântica e Verdade Romanesca* e que não aparece no original francês, *Mensonge Romantique et Vérité Romanesque* – nem mesmo na versão publicada em *De la Violence à la Divinité* (Paris: Grasset, 2007), que reúne os quatro primeiros livros de Girard.]

Enquanto isso, nas regiões superiores da "mediação interna", a técnica é a mesma, mas invertida: agora é a exceção "saudável" que, com sua presença, ilumina e revela a vaidade daqueles à sua volta (em *O Vermelho e o Negro*, a pseudoaristocracia reacionária está inteiramente infectada pelo vírus imitativo, mas é preciso um forasteiro esquentado como Julien Sorel para revelar a mesquinharia ambiente).

À medida que o modelo se aproxima, o desejo se esconde atrás de profissões de indiferença ou de repulsa. O único modo de pegá-lo é fazer comparações ao longo de um período extenso, divulgando a idolatria secreta do personagem por ídolos que ele ou ela finge desdenhar. O resultado é um narrador em constante movimento temporal, indo e vindo entre passado e futuro. Esse ir e vir faz com que seja possível justapor as afirmações dissimulantes do sujeito e suas ações reveladoras posteriores (Proust faz isso com Madame Verdurin, que proclama seu horror dos salões aristocráticos, mas secretamente sonha em presidir um, e acaba se casando com o príncipe de Guermantes).

Ao irmos ainda mais fundo nas regiões infernais, o romancista revela o desejo triangular suprimindo sentimentos e ressaltando o contraste entre palavras e ações no presente: o imitador nega com veemência a influência do modelo, mas suas ações o traem (o homem do subsolo de Dostoiévski ignora flagrantemente seu modelo, mas bate o pé no chão para atrair atenção).

Por fim, o romancista adota uma abordagem que poderia ser descrita como histórica: comparando e contrastando dois regimes de imitação, um caracterizado por estrutura e por relativa sanidade, o outro, por desordem e melodrama, ele encara o mundo moderno de um balcão empoleirado no passado.

É esse o caso dos romances de Kundera, que se estendem por todo o período moderno, do nascimento do racionalismo cartesiano até os dias atuais. Ainda que, de tempos em tempos, ele utilize o mal-entendido cervantino (notadamente em "O Dr. Havel"), e dilatações e contrações temporais ao modo de Proust (em *A Imortalidade*, por exemplo), sua verdadeira realização, como já disse, está na arte da polifonia romanesca, que mantém o tema constantemente na mira do autor, mesmo quando a narrativa vagueia de um lugar para o outro e de uma época para a outra.

Podemos comparar nosso autor a Dostoiévski e a Kafka, dois autores com frequência vistos como profetas do totalitarismo. Em *Os Demônios* e em *Os Irmãos Karamázov*, Dostoiévski descreve o colapso da aristocracia russa e o niilismo dos possessos. Porém, nem ele conseguiu prever como as ideias dos ocidentalistas seriam realizadas no futuro, com destaque para a Revolução Russa. A burocracia tzarista satirizada em *Memórias do Subsolo* é apenas um pálido vislumbre da labiríntica administração da justiça kafkiana. Como mostrou Nathalie Sarraute, Kafka estende e acentua os traços característicos dos personagens de Dostoiévski, as piruetas aparentemente irracionais que, no entanto, obedecem a uma estrita lógica de repulsão e de atração.[2] Enquanto anda de um lado para o outro na frente da esposa do oficial e do estudante no terceiro capítulo de *O Processo*, Joseph K. lembra do homem do subsolo batendo furiosamente no chão do restaurante para mostrar a Zverkov e seus amigos que não sente o menor interesse por eles.[3]

Kundera pode ser colocado nessa linhagem. Girard observa que Dostoiévski é o primeiro romancista que "enfoca historicamente o polimorfismo de suas personagens".[4] Os personagens de Kundera, como os de Dostoiévski, experimentam a fragmentação de

---

[2] Nathalie Sarraute, *L'Ère du Soupçon, Essais sur le Roman*. Paris, Gallimard, 1956, p. 28. Tradução inglesa: *The Age of Suspicion*. New York, George Braziller, 1990.
[3] Em seu ensaio sobre as cartas de Kafka para sua noiva Felice Bauer, Elias Canetti evidencia a conexão entre Kafka e Dostoiévski, ressaltando a preocupação do primeiro com o tema da humilhação (Elias Canetti, *Kafka's Other Trial: The Letters to Felice*. New York, Schocken, 1974, p. 80-4).
[4] Girard, *Mentira Romântica e Verdade Romanesca*. Trad. Lilia Ledon da Silva. São Paulo, É Realizações, 2009, p. 120.

sua personalidade. Em "O Jogo da Carona", conto do começo de
sua carreira, de *Risíveis Amores*, o protagonista vê suas namoradas como "desesperadamente *outra*, desesperadamente *estranha*,
desesperadamente *polimorfa*" (p. 87). Em *A Brincadeira*, Ludvik
Jahn descreve seu eu juvenil como possuidor de "muitas caras"
(p. 41). Seu ego carece de estabilidade subjacente e muda a cada
situação. Com uns, ele faz o papel de canalha cínico; com outros,
o de rapaz polido e entusiasmado:

> Durante as reuniões eu era sério, entusiasta e
> convicto; desenvolto e provocador em companhia dos colegas; laboriosamente cínico e
> sofisticado com Marketa; e, quando estava só
> (quando pensava em Marketa), era humilde e
> encabulado como um colegial. (p. 41)

Assim como Dostoiévski, Kundera enxerga essa multiplicidade
mimética como um efeito colateral do projeto iluminista, que tenta
eliminar as crenças irracionais mas acaba causando sua proliferação, como observa em *A Arte do Romance*:

> [...] durante a época dos tempos modernos,
> a razão cartesiana corroía, um após o outro,
> todos os valores herdados da Idade Média.
> Mas, no momento da vitória total da razão, é o
> irracional puro [...] que se apossará do cenário
> do mundo, porque não haverá mais nenhum
> sistema de valores comumente admitido que
> possa lhe fazer obstáculo. (p. 17)

Nos termos dos temas-guias deste estudo, a intuição acima pode
ser reformulada da seguinte maneira: paradoxalmente, em vez de
anunciar um novo mundo de paz e de harmonia, como seus aderentes acreditavam que iria, o sonho cartesiano de autossuficiência
acabou causando a alienação do desejo triangular exacerbado.
A cada passo dado na estrada do progresso, a humanidade foi um

pouco mais para dentro do labirinto dos valores. O comunismo anuncia o fim daquilo que Kundera, na Parte Seis de *A Insustentável Leveza do Ser*, chama de "grande marcha" do pensamento utópico. Esperava-se que a liquidação do sistema de classes fosse a solução final para o problema burguês da mediação, mas ela apenas piorou tudo. O materialismo dialético enfatiza demais o objeto do desejo; ele não enxerga que a inveja e o ciúme dividem as pessoas com ferocidade maior do que a distribuição desigual de riquezas.

A fim de captar essa trajetória como um todo, Kundera desenha um mapa existencial maior do que o de seus predecessores, em busca do contexto do fenômeno que testemunha no "laboratório do crepúsculo"[5] da Europa Central e na sociedade ocidental do espetáculo. Uma de suas inovações técnicas consiste em juntar múltiplos períodos históricos no mesmo espaço narrativo. O momento particular em que ele escreve leva-o

> [...] a não limitar mais a questão do tempo ao problema proustiano da memória pessoal, mas a estendê-la ao enigma do tempo coletivo, do tempo da Europa, a Europa que se volta para olhar seu passado, para fazer seu balanço, para apreender sua história, como um velho que apreende com um único olhar sua própria vida passada. Daí a vontade de transpor os limites temporais de uma vida individual nos quais o romance até então foi isolado e de fazer entrar em seu espaço várias épocas históricas [...] (p. 22)

Kundera situou Don Juan no contexto histórico maior em "O Simpósio" e em "O Dr. Havel Vinte Anos Depois", que fazem a crônica do

---

[5] A expressão aparece em *A Arte do Romance*, p. 122: "A destruição do Império [Habsburgo.], depois, após 1945, a marginalização cultural da Áustria e a não existência política dos outros países fazem da Europa central o espelho premonitório do destino possível de toda a Europa, o laboratório do crepúsculo".

declínio de um homem, mas também o desaparecimento do personagem do sedutor do palco da Europa. Essa ampliação histórica fica ainda mais evidente nos romances posteriores de Kundera. Em *A Vida Está em Outro Lugar*, o papel do jovem poeta-herói no golpe de Estado de 1948 na Tchecoslováquia torna-se um emblema das revoluções europeias por meio de uma série de comparações com Maiakóvski, com Rimbaud, com Lermontov, com Masaryk, e com Shelley. Em *A Imortalidade*, duas linhas narrativas ecoam e ressoam uma à outra, a primeira um triângulo amoroso entre o fim do século XVIII e o começo do XIX, povoado de personagens da época de Goethe (o próprio Goethe, sua esposa Christiane, Bettina von Arnim), o outro um triângulo amoroso similar, situado na França do fim do século XX, que já examinei. Essa justaposição possibilita a meditação sobre o *homo sentimentalis* que ocupa um lugar importante no romance.

É em *A Lentidão*, porém, o primeiro romance que escreveu diretamente em francês, que Kundera justapõe períodos históricos com o máximo efeito. Nesse breve romance cômico, ele revisita o "paradoxo terminal" do donjuanismo, empregando uma arquitetura em fuga que lhe permite comparar os séculos XVIII e XX:

> Os romances tchecos foram em forma de sonata: uma composição em larga escala, com vários movimentos contrastantes. Com *A Imortalidade*, levei essa forma o mais longe possível. Depois, era escolher entre encerrar as atividades e tentar algo novo. Quando escrevi *A Lentidão*, fui imediatamente em outra direção. Da arte da sonata, passei para a arte da fuga: um formato mais curto, um bloco único, indivisível, com os mesmos temas e motivos incessantemente presentes e incessantemente variados.[6]

---

[6] Milan Kundera, "La Frontière Invisible" (entrevista com Guy Scarpetta). *Le Nouvel Observateur*, 15 jan. 1998.

Massimo Rizzante notou as semelhanças entre as composições romanescas de Kundera e os elementos da fuga musical: primeiro vem o tema, que é retomado por outra voz, e depois ecoado mais uma vez, dessa vez num reflexo invertido, pelo contratema. Ao final de seu artigo sobre a arte de Kundera da fuga, Rizzante oferece uma intuição intrigante sobre o elo entre forma e conteúdo:

> Kundera mostra que o homem é diálogo, que não consegue evitar imitar os outros, aqueles que o precederam e também seus contemporâneos. Assim como na fuga, cada voz imita a outra, responde a ela e prolonga-a. Todas participam no grande jogo polifônico da existência humana.[7]

Para Rizzante, a forma imitativa da fuga fala de maneira eloquente sobre a interação humana como algo entremeado e recíproco. Eu acrescentaria que a fuga oferece um meio excelente de justapor períodos temporais diferentes. Em *A Lentidão*, o uso da polifonia permite a Kundera ir e vir entre o passado aristocrático e o presente democrático, desenhando os mesmos motivos através dos dois espaçotemporais, de modo que o leitor é capaz de ouvir os temas do romance ressoando de maneira distinta em cada século.

### A Arte da Comparação Polifônica

O romance emprega duas tramas simultaneamente. A primeira fica no presente, em que a aceleração da História jogou as pessoas, os acontecimentos e as histórias num confuso redemoinho. Ela fala de uma sedução fracassada num castelo restaurado do Antigo Regime, recentemente transformado em centro

---

[7] Massimo Rizzante, "L'Art de la Fugue". *Le Magazine Littéraire*, n. 207, p. 79, abr. 2011.

internacional de conferências. A segunda trama desenrola-se em contraponto à primeira, e conta uma noite sensual de amor no mesmo castelo, dois séculos antes. Essa segunda linha narrativa, tirada de *Sem Amanhã*, história setecentista de Vivant Denon, encarna os prazeres da lentidão.

A Revolução Francesa engoliu certo modo frívolo e sedutor de ser, condensado na *nonchalance* do *grand seigneur*. No pós-Revolução (para usar a terminologia de Stendhal), a "vaidade aborrecida" suplanta a "vaidade feliz". Rapazes ambiciosos tinham dificuldades para romper a hierarquia esclerosada do Antigo Regime, mas, no mundo balzaquiano e pós-revolucionário do século XIX, eles precisam enfrentar um obstáculo ainda mais frustrante, que, como a Hidra de Lerna, cria novas cabeças: seus pares.

À medida que hordas de jovens Rastignacs convergem para Paris, suas ambições mutuamente contrárias geram ciúme e ódio em quantidades sem precedentes. No fim do século XX, a situação assume proporções caricaturais. Os políticos narcisistas (que Kundera chama de "dançarinos") em *A Lentidão* competem uns com os outros por tempo de TV, e fazem amor não com suas amantes, mas com as onipresentes câmeras de TV. Dois séculos após a Revolução, uma aguda consciência do outro tomou o lugar da espontaneidade inartística do nobre.

*A Lentidão* reúne os universos aristocrático e democrático numa composição única e entremeada, possibilitando distinguir exatamente o que junta e o que separa duas eras, duas atitudes, dois modos de existência. Primeiro, o universo da imitação pacífica, de mão única, em que um discípulo absorve a lição do mestre. Essa esfera é presidida por uma mulher bela e madura do século XVIII, a Madame de T. (Kundera imagina-a voluptuosa, com quadris largos – a antítese das supermodelos anoréxicas de hoje), que "possui a sabedoria da lentidão e manipula toda a técnica do *ritardando*" (p. 29). Ela age como guia benevolente para um jovem e ingênuo cavaleiro. Trata-se de uma história de iniciação: Ela "Dá a ele um curso resumido de educação sentimental, ensina-lhe sua filosofia prática do amor" (p. 28).

O cavaleiro é tanto amante da Madame de T. quanto seu aluno. As aulas particulares acontecem enquanto eles conversam, pois "Tudo que a Madame de T. diz é fruto de uma arte, a arte da conversa, que não deixa nenhum gesto sem comentário e trabalha seu sentido" (p. 26). Ela concebe a sedução como um ritual, até como uma "técnica", com regras que podem ser aprendidas. Ainda que ela seja mais velha do que seu jovem aluno, precisamente *porque* é mais velha, eles conseguem se entender mutuamente. O aprendizado do cavaleiro dá testemunho da continuidade entre gerações, sem a qual não poderia acontecer nenhuma transmissão de sabedoria.

Vincent, por outro lado, é um jovem intelectual do período contemporâneo. Ele adora o século XVIII, que associa com prazeres proibidos. Se pudesse, "usaria como distintivo na lapela o perfil do marquês de Sade" (p. 11). A história de Vincent e da jovem secretária que ele tenta seduzir revela o abismo que existe entre o mundo da lentidão e o das motocicletas aceleradas e das câmeras apontadas desde cima. Enquanto a Madame de T. domina a arte da conversa, Vincent é vitimado por aquilo que Diderot denomina *"l'esprit de l'escalier"*, a sensação enervante de vergonha e de frustração que vem quando uma réplica espirituosa só vem à mente quando já é tarde demais. No bar do hotel, Vincent disputa verbalmente com um sujeito elegante, que consegue ter a última palavra: "Nada é mais humilhante do que não encontrar uma resposta ríspida a um ataque ríspido. Num embaraço indizível, sob risadas zombeteiras, Vincent covardemente se retira" (p. 59).

Com Vincent, Kundera criou seu hedonista inautêntico mais cômico, um "libertino" que tenta imitar o espírito do século XVIII, que cita Sade e sonha em participar de uma orgia, mas que, em vez de obedecer ao princípio do prazer, é dominado por seu *ressentiment*. Guy Scarpetta apreende a essência da lógica imitativa do romance quando observa que os personagens de *A Lentidão* agem seguindo um padrão de "compensação".[8] Todos sofrem a humilhação pública ou semipública e buscam em vão um meio de salvar as aparências.

O que explica a fixação obstinada dos personagens por aqueles que causaram ou que testemunharam sua humilhação? Uma resposta pode ser encontrada na dialética do desejo. De início, o discípulo cobiça os objetos designados por seu modelo. Em algum momento, porém, a capacidade do modelo para negar a posse torna-se um pré-requisito do desejo, pois apenas essa interferência garante que o objeto permanecerá fora de alcance, com sua aura intacta. Por fim, o discípulo funde a maior resistência com o objetivo mais digno. Ele sitia apenas cidades inexpugnáveis, corre atrás apenas de donzelas cruéis e desdenhosas. Aos olhos do devoto, a capacidade de humilhar é o sinal mais seguro de que um ídolo merece ser adorado.

Em *A Lentidão*, o modelo tornou-se uma pedra de tropeço à qual o imitador retorna repetidas vezes, como uma mosca que bate de novo e de novo contra uma vidraça. Comovido pelo aplauso que acaba de receber de seus colegas entomólogos, um cientista tcheco volta a seu assento tendo esquecido de ler o trabalho que apresentaria na conferência. Mais tarde, ele é vitimado pelo cáustico sarcasmo de Berck, um político que tem jeito com a mídia, que faz dele o alvo de uma pequena multidão de entomólogos a rir. Após essa derrota humilhante, ele vai até a piscina do hotel com o propósito explícito de recuperar a vantagem:

> [...] quer mostrar seu corpo aos intelectuais magrelas desse país sofisticado, hiperculto e, em suma, pérfido. [...] Imagina seu corpo passeando em volta da piscina, mostrando aos franceses que existe um valor inteiramente elementar, que é a perfeição corporal, a perfeição

---

[8] Guy Scarpetta, *L'Âge d'Or du Roman*. Paris, Grasset, 1996.

> da qual ele pode se gabar, e da qual eles não
> têm nenhuma ideia. (p. 65-66)

O imigrante tcheco enxerga os habitantes do novo país como um bloco unificado de juízes hostis. Ele pode desprezá-los, mas ainda quer causar uma boa impressão. Eles ocupam seus pensamentos e ditam suas ações até no momento em que ele tenta recuperar a vantagem. Caso consiga impressionar os espectadores franceses com seu físico, mesmo assim deverá a eles qualquer satisfação que venha a tirar desse feito. Esse texto farsesco oferece algum conhecimento da condição do imigrante e pode até mesmo ser, como especulou certa vez Karen von Kunes, que foi minha professora, uma peça em que o autor indiretamente satiriza a si mesmo.

Enquanto isso, Immaculata, uma jornalista de TV, também é humilhada pelo santarrão Berck, que a destrata durante uma entrevista no congresso, onde será condecorado como entomologista honorário. Depois, ela desfila pelo hotel num vestido branco para fazer Berck perceber o quanto ela é indiferente a ele. Ela tem

> o desejo tão vago quanto forte, de não se
> deixar retirar de cena; de tornar a atravessar
> o local de sua humilhação, de não aceitar sua
> derrota; e, se existir derrota, transformá-la num
> grande espetáculo no qual fará resplandecer
> sua beleza ferida e ostentará seu orgulho revol-
> tado. (p. 72-73)

Nos dois casos, o perdedor tenta recuperar sua dignidade ao afirmar a mesma superioridade inabalável exibida pelo feliz vencedor. Os movimentos, pensamentos e sentimentos desses personagens são engendrados e controlados pelo modelo-obstáculo (a plateia de intelectuais franceses na conferência; Berck).

O padrão também vale para Vincent. "O libertino contemporâneo é um escravo", declarou Havel, e Vincent não passa de uma caricatura de Havel, que já é uma caricatura de Don Juan. Assim como o homem do subsolo de Dostoiévski, Vincent não consegue esquecer o rosto de escárnio de seu rival: "a imagem do homem de terno e colete ficou enterrada em sua alma como um espinho, não consegue se livrar dela" (p. 60). Suas ações subsequentes são uma série de tentativas fracassadas de tirar a farpa. O mediador, por assim dizer, "mordeu-o".

À medida que a noite se aproxima, ele se vê perto da piscina com a bela secretária, que o convidou a passar a noite com ela. O prazer sensual aguarda-o no quarto de hotel acima. Vincent, porém, está tão obstinado em *agir* como um devasso libertino que esquece de *sê-lo*. Ele parte para cima de Julie e ameaça consumar seus desejos com ela em público, gritando obscenidades a plenos pulmões. Porém, seus pensamentos se voltam para a plateia imaginária para a qual ele está atuando, e não para o corpo dela, disponível:

> O anfiteatro, é verdade, está vazio, mas, mesmo estando vazio, o público, imaginado e imaginário, potencial e virtual, está lá, está perto deles [...] É para eles que Vincent grita essas palavras, procurando conquistar a admiração e a aprovação deles. (p. 81)

Enfim, ele se joga nela, mas não está excitado; seu membro permanece flácido. Terá seu corpo o abandonado na hora em que precisava? Não: Vincent não é impotente. Ele simplesmente não está excitado (de fato, para confirmar que não houve disfunção fisiológica, o narrador entrevista o membro, dando-lhe a oportunidade de se defender, e ele se defende de maneira muito convincente). Sem se deixar intimidar por sua própria falta de excitação, Vincent "começa a simular o coito" (p. 83). Ele e Julie gemem e bramem em uníssono, roçando-se e forçando-se um contra o outro sem experimentar a menor sensação de prazer: "Nem Julie nem Vincent se importam com o que acontece em volta deles. [...] não é uma orgia que fazem, é um espetáculo, e os atores, durante uma representação, não querem encontrar os olhos dos espectadores" (p. 84). Diante dos olhos do público anônimo e invisível, a ação vira gesticulação, e a existência é reduzida a um teatro. Enquanto Vincent se esforça para salvar as aparências, Kundera nos mostra os modelos do rapaz desfilando vitoriosamente pelo palco de sua vida psíquica, um atrás do outro. Poucas vezes um autor ilustrou a apoteose do mediador de maneira tão flagrante.

É difícil levar a sério *A Lentidão* porque as situações descritas são exageradas demais. Apesar de os clássicos que veneramos estarem cheios de cenas ridículas, insistimos em denegrir obras contemporâneas como essa por sua falta de peso. Enquanto isso, com um senso de dever que beira o masoquismo, enfrentamos com bravura as coisas pretensiosas e sem trama que às vezes passam por alta literatura em nossa época. Essa pseudovirtude é o equivalente literário da incapacidade para o prazer que aflige os personagens modernos de Kundera, todos os quais escolhem o caminho da máxima resistência. *A Lentidão* é uma meditação sobre os complexos que interferem no nosso gozo no quarto, tanto quando a lâmpada no criado-mudo é desligada quando a deixamos ligada para ler.

Em sua resenha do romance no *New York Times*, Michiko Kakutani objeta contra a crueldade com que o autor retrata Vincent, Immaculata e o cientista tcheco. Eu não poderia discordar mais. De fato, onde Kakutani enxerga frieza, eu só detecto um sorridente bom humor, com um toque de melancolia. Não é possível descrever a realidade subjetiva do heterocentramento como faz Kundera e permanecer apartado do fenômeno observado. Em vez de manter uma distância fria, ele trata até os mais desagradáveis fanfarrões com compassiva simpatia.

Suspeito que essa capacidade de se identificar com seus personagens é o que permite a Kundera nos fazer rir à custa deles. É aceitando que ele é "parte do mecanismo mimético que domina os relacionamentos humanos"[9] que ele vai além da bidimensionalidade da mera sátira. Até mesmo Kakutani é obrigada a admitir que "essas representações são muito engraçadas", e nisso eu concordo inteiramente com ela. De fato, vejo *A Lentidão* como uma obra-prima cômica, que concentra em pouco mais de 150 páginas os temas centrais de Kundera – acima de tudo, o tema da extinção do prazer sensual pelo desejo mediado – e lhes dá uma expressão talvez mais plena do que qualquer outra obra sua.

Ficamos com uma questão importante: por que Vincent fracassa onde os libertinos do século XVIII têm sucesso? Para podermos chegar a uma resposta, precisamos comparar as reações de Vincent com as do jovem cavaleiro. Diante do escárnio do marido da Madame de T., o cavaleiro responde espirituosamente. Porém, ainda que consiga permanecer senhor da situação, ele também se sente ridículo, ainda mais quando descobre que a Madame de T. usou-o para fazer com que a atenção não se dirigisse para seu marido, o marquês:

> a história vai circular e ele vai se tornar um personagem cômico. [...] Sem lhe pedir permissão, puseram-lhe um chapéu de palhaço na cabeça e ele não se sente suficientemente forte para usá-lo Escuta em sua alma a voz da revolta que o convida a contar sua história [...]. Mas sabe que não conseguirá. Tornar-se um cafajeste é ainda pior do que ser ridículo. (p. 100)

O cavaleiro obedece a um código de decoro que é mais importante para ele do que curar a ferida em sua vaidade. O pacto social é mais importante do que a transcendência individualizada do mediador. No fim das contas, seu respeito por esse pato é a qualidade que o

---

[9] René Girard, com Pierpaolo Antonello e João Cezar de Castro Rocha. *Evolução e Conversão*. Trad. Bluma Waddington Villar e Pedro Sette-Câmara. São Paulo, É Realizações, 2011, p. 78.

redime. Ele consegue abrir mão de seu orgulho, um tanto como o protagonista de Crébillon, no trecho de *Os Desnorteios do Coração e do Espírito* que citei em minha análise de "O Dr. Havel", se convence de que o objeto de seu amor rejeitou-o por pura modéstia.

Naquela era, o desejo era contido por um espartilho de regras tácitas. A relativa paz de espírito do cavaleiro vem menos de suas qualidades superiores individuais do que dos recursos espirituais disponíveis para ele num momento sócio-histórico específico. O mundo do século XVIII permaneceu estável o suficiente para levar a sério a ideia de que se livrar de todas as formas religiosas de transcendência suprapessoal tornaria o homem mais racional. Kundera volta os olhos com indisfarçada nostalgia para uma época em que a contínua influência da monarquia e da Igreja fazia dessas subversivas ideias iluministas uma espécie de luxo refinado.

Hoje, as energias espirituais que permitiriam que o homem contemporâneo tirasse prazer da rebelião minguaram e sumiram. Em *A Lentidão*, a revolta nada mais é do que a homenagem negativa que o discípulo presta a seu modelo-obstáculo. Em vez de mitigar o impulso religioso, a "morte de Deus" anunciada por Nietzsche apenas distorceu-o em formas grotescas de transcendência pervertida irracional. A psiquiatria moderna é em grande parte cega para os desejos emaranhados que solapam nossa saúde mental. Ela cola os rótulos "neurótico" e "psicótico" nesta ou naquela aberração sem perceber que a mímesis alimenta o processo inteiro. Vincent, Immaculata e o cientista tcheco são todos neuróticos, presos a modelos que idolatram, assim como o amante de Immaculata começa a idolatrá-la no instante em que ela o rejeita:

> [...] aquele corpo que até então se entregava com simplicidade e, rapidamente, ergue-se diante dele como uma estátua grega colocada num pedestal de cem metros de altura. Fica louco de desejo, e é um desejo estranho, que não se manifesta sensualmente, mas que enche

> sua cabeça e apenas sua cabeça, um desejo que
> é como uma fascinação cerebral, ideia fixa,
> loucura mística, a certeza de que aquele corpo,
> e nenhum outro, está destinado a preencher sua
> vida, toda a sua vida. (p. 74)

Nessa passagem, encontramos outra vez o contraste entre desejo sensual e a "loucura mística" da idolatria. A metáfora da estátua mostra o modelo sob uma luz divina, mas a imagem não tem nada da doçura cristã. Outrora dócil, o corpo quente da amante transformou-se em pedra fria, que repele. Estamos na presença de uma divindade pagã implacável, o modelo-como-obstáculo encarnado.

Em *A Lentidão*, Kundera capturou o modo enganosamente simples como enlouquecemos a nós mesmos e uns aos outros com nossa dificuldade de renunciar a modelos indignos e de abraçar modelos que mereçam. Ele coloca essa dificuldade em contexto ao mostrar os benefícios das conversas roteirizadas e dos papéis predefinidos de uma era extinta. Não podemos mais amarrar o desejo num espartilho cultural, assim como não podemos viajar no tempo para a corte de Luís XV. O que podemos, porém, é abrir um romance de Kundera e sentir o prazer libertador de rirmos de nós mesmos.

## Pequena Teoria do Ressentimento

A maior parte dos romancistas descreve uma maçã caindo da árvore. Kundera primeiro nos apresenta a lei da gravitação universal, e em seguida descreve a queda da maçã. A abordagem de Marcel Proust é similar à de Kundera no sentido de que ele também aduz à lei geral que explica o comportamento do personagem. No caso de Proust, porém, a lei vem em segundo lugar. Ela está ali para esclarecer, *a posteriori*, as ações do personagem. No começo de *O Tempo Redescoberto*, o narrador menciona que o Monsieur Bontemps tornou-se um *dreyfusard*. Como é possível que uma postura outrora tão impopular tenha se tornado normal, e até mesmo admirável? Proust dá uma explicação: "Na sociedade (e esse fenômeno social é apenas a aplicação de uma lei psicológica muito mais geral), sejam as novidades repreensíveis ou não, elas só provocam consternação até terem sido assimiladas e defendidas por elementos tranquilizadores".[10] Esse é apenas um exemplo escolhido quase aleatoriamente entre muitos outros, mas ele basta para mostrar a ordem das coisas na narrativa proustiana.

Kundera inverte essa ordem. Na Parte Cinco de *O Livro do Riso e do Esquecimento*, "Litost", ele introduz um personagem chamado Christine.[11] O primeiro capítulo da parte se chama: "Quem é Christine?". Segue-se uma enumeração deveras convencional dos traços e das qualidades de Christine: tem trinta anos, tem um filho, é casada com um açougueiro, e está envolvida num enlace extramarital com um mecânico das redondezas. Aqui estamos no reino familiar do realismo balzaquiano, ainda que os detalhes oferecidos pelo narrador sejam muito menos abundantes do que seriam em *O Pai Goriot* ou em *As Ilusões Perdidas*.

No capítulo seguinte, porém, deixamos esse contexto já conhecido e entramos num espaço narrativo especificamente kunderiano. Já estamos cientes de que Christine está envolvida com um rapaz conhecido simplesmente como "o estudante". O leitor espera que o capítulo seguinte apresente o estudante, assim como esse apresentou Christine. Porém, em vez de descrever a aparência do estudante, seu passado, sua família, ou qualquer um de seus atributos, Kundera começa com uma palavra tcheca: "*Litost*". A palavra, diz ele, é intraduzível, e assim ele procede com uma série de exemplos. O estudante (ainda não sabemos nada sobre ele) e uma namorada sua (presumivelmente não Christine) estão nadando juntos. Ela é

---

[10] Marcel Proust, *Time Regained* [*O Tempo Redescoberto*]. Trad. Stephen Hudson. Disponível em: http://gutenberg. net.au/ebooks03/0300691.txt.
[11] Outra vez, no original tcheco, e na tradução inglesa, Kristyna; aqui seguimos a edição da Companhia das Letras. (N. T.)

uma grande nadadora, mas evita demonstrar a superioridade de sua destreza atlética até o final da nadada, quando de súbito corre e toma a dianteira:

> O estudante fez um esforço para nadar mais depressa, mas engoliu água. Sentiu-se diminuído, desmascarado em sua inferioridade física, e sentiu a *litost*. Lembrou-se de sua infância doentia, sem exercícios físicos e sem amigos, sob o olhar excessivamente afetuoso da mãe e ficou desesperado consigo mesmo e com sua vida. (p. 144)

Sua tristeza manifesta-se no desejo de se vingar. Ele dá um tapa na garota, censurando-a por ter colocado sua vida em perigo ao nadar sozinha em águas perigosas, e, quando ela começa a chorar, vê que sua *litost* foi embora. Essa anedota serve não para apresentar o estudante, mas a palavra-conceito *litost*. Estamos no âmbito daquilo que Kundera define, em *A Arte do Romance*, como "ensaio especificamente romanesco" (p. 71), digressão irônica que busca explorar mais do que provar um argumento cuidadosamente defendido. Como Musil e Broch, que buscam "mobilizar sobre a base da narração todos os meios [...] suscetíveis de esclarecer o ser do homem, de fazer do romance a suprema síntese intelectual" (p. 22), mas, de maneira mais plenamente realizada, Kundera traz o pensamento e a reflexão para o âmbito do romance.

Kundera dá um segundo exemplo de *litost*: quando era garoto, o estudante fazia aulas de violino. Ele não era muito bom, e a professora ralhava com ele por cometer erros: "Ele se sentia humilhado, e tinha vontade de chorar. Mas, em vez de se esforçar para tocar da maneira correta e não cometer erros, ele se enganava deliberadamente, a voz do professor ficava ainda mais insuportável e dura, e ele mergulhava cada vez mais em sua *litost*" (p. 144). Kundera define a *litost* como "um estado atormentador nascido do espetáculo de nossa própria miséria repentinamente descoberta" (p. 144). Ele continua e especifica que a *litost* está associada com a inexperiência: "É um dos ornamentos da juventude" (p. 145). Ao longo dessas passagens, a presença do rapaz permanece uma sombra, uma figura no fundo, convocada de tempos em tempos como um manequim em quem um costureiro experimenta uma série de roupas.

Cada tentativa sucessiva de definição busca estreitar o sentido e reduzi-lo à sua essência. Enfim, Kundera chega ao coração de sua ideia quando observa que a *litost* "funciona como um motor a dois tempos. Ao tormento segue-se o desejo de vingança. O objetivo da vingança é conseguir que o parceiro se mostre igualmente miserável. O homem não sabe nadar, mas a mulher que levou o tapa chora. Eles podem, portanto, se sentir iguais e perseverar em seu amor" (p. 145).

O que quer que o autor possa dizer sobre a impossibilidade de traduzir *litost*, que (como vimos na seção anterior) também denota o desejo vingativo de obter retribuição por um erro humilhante. Tanto a *litost* quanto o *ressentiment* são sentimentos, ao passo que o desejo imitativo é um mecanismo. Os tormentos da *litost* ocorrem quando esse mecanismo fica travado em modo adversativo. O jovem estudante vê a menina como sua rival e compara-se a ela. Ela primeiro desperta o desejo dele de nadar mais rápido e em seguida o supera, gerando os sentimentos contraditórios de admiração e de frustração, que, juntos, compõem seu ódio.

No primeiro exemplo de *litost*, o estudante é forte o bastante para despejar sua humilhação num bode expiatório: sua namorada, a quem estapeia. No segundo exemplo, o jovem pupilo não tem poder para bater na professora de violino. O melhor que ele consegue é se autodestruir, de modo a frustrar os esforços dela de lhe ensinar. Seus erros deliberados são uma imitação invertida e negativa, o oposto da mímesis perfeita, necessária para aprender uma peça musical difícil. Assim como as censuras dela servem de obstáculo em seu caminho, ele se posiciona como obstáculo no dela ao tocar de maneira intencionalmente atroz.

Só no fim do capítulo o estudante é enfim apresentado – como a encarnação da *litost*. Escreve Kundera: "Este capítulo deveria chamar-se primeiramente 'Quem É o Estudante?'. Mas, se tratou da *litost*, é como se tivesse tratado do estudante, que não passa de uma *litost* em forma de gente" (p. 144-5). O procedimento narrativo kunderiano vira a convenção de ponta-cabeça. Movemo-nos do geral para o particular, do abstrato para o concreto.

Bem no final do capítulo, Kundera enfim descreve o estudante e sua relação com Christine. E somente no momento de transição entre a análise da *litost* e o retorno à narrativa convencional encontramos o narrador intrometido de Kundera interferindo no texto para orientar o leitor. A presença do narrador é tornada necessária pela técnica altamente sintética do autor, que deixa de fora as transições e os marcadores habituais. Ele está ali para costurar o âmbito do ensaio novelístico ao âmbito narrativo em si mesmo.

### *Litost* no Subsolo

Em sua introdução a *Jacques e seu Amo*, Kundera dá a conhecer sua repulsa pela ambientação emocional excessivamente sentimental da ficção de Dostoiévski. Ele proclama sua preferência por Tolstói e, ainda que ocasionalmente expresse admiração pelo autor de *Os Irmãos Karamázov*, a influência de Dostoiévski em sua obra parece mínima. Mesmo assim, vimos como "O Dr. Havel" opera de acordo com o mesmo princípio do "devasso-e-corno" de *O Eterno Marido*, de Dostoiévski, ainda que segundo um modo mais leve, vaudevillesco. Agora eu gostaria de propor uma comparação similar entre dois episódios de *A Vida Está em Outro Lugar* e outra narrativa curta clássica de Dostoiévski, *Memórias do Subsolo*.

A segunda parte de *Memórias do Subsolo*, "Sobre a Neve Molhada", conta um episódio da juventude do narrador. Assim como o Jaromil de Kundera, o homem do subsolo tem um lado lírico excessivamente desenvolvido, e cultiva sua apreciação "do belo e do sublime". Uma noite, ele entra numa taverna e encontra um oficial arrogante, que o trata com desdém enfurecedor:

> Eu estava de pé junto à mesa de bilhar, estorvava a passagem por inadvertência, e ele precisou passar; tomou-me então pelo ombros e, silenciosamente, sem qualquer aviso prévio ou explicação, tirou-me do lugar em que estava, colocou-me em outro e passou por ali, como se nem sequer me notasse. Até pancadas eu teria perdoado, mas de modo nenhum poderia perdoar que ele me mudasse de lugar e, positivamente, não me notasse.
>
> [...] Fui tratado como uma mosca. Aquele oficial era bem alto, e eu sou um homem baixinho, fraco. A briga, aliás, estava em minhas mãos: bastava protestar e, naturalmente, seria posto janela afora. Mas eu mudei de opinião e preferi... apagar-me, enraivecido.[12]

Durante dois anos o homem do subsolo alimenta seu ressentimento, observando o oficial na rua e obtendo informações sobre ele. Ele planeja provocá-lo a um duelo, mas também abriga sentimentos intensos de admiração que coexistem com seu ódio:

> Afinal, decidi desafiar o meu inimigo para um duelo. Compus uma carta linda e atraente, implorando-lhe que se desculpasse perante mim; e, para o caso de uma recusa, aludia com bastante firmeza a um duelo.[13]

---

[12] Fiódor Dostoiévski, *Memórias do Subsolo*, trad. Boris Schnaiderman. São Paulo: Editora 34, 2000, p. 62-3.
[13] Ibidem, p. 65.

Ele anseia tornar-se amigo do oficial e sonha em "o tornaria mais nobre"[14] com sua cultura e em ficar protegido pela posição social superior do oficial. Sua carta demonstra a ambivalência característica da rivalidade imitativa. O homem do subsolo adora seu modelo (daí sua esperança de se reconciliar com ele e de se tornar seu amigo) e, ao mesmo tempo, em seu orgulho, ele se sente compelido a desafiá-lo, misturando portanto algumas ameaças a suas lisonjas, de modo a manter a dignidade e a marcar sua disposição de se vingar.

*A Vida Está em Outro Lugar* reproduz essas duas situações, mas em ordem inversa: primeiro, a carta "do subsolo"; depois, o confronto físico. Jaromil escreveu uma carta a um ilustre poeta, e aguarda ansiosamente a resposta. Não vem resposta nenhuma, e Jaromil anseia mais do que nunca que alguém o arranque de seu "vazio" (p. 167). Enfim, ele decide que precisa chamar de algum modo a atenção do poeta, mas "não por carta, mas por um gesto carregado de poesia" (p. 167). Ele corta vinte telefones de cabines públicas, coloca-os numa caixa, e leva a caixa ao correio. Inicialmente, ele interpreta o gesto como um "apelo fantástico dirigido ao grande poeta para que este lhe respondesse [...] a dádiva da vã espera por suas palavras" (p. 169). Porém, um encontro com um antigo colega de escola, agora membro da polícia, leva-o a mudar sua interpretação do presente:

> [...] a conversa que tivera logo depois com seu antigo colega de classe [...] dava um sentido oposto ao seu ato poético: não era mais uma dádiva e um apelo suplicante; absolutamente; ele orgulhosamente *devolvera* ao poeta toda a sua vã espera; os fones de fio cortado eram as cabeças cortadas de sua devoção e Jaromil as enviara sarcasticamente ao poeta, como um sultão turco outrora mandava a um chefe de guerra cristão as cabeças cortadas dos cruzados. (p. 169-70)

[14] Ibidem, p. 65.

O gesto de Jaromil, portanto, contém potencialmente duas interpretações contrastantes (mas não mutuamente excludentes), assim como a carta do homem do subsolo ao oficial. Trata-se ao mesmo tempo de uma súplica e de uma sarcástica declaração de guerra. Kundera separa os dois momentos, imputando a abrupta reinterpretação que Jaromil faz do gesto ao policial forte e experiente, que estimula o jovem poeta e faz com que ele próprio sinta-se forte. Os dois lados do ressentimento não coexistem exatamente da mesma maneira que na história de Dostoiévski. Como sempre, a técnica narrativa de Kundera busca a clareza máxima. Cada incidente é tratado com clareza, e uma metáfora magnífica coroa a passagem, revelando o significado sinistro dos telefones cortados.

Por contraste, a abordagem de Dostoiévski dá uma impressão de confusão e de obscuridade. O narrador em primeira pessoa fala espontaneamente e sem arte. Ele não usa uma linguagem preciosa e metafórica. Seu tom é sarcástico, ao passo que o narrador de Kundera é meditativo, reflexivo e irônico. Fundamentalmente, porém, os dois autores mostram o mesmo processo em funcionamento. Nos dois casos, a admiração precede o ódio. O homem do subsolo implora por desculpas e em seguida sugere a necessidade de um duelo, caso não as receba. Jaromil implora pela atenção do poeta e em seguida reinterpreta esse gesto como uma rejeição insolente, um corte de laços. Os dois autores revelam que a admiração intensa está na origem do ódio, e que a indiferença altaneira está na origem da admiração (o homem do subsolo não consegue perdoar o oficial por tratá-lo como se ele não existisse; Jaromil não consegue perdoar o famoso poeta por deixar de responder suas cartas).

Algumas páginas depois, Kundera revisita o tema da relação ambivalente entre o jovem poeta e seu mestre. Dessa vez, porém, a história diz respeito não ao poeta ficcional Jaromil, e sim a Arthur Rimbaud e sua relação com Teodoro de Banville. Vemos mais uma vez a mudança característica da admiração para o ódio. Primeiro, Kundera cita a famosa carta que Rimbaud escreveu a Banville: "Caro mestre, meu mestre: erga-me um pouco:

eu sou jovem; estenda-me a mão [...]" (p. 184). A respeito desse ingênuo apelo, escreve Kundera:

> [...] essa carta durante muito tempo vai ressoar na sua cabeça como uma ladainha vergonhosa, como uma prova de fraque não permaneceria muito tempo me sua cabeça como uma litania de vergonha, como prova de fraqueza e subserviência. E vai se vingar dele, daquele caro mestre, daquele velho imbecil, daquele careca Teodoro de Banville! Um ano mais tarde vai zombar cruelmente de toda a sua obra, de todos aqueles jacintos e todos aqueles lírios lânguidos que enchem seus versos, e lhe enviará seu sarcasmo numa carta, como uma bofetada registrada. (p. 184-85)

Tendo a seus próprios olhos se excedido, Rimbaud sente-se compelido a recuperar sua dignidade atacando o mestre outrora amado. A admiração servil leva ao refluxo do ódio.

Vemos aqui o característico mecanismo de dupla alimentação da *litost* como definido por Kundera em *O Livro do Riso e do Esquecimento*. O procedimento técnico do espelhamento da história ficcional de Jaromil na narrativa histórica de Rimbaud e de Teodoro de Banville (e vice-versa) tende a arquetipizar Jaromil, fazendo dele uma encarnação mítica da poesia lírica. Essa historicização da vida de Jaromil tem algo em comum com a primeira parte de *Memórias do Subsolo*, que apresenta a "teoria" antes das passagens propriamente narrativas da segunda parte. De fato, vimos o próprio Kundera adotar uma abordagem semelhante em sua teoria da *litost*. Todavia, Kundera integra as passagens ensaísticas e romanescas com maior premeditação do que Dostoiévski, criando uma costura inconsútil. De acordo com as exigências do "ensaio especificamente romanesco" apresentadas em *A Arte do Romance*, até os trechos ensaísticos inspiram-se nas vidas concretas dos personagens.

É só bem no final do romance que Jaromil realmente encontra o tipo de humilhação que originalmente levou o personagem do "subsolo" de Dostoiévski a escrever sua carta. O encontro acontece no contexto de uma meditação em honra do poeta Lermontov: "A honra é nada mais que a fome da sua vaidade, Lermontov. A honra é uma ilusão de espelhos, a honra não passa de um espetáculo para esse público insignificante..." (p. 319). Kundera interpela o cientista tcheco com palavras similares na conclusão de *A Lentidão*, como que esperando penetrar a "ilusão de espelhos" e devolver alguma razão aos personagens. O que ele sugere nesse breve trecho, que *antecede* o clímax do romance assim como a teoria da *litost* precedeu a ação em *O Livro do Riso e do Esquecimento*, é a natureza imitativa da honra: "vaidade", "espelho", "ilusão", "espetáculo". Todas essas palavras referem a imagem do eu nos olhos dos outros.

Outra vez, o leitor é colocado face a face com o principal tema de Kundera: o triunfo, no mundo da mediação interna, da imagem sobre a realidade, da aparência sobre o ser, da imitação sobre a sexualidade concreta. "Existe coisa mais preciosa que a honra? [...] Não, nada é mais precioso que a honra!" (p. 318-9). Em outra passagem, descrevendo a festa em que Lermontov é humilhado, Kundera escreve: "E a competição prosseguia: todos queriam estar no centro das atenções. Alguns se puseram ao piano, havia casais dançando, grupos vizinhos riam e falavam alto; rivalizavam-se na ironia, cada um querendo superar o outro para ser o ponto de mira" (p. 315). De modo análogo, na festa a que Jaromil é convidado, na conclusão do romance: "Cada um tentava superar o outro para chamar a atenção. Os jovens atores comportavam-se como se estivessem em cena, falando com voz forte e afetada, esforçando-se para valorizar seu espírito ou a originalidade de suas opiniões" (p. 314). O mundo da poesia, o mundo do lirismo, é um mundo de competição exacerbada por visibilidade.

Os rivais sacrificarão o prazer sexual à honra, seu valor mais sagrado. Vão sacrificar até suas próprias vidas. Como escreve Kundera em *O Livro do Riso e do Esquecimento*: "É provável que tudo o que nossos mestres batizaram de com o nome de heroísmo tenha sido apenas essa forma de *litost* que ilustrei com a história do menino e do professor de violino" (p. 177). E, num acesso de inspiração, ele imagina que as Guerras do Peloponeso podem ser explicadas como *litost* em escala grandiosamente coletiva: "Os persas conquistaram o Peloponeso depois que os espartanos acumularam erros militares. E do mesmo modo que o menino se recusa a tocar direito, eles também ficaram cegos pelas lágrimas de raiva [...] e foi por *litost* que se deixaram matar até o último" (p. 177). Os historiadores podem franzir o rosto diante da ideia de atribuir acontecimentos grandes e pequenos à mesma causa trivial. Para Kundera, porém, existe apenas uma realidade humana, que é governada em todas as escalas pelas leis invariantes de ação e reação imitativa.

Devemos entender a derrota definitiva de Jaromil, portanto, como resultado da *litost*, isto é, do triunfo do instinto de morte sobre o princípio do prazer, da superestimação da honra e da subestimação da vida. O jovem poeta chegou a uma festa com uma bela e jovem diretora com quem espera passar uma noite de amor. Em vez disso, enreda-se num duelo verbal com um homem de trinta anos, antigo amigo de seu mentor, o pintor. O homem de trinta anos (um agente anônimo de humilhação, assim como o homem sem nome, usando costume de três peças, de *A Lentidão* – nessa altura, o modelo--obstáculo, como observa Girard em *Mentira Romântica e Verdade Romanesca*, pode ser literalmente *qualquer um*) censura-o por ter abandonado o artista em desgraça política. Eles começam a discutir, e Jaromil "sentia rolar pela face a lama da humilhação, e sabia que não podia ficar nem mais um minuto entre eles com aquele rosto enlameado" (p. 319). O homem e o poeta começam a brigar: Jaromil "ergueu o punho para atingir seu interlocutor, mas este lhe segurou o braço, torceu-o violentamente e fez com que girasse sobre ele mesmo; depois o apanhou com a mão pelo colarinho e com a outra pelo fundo das calças, e levantou-o" (p. 320). Os presentes não conseguem evitar o riso, e o homem carrega Jaromil pela sala. O poeta "se debatia como um peixe terno e desesperado" (p. 320). O homem coloca Jaromil no balcão, do lado de fora, e fecha a porta.

As semelhanças entre essa cena e aquela em que o homem do subsolo de Dostoiévski é erguido e colocado de lado são impressionantes. Em cada caso, um homem anônimo de força física superior torna-se o obstáculo fascinante que inspira o desejo de vingança. Em cada caso, o protagonista acha impossível levar a cabo sua vingança (o homem do subsolo acalenta seu ressentimento por dois anos até escrever sua carta ao oficial). Kundera detém-se na cena com deleite, descrevendo-a em estágios, e, com seu estilo habitual, oferecendo um ponto de comparação histórica ao recordar ao mesmo tempo a humilhação do poeta Lermontov. Jaromil, escreve, está ainda pior do que Lermontov, porque "falta aqui a historiografia literária com seus bálsamos, que poderiam dar um significado solene à sua queda" (p. 321). Ele é tão ridículo quanto o pintor, que "imitava Breton com seu casaco de couro e seu cão pastor" (p. 320), uma sombra, uma paródia da estatura lendária a que aspira. A comédia é igual a tragédia mais o tempo: a marcha adiante da história banha a desgraça de Jaromil numa luz risível.

O jovem poeta permanece no balcão gélido até ficar gravemente doente. Pouco depois, morre de pneumonia. Em suas últimas observações sobre a *litost*, em *O Livro do Riso e do Esquecimento*, Kundera examina o caso de um desejo de vingança que não consegue ser extravasado: "Os teóricos conhecem esse tipo de situação e chamam-na de 'bloqueio da *litost*'" (p. 178). O homem do subsolo parece ter encontrado um bloqueio como este: foi confrontado com o espetáculo humilhante de sua própria miséria e não tem jeito de se recuperar. A noção de um "bloqueio da *litost*" possibilita o entendimento da situação de Vincent em *A Lentidão* e também torna inteligível o destino de Jaromil. Kundera conclui a cena com um floreio triangular, como que para reintroduzir o motivo erótico como lembrança dos muitos triângulos imitativos não apenas neste romance, mas em toda a sua obra: pela janela do balcão, Jaromil observa a bela cineasta e um desconhecido fazendo amor. A preocupação com a honra desqualificou Jaromil para o reino do erotismo, colocando-o na posição nada invejável do *voyeur* que observa o triunfo de seu rival sem rosto atrás de uma barreira de vidro.

# capítulo 5
## o ciúme e suas metáforas

### O Jogo que Dá Errado

Este livro é uma jornada pelo labirinto de valores pelo qual os personagens de Kundera estão condenados a vagar. Quando entramos no labirinto, o mundo de referências conhecidas não estava muito longe de nós. "O Dr. Havel Vinte Anos Depois" e o episódio com Christine e o estudante em *O Livro do Riso e do Esquecimento* nos deram a agradável sensação de vagarmos por uma floresta salpicada de luz solar. À medida que entramos no labirinto, os ramos das árvores fecharam-se em torno de nós. A luz não conseguia mais brilhar pelos interstícios, e os jogos do desejo perderam sua qualidade farsesca, de *vaudeville*. Em *A Brincadeira* e *A Imortalidade*, o labirinto tornou-se um lugar de competição e de angústia erótica. O modelo foi transformado de uma vez por todas em rival.

Em *A Lentidão*, *A Vida Está em Outro Lugar* e *O Livro do Riso e do Esquecimento*, o labirinto tornou-se um lugar ainda mais desorientador, um salão de espelhos onde políticos, poetas e intelectuais duelavam por visibilidade debaixo do olho onipresente da televisão e das câmeras de vigilância. O modelo tornou-se um obstáculo existencial, uma pedra de tropeço humana tão fascinante quanto intransponível. Os personagens pararam de se interessar pelo sexo em si mesmo e sucumbiram ao imperativo imitativo, deixando que sua *litost* os controlasse.

Daí em diante, os acontecimentos assumem um caráter infernal. Quando Jaromil morre, Kundera fala do "reino dos mortos" (p. 325) e escreve que "as chamas da febre lambem seu corpo" (p. 325). Nos capítulos a seguir, vamos nos aproximar ainda mais do centro do labirinto, e o desejo imitativo ficará ainda mais infernal. Os sonhos desempenharão um papel ainda maior na narrativa, primeiro em *A Identidade*, e depois em *A Insustentável Leveza do Ser*, em que o ato sexual em si mesmo assume o caráter triangular notado por Martine Boyer-Weinmann em seu estudo sobre Kundera.

O propósito deste capítulo é concentrar-se num tema que recebeu menos atenção do que merece, considerando sua importância na ficção de Kundera: o ciúme. Girard escreve que as interações humanas possuem a tendência de "programar-se".[1] O tratamento que Kundera dá ao ciúme confirma essa ideia. Em seus romances, o ciúme frequentemente aparece como resultado de um jogo de papéis que deu errado. Aquilo que começa como uma brincadeira leve se metamorfoseia em desconfiança mútua. O combate se acirra até ganhar vida própria. Os jogadores querem encerrar o jogo, mas parecem incapazes de frear seu desenvolvimento inelutável.

O tema do jogo de papéis que dá errado aparece pela primeira vez em "O Jogo da Carona", o terceiro conto de *Risíveis Amores*. Um homem com vinte e muitos anos e sua namorada modesta e mais moça saíram em viagem de férias. A moça está ansiosa, insegura: "[Ele] sabia que ela o amava e estava ciumenta. O ciúme não é um traço de caráter muito simpático, mas se tomamos cuidado para não abusar dele (se vem acompanhado de comedimento), ele tem, apesar de todos os inconvenientes, qualquer coisa de comovente" (p. 71-2). Aquilo que o rapaz mais gosta na moça é uma qualidade de "pureza" (p. 72). Aqui Kundera lança as bases para o mal-entendido que virá, porque a namorada deplora seu próprio jeito certinho, indício de que não consegue acompanhar sua época: "Ela sabia que seu

---

[1] René Girard, "Le Jeu des Secrets Interdits". *Le Nouvel Observateur*, p. 110, 21 nov. 1986.

pudor era ridículo e fora de moda. [...] Desejava se sentir bem com seu corpo, sem inquietações nem ansiedade, como a maioria das mulheres com quem convivia" (p. 72-3). Além disso, ela é cheia de suspeitas de que o namorado vai largá-la um dia por uma mulher sexualmente mais provocante:

> [...] muitas vezes pensava que havia outras mulheres mais sedutoras (essas, sem ansiedade) e que seu namorado, que conhecia esse tipo de mulher e não escondia isso, um dia a deixaria por uma delas. (p. 73)

Numa parada, a mulher desaparece no mato para fazer suas necessidades. Quando volta ao carro, ela, de maneira provocante, finge estar pedindo carona. O homem entra no jogo e a trata como se fosse uma estranha. Tão provocante quanto ela, ele a convida para entrar no carro, e ela aceita com gratidão coquete. Daí em diante, os gracejos os levam mais e mais longe de si mesmos. Cada parceiro do jogo começa a aparecer sob uma nova luz. A moça quer entrar no papel das outras mulheres sedutoras que ela imagina serem a preferência do namorado. Ela acha que fazer esse papel vai libertá-la de sua ansiedade e deixá-lo mais interessado nela. Em vez disso, o jogo (como tantas outras empreitadas dos personagens de Kundera) assume um sentido contrário àquele pretendido.

Ao mesmo tempo que a moça faz o papel da sedutora, ela observa o namorado com os próprios olhos, como se ela estivesse espiando-o detrás de uma máscara. O jogo de duas pessoas tornou-se triangular. Agora há o namorado, a bela caronista e a namorada, que, como se estivesse tendo uma experiência fora do corpo, observa a cena à medida que se desenrola, uma espectadora invisível. O que ela vê a fere:

> Diante dessas palavras ela levantou os olhos para o rapaz e constatou que ele era exatamente como o imaginava nos momentos mais dilacerantes de

seu ciúme; assustou-se com o coquetismo com que ele se dirigia a ela (à garota desconhecida da carona) e que o tornava tão sedutor. (p. 76)

Uma metamorfose engendra outra. Primeiro, a moça é transformada. Agora, o rapaz começa a ter uma aparência diferente da usual. Em resposta a seu comportamento sedutor, ele começou a tratá-la de um jeito atirado como ela nunca vira. Longe de torná-lo menos atraente aos olhos dela, isso o deixa mais sedutor do que nunca. Esse é poder transfigurador do desejo imitativo. Por estranho que pareça, a moça deseja o namorado *por intermédio* da caronista fantasma cujo papel ela própria faz. Ela ao mesmo tempo desempenha os papéis de imitador e de modelo. Com sua presença (imaginária, mas cada vez mais real), a mulher coquete que ela finge ser transforma o namorado num misógino viril. O rapaz "se pôs a representar o homem duro, que, em suas relações com as mulheres, acentua os aspectos mais brutais da virilidade" (p. 77). Isso, porém, não passa de teatro:

> [...] [ele] não tinha nada do homem duro e satânico, pois não se distinguia nem pela força de vontade nem pela ausência de escrúpulos. No entanto, embora não se assemelhasse a esse tipo de homem, em outros tempos desejara que isso acontecesse. [...] E esse desejo pueril aproveitou a oportunidade para encarnar o papel que lhe era proposto. (p. 77)

A quem ou a que o papel é proposto? Ao rapaz? Ou ao desejo pueril? A estrutura da frase parece sugerir que o segundo é a alternativa mais provável. Em outras palavras, o desejo assumiu o comando: ele aproveita a oportunidade, agindo com vontade própria. E esse desejo é claramente imitativo, na medida em que o rapaz deseja parecer um personagem duro, sem escrúpulos, satânico.

Sua namorada acha o jogo libertador. Ele a tira de seu eu, e esse eu, escreve Kundera, é idêntico a seu ciúme ("Pois ela mesma era, antes de tudo, o ciúme", p. 78). Ela também deseja se transformar em outra pessoa. Kundera a retrata como uma Madame Bovary, um pouco como Jaromil de *A Vida Está em Outro Lugar*, que também é mediado por romances baratos:

> Ela podia esquecer de si mesma e se entregar ao seu papel.
>
> Seu papel? Qual? Um papel extraído da má literatura. [...] a garota da carona era uma vil sedutora que sabia usar admiravelmente seu charme. A moça entrou na pele desse ridículo personagem de romance com uma facilidade que a surpreendeu e encantou.

O papel da sedutora foi lhe sugerido por um precedente literário estereotipado, assim como o papel do homem é uma fantasia, uma caricatura do mulherengo. O jogo que eles jogam é imitativo em dois sentidos: primeiro, porque um parceiro imita o outro, aumentando pouco a pouco o valor da aposta. É a dimensão recíproca da mímesis, um vaivém constante que obriga cada qual a reagir e a responder de acordo com o desejo do outro. O jogo é também imitativo na medida em que cada parceiro coloca a máscara de um personagem sugerido pela miragem do desejo. Cada qual deseja fundir-se com esse personagem do modo como um ator faz um papel no palco. O teatro do desejo, porém, não tem plateia além dos próprios atores. Mesmo assim, é a plateia que conta, pois, assim que estão sozinhos, ambos reencontram seus verdadeiros eus: "Assim que saiu [do carro], voltou a ser ele mesmo" (p. 80). "Ao ficar sozinha, a moça também saiu do seu papel" (p. 80). Em outras palavras, é *para o outro* que cada qual representa o papel emprestado. Assim que o modelo do desejo desaparece, o antigo eu-do-desejo ressurge.

No calor do momento, o rapaz inesperadamente vira o volante e começa a levar o carro para longe do destino planejado para as férias, na direção de outra cidade: "O jogo assumiu de repente um novo aspecto. [...] A existência representada invadia a existência real" (p. 79). O teatro das ilusões sobrepuja a realidade concreta.

O jogo ganhou vida própria. Nessa história, opera o mesmo processo que em "O Dr. Havel Vinte Anos Depois". Ali, também, o jovem jornalista buscava se fundir com o papel do sedutor que Havel lhe sugerira. Ali, também, a ilusão assumiu uma importância maior do que a realidade que substituía. O jornalista abandonou a namorada e foi seduzir Frantiska, exatamente como nessa história o rapaz, sob a influência do jogo, resvala no papel do sedutor e decide dirigir para outro destino. Aqui, porém, a distância entre sujeito e modelo diminuiu radicalmente. Vemo-nos no reino da dupla imitação, em que as relações são como uma dança em que é impossível distinguir quem conduz e quem é conduzido.

Agora mesmo comparei a moça na história à Madame Bovary. Ela também poderia ser comparada à Helena de *Sonho de uma Noite de Verão*, de Shakespeare, que deseja ser transformada, ou, na bela formulação de Shakespeare, *traduzida*[2] em Hérmia, sua amiga e rival:

> Se, como as doenças, fosse contagiosa também a formosura, eu, jubilosa, me fizera infectar, oh, Hérmia bela!, de teus encantos, sem maior cautela; com tua voz ficara nos ouvidos; teu olhar, nestes olhos combalidos; tua fala de música esquisita consolidar viria a minha dita. Se o mundo fosse meu, ficando fora Demétrio, de todo ele, sem demora, me desfizera, caso conseguisse tua beleza obter, tua meiguice, porque sendo como és, o meu contraste, o seu coração bondoso conquistaste.[3]

---

[2] No original de Shakespeare: "*Were the world mine, Demetrius being bated,/ The rest I'd give to be to you translated...*" (grifos meus). A tradução do trecho, feita por Carlos Alberto Nunes, omite o "traduzida". (N. T.)

[3] William Shakespeare, *Sonho de uma Noite de Verão*. In: *Comédias*. Trad. Carlos Alberto Nunes, Rio de Janeiro, Agir, 2008, p. 179.

Como nota Jean-Michel Oughourlian em sua análise da peça em *The Puppet of Desire* [*A Marionete do Desejo*], o desejo de Helena se assenta nos vários atributos visíveis e audíveis de seu modelo: o tom de voz, o jeito coquete de olhar, o modo de falar.[4] Essas características formam a ponta do iceberg do ser de Hérmia. Ao adotá-las, Helena espera capturar a essência inefável da amiga, tornando-se assim essa mesma essência. Igualmente, a moça em "O Jogo da Carona" deseja adquirir as qualidades e os atributos de seu modelo imaginário, aquele que imagina que o namorado prefere. Ela tenta capturar o ser desse modelo assim como Helena tenta capturar o de Hérmia.

A metamorfose da moça ocorre em estágios. De início, ela afeta apenas a superfície de sua personalidade. Porém, como vimos, ela almeja ser totalmente transformada, dar a si própria como que *uma completa remodelagem existencial*. Pouco a pouco, à medida que ela vai se jogando no papel, começa a absorver o ser estranho em níveis cada vez mais profundos de seu eu:

> [...] agora que estavam frente a frente, ele compreendeu que se ela lhe parecia outra, não era apenas por causa de suas *palavras*, mas porque ela estava tão *inteiramente* metamorfoseada, na gesticulação e nos movimentos, que se assemelhava com lamentável fidelidade àquele tipo de mulher que ele conhecia muito bem e que lhe inspirava uma ligeira aversão. (p. 81-82)

Ao tornar-se o tipo de mulher que o namorado acha ligeiramente desagradável e vulgar, ela desperta a parte menos terna dele, a parte atraída quase contra a vontade para mulheres imodestas, sexualmente confiantes. Estamos diante de uma possessão literal,

---

[4] Jean-Michel Oughourlian, *The Puppet of Desire*. Trad. Eugene Webb. Stanford, Stanford University Press, 1991, p. 164-5.

de uma transformação total que não deixa nenhum resquício do antigo eu. O próprio modo de gesticular da moça foi alterado, assim como o de Laura foi alterado por sua imitação da irmã mais velha em *A Imortalidade*.

O rapaz e a moça param para jantar. No começo do conto, ela corava de vergonha quando o namorado a fazia dizer que estava indo no mato para urinar. No restaurante, ela anuncia com desabrida confiança que vai "mijar" (p. 83). A metamorfose está completa: "agora ela era a garota da carona, a mulher sem destino" (p. 84). Kundera enfatiza a natureza triangular e voyeurística do jogo. O rapaz não consegue afastar a sensação de que a namorada o está traindo com outra pessoa. E ele, também, está com ciúmes:

> [...] o rapaz, embora perfeito na pele do motorista desconhecido, não deixasse sequer por um momento de ver, na garota da carona, a namorada. E justamente isso é que era penoso para ele; ver a namorada ocupada em seduzir um desconhecido e ter o triste privilégio de assistir à cena; ver de perto o aspecto que ela apresentava e o que dizia quando o enganava (quando fosse enganá-lo); tinha a honra paradoxal de servir, ele mesmo, de incentivo à sua infidelidade. (p. 85)

Chama a atenção que seja o rapaz que simultaneamente desempenhe os papéis de sedutor e de corno nesse melodrama triangular. Ele está relegado à posição de passageiro; nesse ínterim, o rival que ele criou do nada passa para o banco do motorista. O jogo, escreve Kundera, é "para o jogador uma armadilha" (p. 86). Ele os priva de sua autonomia: "não há meio de escapar a um jogo" (p. 86). O autor compara os dois jogadores a peças num tabuleiro de xadrez ou a uma equipe esportiva em campo: "quanto mais longe o jogo fosse levado, mais seria um jogo" (p. 86) – em outras palavras, mais a reciprocidade nua da interação imitativa sobrepujaria as vontades individuais dos jogadores, transformando até mesmo suas tentativas de sair do campo de jogo em movimentos que pediriam retaliação.

Na conclusão da história, os parceiros levam o jogo ao limite mais extremo, rendendo-se aos papéis que lhes são impostos pelo padrão de movimentos e contramovimentos de sua representação. O rapaz leva a mulher para o quarto, onde a trata como se fosse uma prostituta. Ali, também, tudo o que ele sabe lhe vem de segunda mão, pela imitação: "Jamais conhecera uma prostituta, e a ideia que fazia delas tirara da literatura e do que ouvia falar" (p. 89). Ele manda a moça ficar de pé sobre uma mesinha, que funciona como substituta do piano em sua imagem mental de uma prostituta dançando sobre um piano. A profanação do ídolo está completa. Todo o amor e toda a ternura abandonaram o relacionamento deles. Seus corpos unem-se na cama. Tudo o que resta é a crueldade do rapaz e a percepção da moça de que nunca antes ela conhecera um prazer sexual tão intenso (o qual, porém, ela não consegue saborear por causa do horror que sua situação lhe provoca). Quando o ato sexual finalmente termina, ela chora na escuridão, repetindo diversas vezes: "Sou eu, sou eu..." (p. 91).

O que deu errado? Onde o jogo deixou de ser uma brincadeira provocante e passou a ser uma troca de represálias odientas? Difícil dizer. No começo, tudo estava no lugar certo para uma viagem romântica. Até o jogo de papéis, quando começou, parecia o prelúdio provocante de uma noite de delícias alegres e sensuais. Porém, em algum lugar no meio do caminho as coisas começaram a dar errado apesar das melhores intenções de ambas as partes. O carro em que os dois protagonistas (que logo virarão antagonistas) estão isolados corta-os do mundo externo e de todas as influências, exceto as mútuas. Não há nada nem ninguém, nenhum juiz, nenhuma força exterior que possa interromper a lógica infernal do jogo na hora em que ela começa a ser jogada.

A história pode ser lida da maneira mais fecunda como uma meditação sobre as fronteiras nebulosas da identidade humana, sobre a natureza maleável e inconstante do eu, que, no *feedback* recíproco do jogo, gradualmente perde sua coerência e torna-se imprecisa, enodoada, dupla:

> Ele olhava para ela e se esforçava para descobrir por trás daquela expressão lasciva os traços familiares que amava com ternura. Era como olhar para duas imagens na mesma objetiva, duas imagens superpostas que aparecessem em transparência uma atrás da outra. [...] a namorada podia conter *tudo* [...] sua alma era atrozmente indefinida [...] a impressão de contornos a delimitar sua personalidade era apenas uma ilusão [...]. (p. 87)

A singularidade da identidade cede à indiferenciação. A amada se parece com todas as mulheres e não tem mais uma personalidade definida e única. Seu "sou eu" choramingado sugere que ela está fazendo o que pode para recuperar o eu deixado para trás quando começou a ser transformada na (a ser possuída pela) caronista provocante. No começo da história, restava uma distância entre o eu que refletia e observava e o eu que fazia o papel da caronista. No final, porém, o eu que reflete e observa desaparece. Não há mais distância entre a atriz e seu papel. E quando os limites entre eu e outro são apagados, a identidade oscila, cambaleia, e enfim se estilhaça por completo.

## As Metáforas do Ciúme

Revisitarei o tema do ciúme e da erosão da identidade em breve no romance *A Identidade*, que reúne todos os temas que discuti até agora e que os apresenta com absoluta clareza. Agora, porém, façamos um desvio até *A Valsa dos Adeuses*.

O romance apresenta dois personagens ciumentos: Kamila, esposa de um trompetista cronicamente infiel; e Frantisek, que está apaixonado por Ruzena, a mulher que o trompetista talvez tenha engravidado. A visita do trompetista à estação de águas em que Ruzena é enfermeira desperta as suspeitas ciumentas tanto de Kamila (que suspeita que ele vai fazer uma visita a uma de suas amantes) e de Frantisek (que morre de amores por Ruzena e contempla horrorizado a ideia de que ela seria capaz de dormir com outra pessoa).

A vida de Kamila é uma batalha que ela vai perdendo pela completa atenção do marido, Klima. Ela tinha sido cantora e "costumava ser sempre admirada" (p. 23). Quando a doença forçou-a a abandonar a carreira, ela descobriu que podia usar a tristeza como meio de cativar o marido. Somente quando ele olhava para seu rosto contorcido de dor, ela tinha certeza "de que nenhuma outra rivalizava com ela na cabeça de Klima" (p. 23). Tendo abandonado o palco, onde outrora se refestelava na adoração dos fãs, ela tinha de se contentar apenas com o marido para inflar seu ego. E, como ela não pode se dar ao luxo de dividir a atenção dele, todas as mulheres são suas rivais:

> Essa mulher tão bela na realidade tinha medo das mulheres e as via por toda parte. Nunca, em lugar nenhum, elas lhe escapavam. Sabia descobri-las na entonação de Klima quando ele lhe dizia boa-noite ao entrar em casa. Sabia seguir o rastro delas pelo cheiro de suas roupas. (p. 23)

Se o desejo fosse uma matéria objetiva, determinada puramente por fatores biológicos, a extraordinária beleza de Kamila agiria como apólice de seguro contra os olhares vagabundos do marido. No labirinto dos valores, porém, não existe rosto objetivamente bonito. A familiaridade pode gerar o desprezo pelo cônjuge mais deslumbrante, como bem sabe Kamila. Não admira que ela tenha medo de outras mulheres. Agindo como modelos-obstáculos, elas fazem o trompetista parecer intensamente interessante (ela imita o desejo delas, que aguça o seu próprio) e ao mesmo tempo elas a impedem de tê-lo todo para si: quanto mais ela o quer, menos disponível ele está; e, quanto menos ele está disponível, mais ela o quer.

A primeira metáfora do ciúme expressa aquilo que venho chamando de *transfiguração do objeto*: "O ciúme possui o poder espantoso de iluminar o ser amado com raios intensos e de manter a multidão dos outros homens numa total obscuridade. O pensamento da sra. Klima só podia seguir a direção desses raios dolorosos, e seu marido tornara-se o único homem do universo" (p. 24). Tudo o que falta nessa descrição é a origem dos raios. Em "O Dr. Havel", Kundera poderia facilmente ter escrito a respeito de raios similares saindo dos olhos de Havel e iluminando o objeto de seu desejo, ocultando a multidão das outras mulheres na total obscuridade. Aqui, a gênese imitativa do fascínio de Kamila não aparece realmente. O leitor talvez imagine que os raios saem direto dos olhos de Kamila e iluminam Klima; em outras palavras, que o desejo percorre uma linha reta do sujeito ao objeto.

A menção prévia à fixação de Kamila em suas rivais, porém, atenua a linearidade da descrição, permitindo que o leitor suponha que, sem a presença de outras mulheres, os raios ciumentos no mínimo ficariam mais fracos e na maior das probabilidades desapareceriam por completo, como de fato acontece no fim do romance, quando, nas palavras de Elizabeth Pochoda, "os acontecimentos não confirmam a infidelidade do marido":[5] "Via apenas um ser único, iluminado pelo farol violento do ciúme. E o que aconteceria se esse farol se apagasse bruscamente? Na luz difusa do dia surgiriam outros seres aos milhares, e o homem que até aí ela acreditava ser o único no mundo, se tornaria um entre muitos" (p. 230). Em outras palavras, não é Kamila, mas as outras mulheres, quem demarcam o objeto e elevam seu valor aos olhos dela. Quando não precisa mais temê-las, ela para de desejar o marido.

---

[5] Elizabeth Pochoda, introdução de *The Farewell Party*, de Milan Kundera. New York, Penguin, 1986, p. xiii.

Essa ideia é coerente com as observações do psicólogo do desenvolvimento Andrew Meltzoff sobre a imitação infantil e o acompanhamento do olhar: um "objeto assume uma valência especial quando é observado por um outro social. É como se, ao apontar seu holofote social para um objeto inanimado, o adulto deixasse um rastro nele, uma marca invisível. O poder dos olhos é tanto que ser visualmente tocado pelo olhar de um outro social transforma o objeto de uma coisa chata num objeto de desejo que grita: 'Olhe-me! Valorize-me!'".[6] Usando recursos literários (a linguagem figurativa), a ciência chega à mesma conclusão que o romance: o desejo do outro ilumina o objeto e nos compele a também nos interessarmos por ele.

Um pouco depois, Kundera compara a dor do ciúme com a dor de perder um ser amado, e conclui que o primeiro sofrimento é pior do que o segundo. "Esse sofrimento se revestia generosamente de múltiplas cores", escreve Kundera. Ele era composto de diversas emoções entremeadas, e permitia que sua mente vagasse do passado ao presente e ao futuro:

> O sofrimento por ciúme, ao contrário, não evoluía no espaço, girava como uma broca em torno de um ponto único. Nele não havia dispersão. [...] Tudo ficava concentrado na única (e imutavelmente presente) visão do corpo infiel, na única (e imutavelmente presente) afronta. (p. 132)

No trabalho, Kamila vê que é impossível concentrar-se em suas tarefas administrativas, e sua distração dá a Kundera a oportunidade de inventar mais uma metáfora: "[...] o ciúme dava voltas dentro de Kamila como um motor ligado" (p. 133). Ela se convence de que

---

[6] Andrew Meltzoff, "Imitation, Gaze, and Intentions". In: Scott Garrels (ed.), *Mimesis and Science: Empirical Research on Imitation and the Mimetic Theroy of Culture and Religion*. East Lansing, Michigan State University Press, 2011, p. 62.

deve acompanhar o marido à estação de águas, aonde foi com o pretexto de dar um concerto, e o leitor segue o debate interior entre seu bom senso e a voz casuística de seu ciúme. Ela acaba permitindo que a sofística do desejo prevaleça, conseguindo convencer-se de que vai junto com o marido por razões puramente desinteressadas e nada egoístas. A imagem do motor ligado recorda o "motor a dois tempos" da *litost*: o ciúme tem vida e vontade próprias. E produz uma insidiosa má-fé, que, ao acalmar as dúvidas de Kamila a respeito de suas próprias motivações, possibilita que ela ceda à paixão ciumenta com a consciência limpa.

Kamila tem ciúme de Klima, que foi ver Ruzena. Frantisek, enquanto isso, tem ciúme de Ruzena, que está passando um tempo com o famoso trompetista, e não com ele. Encontramos o rapaz pela primeira vez através do ponto de vista de Klima e de Ruzena. O farol de sua motocicleta surge da escuridão e os envolve numa luz ofuscante na hora em que eles vão cruzar uma estrada escura no meio da floresta, onde estavam caminhando juntos. O facho brilhante recorda o farol dolorido que caracteriza o ciúme de Kamila, iluminando o esposo e ocultando os outros homens na escuridão. De fato, Frantisek, assim como Kamila, só tem olhos para uma mulher, e não consegue enxergar mais ninguém: "Ruzena, que fez dele um homem, está acima dele como a tampa do firmamento, do único firmamento possível. Não consegue imaginar a vida sem ela" (p. 142).

Ruzena descreve-o para Klima como um louco que a segue por toda parte. Assim como Kamila que vai de trem atrás do marido infiel, Frantisek não consegue deixar de correr atrás da mulher que ama. Porém, ele tem um interesse ainda maior por Klima, seu rival, do que por Ruzena: "Convencia-se de que se interessava apenas pelo trompetista, e que seguindo-o não violaria propriamente sua promessa" (p. 142). Assim como as rivais de Kamila ocupam suas suspeitas noturnas, Frantisek não consegue tirar os pensamentos do modelo-rival, que imagina unido ao corpo de sua amada, imagem que o obceca:

> [...] como uma toxicomania, tinha que vê-lo;
> era preciso que o visse mais uma vez, longa-
> mente e de perto. Era preciso enfrentar a dor.
> Tinha que olhar esse corpo, cuja união com o
> corpo de Ruzena parecia-lhe inimaginável e
> inacreditável. Era preciso que o olhasse para
> verificar com os próprios olhos se era ou não
> possível pensar naqueles dois corpos unidos.
> (p. 154-55)

Kundera introduz a noção de vício, e aponta para aquilo que Philip Roth chama de "pornografia do ciúme" em seu romance *O Animal Agonizante*. A pessoa ciumenta não consegue parar de imaginar o acontecimento mesmo o que considera mais incômodo. Essa obsessão pelo que fere revela a essência masoquista do ciúme: Frantisek "estava decidido a se dominar, a se curvar, a se submeter totalmente. Convencia-se de que seu amor era tão grande que ele podia, em nome desse amor, suportar tudo. Como o príncipe dos contos de fadas que suporta pela princesa todos os sofrimentos e tormentos, enfrenta o dragão e atravessa o oceano, ele estava pronto a aceitar as humilhações mais exageradas" (p. 141). A hipérbole de Kundera solapa a retórica romântica, dando a entender que, assim como a ansiedade de Dom Quixote para fazer penitência batendo a cabeça contra as rochas da serra Morena, a sede de submissão do homem deve ser considerada cômica. Posteriormente no romance, quando Klima e Ruzena dão um passeio no carro de luxo do trompetista, Frantisek segue-os outra vez à distância em sua motocicleta. Ele se tornou um *stalker*, perseguindo insistentemente o famoso trompetista.

Mais perto do fim do romance, Kundera usa outra metáfora para tornar palpável o sofrimento do ciúme: "O ciúme é como uma dor de dente violenta. Não se pode fazer nada quando se está com ciúme. Nem mesmo sentar. Só ir e vir. De um ponto a outro" (p. 185). Como as muitas outras que ele usa para descrever o ciúme (o farol violento, o motor ligado, a toxicomania, a broca a girar), essa metáfora expressa uma sensação excessiva, avassaladora e repetitiva de dor insuportável. O uso de uma sucessão de metáforas para elucidar as várias facetas do ciúme recorda a técnica narrativa de Proust. As metáforas de Kundera, porém, carecem da coloração religiosa das imagens de Proust. Elas se parecem mais com as metáforas "existenciais" ou elucidativas (em vez de líricas, embelezadoras) de dois outros mestres da poesia não lírica, para os quais a metáfora também funciona aforisticamente, como meio de definição: Hermann Broch e Robert Musil.

As metáforas de Kundera nunca são arbitrariamente ornamentais; cada uma delas revela uma dimensão diferente do ciúme. A luz ofuscante define-o como uma espécie de foco obsessivo, indiviso; o motor ligado enfatiza sua combinação de excitação emocional e estase. A broca sugere um instrumento de tortura, enquanto a dor de dente ressalta o modo como o ciúme invade a consciência e expulsa os outros pensamentos e as outras preocupações. Em última análise, então, a fenomenologia do ciúme de Kundera mostra essa emoção como algo intensamente doloroso, circular e incansável; em outras palavras, como algo *infernal.*

### "Um Teste que Media Sua Sensibilidade à Sedução"

Em *A Vida Está em Outro Lugar*, Jaromil fica com ciúme porque sua namorada ruiva confessa que, quando vai ao médico, é obrigada a se despir na frente dele. A moça, inspirada sem dúvida pela ancestral fantasia de "brincar de médico", encena provocantemente sua visita médica para o benefício de Jaromil. Ela quer fingir que ele é o médico, e ela, a dócil paciente. Jaromil, porém, não quer brincar. Ele tem a sensação desesperada (que também aflige o rapaz em "O Jogo da Carona") de ser o corno invisível observando sua amada num ato de infidelidade:

> Pensou que certamente era assim que o médico tocava os seios da ruiva quando a auscultava por trás das portas fechadas e misteriosas do consultório. Levantou a cabeça, olhou para a jovem nua e teve a sensação de uma dor pungente, pois podia vê-la como o fazia outro homem, o médico. Rapidamente, pôs as duas mãos sobre o peito da ruiva (como o faria Jaromil, não o médico) para acabar com aquele jogo doloroso. (p. 214)

Como em "O Jogo da Carona", porém, no momento em que um parceiro quer interromper o jogo, o outro interpreta o gesto como uma nova jogada. Essa tendência autoprogramante das relações humanas transcende as intenções individuais. A reciprocidade das jogadas assume vida própria:

> A ruiva protestou: "Ora, doutor, o que o senhor está fazendo? Não tem este direito! Isto não é mais uma visita médica!". E Jaromil ficou irritado: podia ver a expressão do rosto de sua namorada quando era tocada por mãos estranhas; via que reclamava num tom bastante frívolo e teve vontade de golpeá-la [...]. (p. 214)

Onde há ciúme, o erotismo nunca está muito atrás. Jaromil odeia a namorada tanto quanto o motorista odiava a caronista. Ele quer infligir-lhe violência. Ao mesmo tempo, a presença de um terceiro, ainda que esse terceiro não seja ninguém senão uma presença fantasma produzida pelo jogo, ilumina o corpo da amada e o torna intensamente desejável. As mesmas leis do desejo imitativo que fizeram com que Laura se apaixonasse instantaneamente pelo marido da irmã levam Jaromil a perceber o corpo da namorada como algo infinitamente atraente sob os brilhantes raios do ciúme que o terceiro imaginário irradia sobre ele: "mas nesse momento deu-se conta de que estava excitado e arrancou a calcinha da jovem, unindo-se a ela" (p. 214). Esse breve episódio de *A Vida Está em Outro Lugar* repete em miniatura os mesmos elementos que Kundera explorou muito mais detidamente em seu conto anterior.

O romance *A Identidade*, escrito em francês três décadas depois de "O Jogo da Carona", volta mais uma vez ao tema do jogo que dá errado, expandindo-o e aprofundando-o, criando um romance inteiro em que a estrutura triangular de erotismo e o masoquismo autossabotador do terceiro ciumento ocupam o centro das atenções. Como no magistral romance breve *A Lentidão*, seu predecessor, que recebeu algumas resenhas negativas na França,[7] ele é vastamente subestimado. De fato, me parece que *A Identidade* é o romance mais tipicamente kunderiano de Kundera. Sua análise dos mecanismos e dos efeitos desorientadores do desejo imitativo constitui um tratado concentrado, uma súmula de todos os temas que explorei nos capítulos pregressos.

Em seu posfácio à edição francesa da Folio de *A Identidade*, François Ricard chama a atenção para as semelhanças entre este romance e "O Jogo da Carona": "um homem, brincando, para responder ao que julga ser o desejo da mulher que ama, faz dela o objeto de um 'experimento' que testa o amor que ela tem por ele".[8] A diferença entre as duas histórias, diz Ricard, está na maturidade do casal de *A Identidade*. Chantal chegou à idade da menopausa (ela é atormentada por ataques de calor ao longo do romance, que Jean-Marc confunde com enrubescimentos que denunciam sua vergonha), e Jean-Marc, apesar de jovem, deixou sua juventude para trás. Eles são, nas palavras de Ricard, "amantes com bagagem".[9]

De fato, é a idade relativamente avançada da protagonista mulher que arma o mal-entendido inicial. Jean-Marc vai encontrar Chantal

---

[7] Angelo Rinaldi, "Peu et Prou". *L'Express*, 26 jan. 1995; Philippe Sollers, *L'Année du Tigre: Journal de l'Année 1998*. Paris, Seuil, 1999.
[8] François Ricard, "Le Regard des Amants", posfácio a *L'Identité*, de Milan Kundera. Paris, Gallimard, 2000, p. 215.
[9] Ibidem.

numa cidadezinha no litoral da Normandia e, ali, reparando que ela parece descontente, lhe pergunta o que há de errado. As palavras saem de sua boca antes que ela se dê conta do que está dizendo: "os homens não se viram mais para olhar para mim" (p. 21). Em outras palavras: outros homens não me desejam mais, eu não sou mais desejável porque estou envelhecendo, e essa ausência de desejo masculino me deprime. Essas palavras, ditas a seu companheiro, soam inevitavelmente inapropriadas. Como que para complementar seu teor equivocado, ela enrubesce profundamente: "Ela enrubesce. Enrubesce como havia muito tempo que não enrubescia. Esse rubor parece trair desejos inconfessados. Desejos tão violentos que Chantal não consegue mais reprimi-los..." (p. 21). Ela está ciente de que disse algo anômalo, e percebe imediatamente que Jean-Marc pode interpretá-la mal: "sua voz estava amarga e melancólica. Sentia essa melancolia estampada no próprio rosto e percebeu, imediatamente, que seria mal compreendida" (p. 21). A verdade é que Chantal tem ondas de calor, mas não quer que Jean-Marc saiba. A ironia da cena está na desconexão entre as manifestações físicas de um corpo (e talvez, também, de um impulso sexual) em declínio e a importância erótica que suas palavras deslocadas aparentemente associam a seus enrubescimentos.

A confissão de Chantal faz com que ela deixe de ser a mulher que Jean-Marc conhece e a transforma em outra, que ele não reconhece: "Essa frase não se parecia com ela. E seu rosto, como que mau, como que envelhecido, também não" (p. 30). Isso marca o começo de uma metamorfose que acontece pouco a pouco ao longo do romance. A primeira pista da transformação vindoura é acompanhada de uma pontada de ciúme:

> Em princípio, ele teve uma reação de ciúme: como ela podia lamentar que os outros não se interessassem mais por ela quando, naquela mesma manhã, ele viera disposto a morrer na estrada para estar o mais depressa possível com ela? (p. 30)

No fim das contas, porém, ele aceita a ideia de que qualquer mulher, jovem ou velha, quer a garantia oferecida pelos olhares concupiscentes de estranhos: "o que ela precisa não é de um olhar de amor, mas de uma inundação de olhares desconhecidos, grosseiros, concupiscentes e que pousam nela sem simpatia, sem escolha, sem ternura nem polidez, fatalmente, inevitavelmente" (p. 31). Ao mesmo tempo, recordando os princípios estonteantemente velozes de seu amor, ele recorda a facilidade com que a seduziu e percebe que seu ciúme é ridículo, porque ele sempre esteve por cima: "Desde o começo, ele era o mais forte e ela a mais fraca. Essa desigualdade estava depositada nos fundamentos do amor deles. Injustificada desigualdade, iníqua desigualdade. Ela era mais fraca porque era mais velha" (p. 31). Em vez de permanecer com ciúmes, ele sente certa compaixão por ela e deseja poder assegurá-la de que ela ainda consegue cativar os homens nas ruas. A estratégia que ele concebe parece infalível, mas logo gera problemas. Escreve Martine Boyer-Weinmann:

> Para apimentar seu casamento, que entra em declínio à medida que Chantal, com a idade, vai percebendo que os homens não têm mais interesse por ela, Jean-Marc imagina um ardil, um estratagema, um truque. A fim de reviver a libido da esposa (e com isso sua confiança no próprio valor erótico dele mesmo), ele manda para ela cartas de um admirador anônimo, uma descida à "rivalidade mimética" que tem consequências lamentavelmente equívocas para ele.[10]

Só posso manifestar minha aprovação à menção da rivalidade mimética por Boyer-Weinmann, para nem falar de seu uso da palavra "valor", que recorda o "labirinto de valores" em que penetramos

---

[10] Martine Boyer-Weinmann, *Lire Milan Kundera*. Paris, Armand Colin, 2009, p. 84.

com "O Dr. Havel Vinte Anos Depois". A rivalidade nesse romance, porém, que realiza um potencial inexplorado em "O Dr. Havel", não vem nem do desejo de apimentar uma vida conjugal sem graça, nem do impulso narcisista de Jean-Marc de experimentar seus poderes de sedução. Na posição de força, ele não tem dúvidas (ao menos não ainda) do amor de Chantal por ele. Ele também não parece preocupado demais com a baixa dos níveis de energia sexual dela. Antes, ele quer fortalecer a autoestima dela, retardando o processo de envelhecimento que a fez parecer tão preocupantemente melancólica durante seu fim de semana na Normandia. Suas primeiras cartas elogiam respeitosamente os encantos de Chantal sem recorrer a insinuações incômodas.

Em outras palavras, o escândalo da trama de Kundera reside na ausência de qualquer perversidade inicial. As intenções de Jean-Marc são generosas e dignas de louvor. Ele só erra ao não considerar que o processo imitativo é incontrolável.

Pela boca de outro personagem, o publicitário cínico e provocador Leroy, Kundera aborda o tema central do erotismo, confirmando mais uma vez a contradição de uma era que se vê como hedonista, mas que na verdade não gosta tanto assim de fazer amor: "Mas cuidado. Apenas uma pequena minoria sente um prazer verdadeiro com a vida sexual" (p. 39). E ele acrescenta: "[...] pois se todo mundo deseja uma vida erótica, todo mundo também a odeia como causa de suas desgraças, de suas frustrações, de seus complexos, de seus sofrimentos" (p. 40). O romance baseia-se nessa contradição no coração de nossas vidas sexuais, que prometem satisfações imensas, mas que frequentemente rendem decepções. Em vez de ser um meio para a liberdade, o erotismo aparece no romance como uma armadilha infernal. Os personagens não sentem nada além de tormentos, dúvidas e infelicidade como resultado do triângulo amoroso virtual criado pelas cartas anônimas de Jean-Marc. Por outro lado, sua vida pacífica em comum, anterior à execução do plano de Jean-Marc (e outra vez ao fim do romance, quando o delírio do jogo dá lugar a uma terna cena conjugal à hora de dormir), dá a ambos a sensação de realização – o que é chamado por Ricard de "repouso abençoado".[11]

As cartas de Jean-Marc não fazem exigências a Chantal. Numa linguagem poética e eloquente, elas expressam um desejo discreto, quase respeitoso. Como escreve Kundera, "não eram cartas de sedução mas de admiração" (p. 52). Depois elas mudam de tom e ficam mais francamente eróticas, e Chantal começa a executar as cenas que elas lhe sugerem. A pedido do admirador anônimo, ela coloca uma camisola vermelha que Jean-Marc lhe deu. E, enquanto ela e Jean-Marc fazem amor, ela imagina alguém olhando: "subitamente ela tem a impressão de que alguém está ali, no quarto, observando-os com uma atenção alucinada, vê seu rosto, o rosto de Charles du Barreau, que lhe impôs a camisola vermelha, que lhe impôs aquele ato de amor, e ao imaginar isso grita de prazer" (p. 53). O observador funciona como versão humana do espelho, esse apetrecho erótico imemorial, que reflete o desejo dos amantes de volta para eles e os coloca na posição de espectadores voyeurísticos de sua própria cópula. Assim como a estranheza do jogo iluminava o corpo da amada em "O Jogo da Carona" e fazia com que ele parecesse novo e excitante, o rosto do estranho imaginário, determinadamente concentrado nos corpos em cópula, redobra a excitação de Chantal. Ela e Jean-Marc entraram no labirinto do desejo.

Já mencionei brevemente *Cyrano de Bergerac*, de Rostand, ao analisar "O Dr. Havel". Agora não é preciso mencionar o texto clássico: Kundera fez isso em meu lugar: "Ao escrever a segunda carta, pensava: fico sendo Cyrano; Cyrano: o homem que sob a máscara de um outro declara o seu amor à mulher amada; que, aliviado de seu nome, vê explodir sua eloquência subitamente liberada" (p. 68). Na peça de Rostand, há pouca discussão do ciúme. A generosidade nobre prevalece quando Christian e Cyrano superam-se na polidez autossacrificante, como dois cavalheiros que se recusam a

---

[11] François Ricard, op. cit., p. 218.

ser os primeiros a passar por uma porta. Contudo, em seu prefácio a uma edição da peça, Patrick Besnier é perspicaz o bastante para discernir o contorno de um triângulo imitativo por trás de sua amizade indestrutível:

> [...] a presença de Christian é necessária para que Roxane seja desejável – um esquema clássico de rivalidade amorosa, em que o amor hesita entre o rival e o objeto da rivalidade (inconscientemente, Rostand explica a homossexualidade do Cyrano histórico).[12]

A referência à gênese imitativa da homossexualidade é promissora, e revisitarei a ideia no capítulo seguinte. A análise de Besnier, porém, parece um tanto especulativa demais para mim, por mais que eu aplauda seus esforços de ver a peça do ponto de vista imitativo. Cyrano, com seu grande nariz, seu topete, sua habilidade de duelista e seu gênio poético, é uma figura impressionante. Suas palavras, quando, nas sombras, declara seu amor disfarçado de Christian, expressam belamente a essência da abnegação romântica. Porém, Rostand aceita sem questionar a generosidade de Cyrano, ao passo que Kundera mostra que ela é problemática, como demonstrado na segunda metade de *A Identidade*.

A sedução se desenrola em duas fases. De início, há motivo para acreditar que o estratagema mimético de Jean-Marc fará bem a Chantal. Ele parece os dois poetas de *O Livro do Riso e do Esquecimento*, que, ao transformar Christine em rainha, usam o poder transfigurador do desejo imitativo de maneira delicada e benevolente. Jean-Marc testemunha contente a transformação de Chantal:

> Ele continuava a ser Cyrano. Tendo desconfiado que ela deixara de acreditar nos próprios

---

[12] Patrick Besnier, prefácio a *Cyrano de Bergerac*, de Edmond Rostand. Paris, Gallimard, 1983.

> encantos, evocava para ela seu corpo. Procurava mencionar cada detalhe, rosto, nariz, olhos, pescoço, pernas, para que ela voltasse a se orgulhar dele. Estava feliz em constatar que ela se vestia com mais prazer, que estava mais alegre [...]. (p. 69)

A história poderia terminar aqui. Chantal poderia cair de volta nos braços de Jean-Marc, radiante e sexy. Uma conclusão como essa, porém, obscureceria a natureza ambivalente do plano, que fica aparente no fim do mesmo parágrafo. Jean-Marc percebe a renovada felicidade de Chantal com prazer, e congratula a si mesmo pelo sucesso de seu plano: "[...] mas ao mesmo tempo seu sucesso o irritava: antes, ela não gostava de usar as pérolas vermelhas no pescoço, nem quando ele lhe pedia; e foi a outro que ela obedeceu" (p. 69). O fantasma Jean-Marc, Cyrano, tem mais influência sobre Chantal do que o próprio Jean-Marc. Pela primeira vez, ele começa a imaginar a possibilidade de que Chantal deseja traí-lo. O desejo generoso e bondoso de fortalecer a autoconfiança abalada de Chantal gerou uma tensão adversativa. Jean-Marc imita o desejo imaginário de um modelo imaginário e isso redobra seu interesse em sua parceira, ainda que ele suspeite que ela planeja enganá-lo:

> Cyrano não pode viver sem ciúme. [...] Se um homem escreve cartas para uma mulher, é para preparar o terreno no qual, mais tarde, irá abordá-la para seduzi-la. E, se a mulher esconde essas cartas, é porque quer que sua discrição de hoje proteja a aventura de amanhã. E se além disso ela as guarda, é porque está pronta a considerar essa aventura futura como um amor. (p. 69)

Pouco a pouco, o significado da encenação de Jean-Marc vai mudando. Ela começa a se parecer cada vez mais com o dúbio estratagema erótico descrito anteriormente por Boyer-Weinmann. Que

Jean-Marc não tenha começado tudo para satisfazer sua própria vaidade nem para apimentar sua vida sexual só faz aumentar a ironia. Kundera sugere que até os planos mais generosos e bem-intencionados abrigam um potencial oculto e destrutivo. O leitor não tem dificuldade para acreditar que o provocante jogo de papéis descrito em "O Jogo da Carona" pudesse dar terrivelmente errado. A juventude e a insegurança dos protagonistas e o desejo de ambos de serem transformados em versões mais atraentes de si mesmos acrescentaram novos perigos à imprudência intrínseca do jogo. Aqui, porém, Jean-Marc não tem intenção de brincar com fogo, e a natureza autoprogramante do desejo imitativo explica por si a virada inesperada nos acontecimentos.

A unidade da obra de Kundera aparece nas semelhanças que unem esse breve romance aos contos de *Risíveis Amores*. Essa unidade está também evidente no contexto maior da história literária europeia. Ler Kundera como leio ilumina muitas semelhanças entre seus romances e as grandes obras da literatura ocidental. Comparei "O Dr. Havel" a *O Eterno Marido*, de Dostoiévski. No caso de *A Identidade*, a novela intercalada "O Curioso Impertinente", de *Dom Quixote*, é uma referência igualmente válida. Na novela de Cervantes, Anselmo pede a Lotário, seu melhor amigo, que teste sua noiva, a bela Camila:

> [...] O desejo que me atormenta é pensar se Camila, minha esposa, é tão virtuosa e tão perfeita como me parece, e não posso me convencer dessa verdade a não ser demonstrando de maneira que a prova indique os quilates de sua excelência, como o fogo mostra as do ouro. Porque eu acho, meu amigo, que a virtude de uma mulher está em quanto foi ou não galanteada [...].[13]

---

[13] Miguel de Cervantes, *Dom Quixote*. Trad. Ernani Ssó. São Paulo, Companhia das Letras, 2012, p. 401-2.

Igualmente, no romance de Kundera, Jean-Marc, menos deliberadamente do que Anselmo, mas com consequências igualmente destrutivas, submete sua companheira a um *teste*:

> Em seu papel de Cyrano, realizou então a maior proeza: conquistou-a. Ficou orgulhoso da sua carta, da sua sedução, mas sentiu um ciúme maior ainda. Criou o fantasma de um homem e, sem querer, submetia Chantal a um teste que media sua sensibilidade à sedução de um outro. (p. 73)

Quanto mais orgulho Jean-Marc sente de ter rompido a resistência de Chantal, mais agudamente ele sente as dores do ciúme. Seu sucesso mais gratificante é também seu fracasso mais duro. Kundera distingue sua agonia, porém, do ciúme pornográfico sentido por um Jaromil ou por um Frantisek, em quem o afeto pelo outro importante dá lugar à fixação no rival. De início, o ciúme de Jean-Marc poupa-o de fantasias lúbricas, mas essa ausência de conteúdo erótico de jeito nenhum diminui a força destrutiva de seu ciúme. Mais uma vez, como em tantos contos e romances anteriores, Kundera ressalta a força transfiguradora do desejo imitativo, sua capacidade de nos fazer ver a realidade de um modo diferente de como ela é:

> Seu ciúme não se parecia com o que conhecera na juventude, quando a imaginação estimulava nele uma torturante fantasia erótica; dessa vez, ele era menos doloroso porém mais destrutivo: lenta e mansamente, transformava uma mulher amada em simulacro de mulher amada. E, como ela não era mais um ser seguro para ele, não havia mais nenhum ponto de estabilidade no caos sem valores que é o mundo. (p. 74)

O "caos sem valores" recorda o "labirinto de valores" que se tornou a metáfora-guia deste estudo. O amor de Jean-Marc por Chantal, e o dela por ele, ancoraram-no no mundo e forneceram-lhe o ponto de referência transcendente de que ele precisava para encontrar seu rumo existencial. Agora, devido a uma maquinação que ele próprio concebeu, ele minou essa estabilidade e se vê perdido num confuso labirinto. Ricard tem razão ao ressaltar que o "repouso abençoado" dos dois amantes no começo da história é "a própria fragilidade".[14] Nenhuma força exterior, porém, perturba esse frágil equilíbrio – a culpa não cabe de jeito nenhum à menopausa de Chantal. Antes, é o desejo nobre mas insensato de Jean-Marc de lhe dar ânimo que destrói o relacionamento desde dentro.

É um dado do relacionamento que Jean-Marc é mais forte do que Chantal. O desejo dele de cortejá-la com cartas anônimas nasceu justamente de um desejo de lhe dar a força de que carecia. Agora, os membros do casal trocaram de lugar na hierarquia de força. O mecanismo de sobe-e-desce que Jean-Michel Oughourlian denomina "a gangorra infernal" é colocado em movimento.[15] O equilíbrio amoroso foi perturbado, e Jean-Marc, que estava por cima, vê-se na posição inferior, ao passo que Chantal, que estava por baixo, ficou muito mais forte: "Na verdade, quem era o mais forte? Quando estavam ambos na terra do amor, talvez fosse realmente ele. Mas, uma vez desaparecida sob seus pés a terra do amor, ela é que é forte e ele é que é fraco" (p. 87). Ao introduzir um terceiro no relacionamento, Jean-Marc inverteu o equilíbrio de poder.

As suspeitas dele, que Kundera descreveu primeiro sem qualquer acompanhamento erótico perverso, agora ficam mais agudas, e logo perdem sua qualidade hipotética e o mergulham no inferno do ciúme pornográfico. Chantal partiu para Londres numa viagem não programada, ameaçando ver um lúbrico libertino a quem, ele teme, ela vai se entregar. Como em "O Jogo da Carona", em que o rapaz

---

[14] François Ricard, op. cit., p. 218.
[15] Ver Jean-Michel Oughourlian, *The Genesis of Desire*. Trad. Eugene Webb. East Lansing, Michigan State University Press, 2009, parte IV.

decidiu fazer um desvio não programado, o modelo-rival invisível mudou o curso dos acontecimentos, fazendo com que Chantal se tornasse alguém novo, alguém que Jean-Marc não reconhece mais:

> O ciúme toma conta dele, enorme e doloroso, não o ciúme abstrato, mental, que fazia sentido quando, diante do armário aberto, se fazia a pergunta de todo teórica sobre a capacidade de Chantal em traí-lo, mas o ciúme como conhecera na juventude, o ciúme que trespassa o corpo, que dói, que é insuportável. Imagina Chantal se entregando aos outros, obediente e devotada, e não consegue mais suportar. (p. 105)

À medida que o trem que leva Chantal a Londres vai desaparecendo no túnel abaixo do canal da Mancha, um cheiro de enxofre vai sendo emanado das páginas do romance. Ela viaja com dois colegas, o publicitário Leroy e uma "senhora distinta" que Leroy gosta de chocar com observações apelativas: "'Estamos descendo', disse a senhora distinta [...]. 'Para o inferno', acrescentou Chantal" (p. 98-9), que se imagina a assistente diabólica de Chantal: "Alegrava-se com a ideia de lhe levar essa senhora distinta e pudica para sua cama, que ela imaginava não num hotel luxuoso de Londres, mas sobre um estrado no meio de fogo, gemidos, fumaças e diabos" (p. 99). Chantal depois vê-se numa orgia, uma "orgia de Dioniso" (p. 106) que lhe aparece sob um aspecto infernal. Os membros masculinos à sua volta parecem minhocas: "Depois não vê minhocas mas serpentes; fica enojada e, no entanto, sempre excitada. [...] quanto mais excitada mais enojada fica de sua própria excitação, que a faz compreender que esse corpo não pertence a ela, mas a esse campo enlameado, a esse campo de vermes e serpentes" (p. 106).

À medida que tanto Jean-Marc e Chantal perdem a realidade de vista, as cenas vão ficando cada vez mais bizarras e tormentosas.

A delicada transfiguração operada pela peça pregada por Havel no conto do começo da carreira deu lugar a uma transfiguração infernal que transforma em bestas homens e mulheres. Em *The Genesis of Desire*, Jean-Michel Oughourlian escreve sobre a aceleração da rivalidade, que faz com que cada membro do casal suba e desça na gangorra infernal numa velocidade cada vez maior, até que o movimento é um borrão. Eles gritam: "Ele não é mais o homem com quem me casei!" ou "Ela é um monstro!". E essas exclamações refletem a maneira como a rivalidade imitativa pouco a pouco distorce a realidade, até que fique irreconhecível:

> Cada qual pouco a pouco verá o outro como um duplo monstruoso e aterrorizante, uma mistura de deus e besta. Essa percepção assustadora é acompanhada de medo e ódio. Os parceiros do casal não reconhecem mais um ao outro.[16]

Oughourlian poderia ter acrescentado que eles não vão mais reconhecer nem a si próprios, pois Chantal esqueceu seu próprio nome. Alguém a chama de "Anne", e ela quer corrigi-lo, mas "[...] constata que seu nome está como que bloqueado em sua mente; não se lembra dele" (p. 112). No momento do clímax, quando Anne-Chantal solta um grito longo e inarticulado, o cenário subitamente muda, Jean-Marc chama seu nome, e Chantal acorda do pesadelo: era tudo um sonho.

O *tour de force* técnico realizado pelo romance consiste em coser inconsutilmente o mundo real ao mundo dos sonhos, de modo que é impossível saber onde a realidade termina e a irrealidade começa. Ricard nota que esse recurso serve para demonstrar a fragilidade do amor e da identidade.[17] Ele também transmite a distorção da realidade operada pela escalada do processo imitativo e pela oscilação

---

[16] Ibidem, p. 122.
[17] François Ricard, op. cit., p. 214-5.

da "gangorra infernal". O romance descreve a gênese imitativa de um mundo onírico. Aqui, o poder transfigurador da mímesis limita-se não a uma única mulher (como no caso de "O Dr. Havel", no episódio de Christine, em *O Livro do Riso e do Esquecimento*, e até em "O Jogo da Carona"), mas permeia a realidade como um todo, penetrando tão fundo no eu que desfaz a identidade individual e apaga a memória. O centro do labirinto de valores não está longe.

# capítulo 6
# quadrilha do desejo

### O Sexo como Teatro

*A Insustentável Leveza do Ser* é o romance mais querido de Kundera. Tanto o público geral quanto os críticos aplaudiram sua mistura de filosofia (o livro começa com uma meditação sobre a ideia de Nietzsche do eterno retorno, formulando o tema do livro) e erotismo (Tomas, o protagonista masculino, é um grande mulherengo, e o romance oferece muitas cenas eróticas inteligentes e que funcionam). Na minha opinião, porém, a grandeza do romance, assim como seu apelo, não nasce nem da filosofia nem da sexualidade. Em vez disso, é o balé – ou a quadrilha – dos quatro personagens principais e a interação de seus desejos que nos cativam e comovem.

Aqueles que se concentram nos temas filosóficos do romance – o ensaio sobre o kitsch, a oposição entre leveza e peso, Nietzsche e Parmênides – miram alto demais e perdem as interações concretas entre os personagens. Aqueles que se concentram exclusivamente na preocupação do romance com a sexualidade – as cenas de amor de Tomas e Sabina, o encontro de Tereza com o engenheiro anônimo, a diferença entre o mulherengo "libertino" e o "romântico" – miram baixo demais e não percebem que a atração metafísica sobrepuja o desejo físico nesse romance, no qual a paixão não recíproca é a regra, e o amor é concebido como "combate" ou como "inferno". A obra-prima de Kundera é uma verdadeira sinfonia de interações imitativas que rastreiam os padrões daquilo que, num ponto anterior deste ensaio, chamei de *marivaudage* totalitária.

A visão de Kundera do romance leva os críticos a fazer pouco-caso daquilo que Girard chama de "pequenas interações romanescas" e, nesse sentido, afasta a atenção do jogo do desejo. Há entre seus leitores, por exemplo, uma tendência a acentuar as diferenças entre o romance polifônico kunderiano e o romance realista clássico de Balzac. O próprio Kundera contribuiu para essa tendência. Numa entrevista com Christian Salmon em *A Arte do Romance*, ele enfatiza que seus romances situam-se "além da estética do romance que se chama habitualmente de psicológico" (p. 29). Sua audaciosa arte da composição, em que ensaio, poesia, narração onírica e narrativa direta são fundidos num todo contrapontual, satisfaz sua ambição de transformar o romance na "suprema síntese intelectual" (p. 22).

Essa arte da polifonia romanesca leva de modo intermitente a descrição concreta das relações humanas para o pano de fundo, a fim de que o tema existencial ocupe o primeiro plano. Isso faz com que ler um romance de Kundera seja delicado. O crítico que privilegia a meditação "filosófica" sobre o material romanesco "puro" pode não captar a geometria kunderiana do desejo. Como tentarei mostrar, porém, é à luz dessa geometria que suas reflexões sobre a leveza e o peso assumem seu sentido pleno.

*A Imortalidade* tematiza a imitação, expressando a relação entre Agnès e Laura, sua irmã mais nova, nos termos de um desejo triangular. O romancista acompanha o desenrolar do ciclo imitativo do começo ao fim. Porém, à medida que a ação avança, as referências à imitação ficam menos frequentes e acabam desaparecendo por completo. Kundera primeiro define a imitação como o "mecanismo" que governa as relações entre irmãos. Depois, quando essas relações ficam marcadas pela rivalidade, ele corrige sua avaliação: não é só a imitação que está operando. Se ainda é verdade que a irmã mais nova imita a mais velha, ela também *corrige* esse modelo e altera seu sentido. Isso não deve ser interpretado como o sinal de um diagnóstico inicial equivocado. É só que, à medida que Laura cresce e se aproxima do modelo do desejo, a imitação deixa de aparecer como imitação. Quando a irmã-modelo dá lugar à irmã-inimiga (um sinônimo quase perfeito, como mencionei anteriormente, do modelo-rival girardiano), quando a mediação externa dá lugar à mediação interna (ou *infernal*, como prefiro chamar), a mímesis pacífica se afunda e ressurge como rivalidade. Quanto mais intensa e competitiva fica a imitação, menos parece imitação, e mais parece conflito.

Em *A Vida Está em Outro Lugar*, Kundera ilustra essa perfeita continuidade entre a imitação e a rivalidade. Jaromil vai a uma reunião de artistas e intelectuais. Com medo de abrir a boca, ele encontra abrigo em seu relacionamento com seu modelo, um pintor:

> Para tomar coragem, pensou no pintor e na sua grande autoridade, de que nunca duvidara, e tranquilizou-se com a ideia de que era seu amigo e seu discípulo. Esse pensamento deu-lhe forças para intervir no debate, e ele repetiu as ideias que ouvia durante suas visitas ao ateliê. O fato de que se servisse de ideias que não fossem suas é muito menos importante do que o fato de que não as expressava com sua própria voz. Ele mesmo estava um pouco surpreso em constatar que a voz que lhe saía da boca parecia-se com a do pintor, e que aquela voz interferia também em suas mãos que começavam a descrever no ar gestos do pintor. [...] depois viu nesse empréstimo uma garantia e uma proteção; escondia-se atrás daquela máscara como se fosse um escudo; já não se sentia tímido e incomodado [...]. (p. 127-8)

A surpresa de Jaromil indica que as forças em jogo transcendem sua vontade individual. O pintor tomou posse do rapaz, e seu gênio habita nele assim como o gênio de Havel habitava o jornalista em "O Dr. Havel". As mãos de Jaromil movem-se como as de um títere (recordemos que, em *A Imortalidade*, Kundera afirma que não usamos os gestos, e sim que "somos seus instrumentos").

Se de início Jaromil busca proteção e segurança tomando emprestada a persona do pintor, ele logo começa a se ressentir de sua influência. Ele conhece de cor seu pensamento, o que quer dizer que ele absorveu não apenas seu jeito de falar e de gesticular, mas também seu próprio ser. E precisamente porque consegue antecipar as palavras do mentor e conseguiu modelá-lo no homem mais velho, ele sente que sua semelhança com o pintor rebaixa-o aos olhos dos outros.

Um encontro decisivo acontece no estúdio do pintor. Outra vez, há um público presente. Agora, em vez de copiar o pintor, Jaromil tem a súbita vontade de contradizê-lo:

> Jaromil não teria nenhuma dificuldade em desenvolver o pensamento do pintor cuja lógica ele conhecia tão bem, mas lhe era repugnante a ideia de portar-se ali como o aluno comovente, o garotinho dócil a quem sempre se elogia. Sentia-se invadido pelo desejo de revolta [...]. (p. 161-62)

Estranho, porém, que, ao mesmo tempo que se revolta contra o pintor, em passa de discípulo a adversário, ele continua a imitar o mestre:

> Uma única coisa o desconcertou logo nas primeiras palavras: ouviu em sua voz o tom singular e autoritário do pintor e não pôde impedir que a sua mão direita descrevesse no ar o movimento característico dos gestos do pintor. Tratava-se na realidade de uma discussão estranha do pintor com o pintor, do pintor homem com o pintor criança, do pintor com a

> sua sombra revoltada. Jaromil dava-se conta disso e sentia-se cada vez mais humilhado; era a razão por que utilizava fórmulas cada vez mais duras para vingar-se do pintor que o aprisionara nos gestos e na voz. (p. 163)

Kundera mostra o modo como o discipulado pouco a pouco se transforma em revolta. Quanto mais Jaromil percebe que não consegue romper com o pintor, mais tenta, em vão, escapar de sua influência. Porém, seus ataques verbais não podem libertá-lo da relação imitativa em que está preso. De fato, eles significam que Jaromil está atado com mais força do que nunca ao detestado modelo que se transformou em obstáculo. A relação benignamente recíproca entre professor e aluno transforma-se no duelo destrutivamente recíproco entre duplos. Quando o conflito irrompe, as diferenças aparentes marcam a semelhança subjacente dos adversários. À medida que eles ficam cada vez mais parecidos, mestre e discípulo ficam no caminho um do outro. Buscando afirmar suas *diferenças* respectivas, eles contradizem veementemente um ao outro. Porém, seu cabo de guerra só faz apertar os nós do ódio recíproco que os une.

Essa lição deve ser guardada durante a leitura de *A Insustentável Leveza do Ser*. A palavra "imitação" nunca aparece no romance. Em outras palavras, o desejo imitativo não é tematizado aqui da mesma maneira que no conto "Eduardo e Deus" (que discutirei no capítulo 8) ou em *A Imortalidade*. Não devemos nos deixar enganar por essa ausência de imitação aberta. As relações entre os quatro personagens – Tomas, Tereza, Sabina e Franz – permanecem governadas por uma dinâmica imitativa. Em vez da semelhança, porém, não vemos nada além de antítese, de desigualdade: Tereza é fraca, Tomas é forte; Sabina não ama Franz, mas Franz ama Sabina. É precisamente nesses contrastes que os elos secretos entre os personagens podem ser discernidos. Adentramos o mundo da imitação dupla, e isso significa que os personagens não podem mais ser divididos em imitadores e modelos. Antes, eles são senhores ou escravos, vencedores ou perdedores no jogo mutuamente mediado do amor e da sorte.

Em *A Insustentável Leveza do Ser*, o "programa sem autor" vaga por uma direção ou por outra, levando a um equilíbrio caracterizado por relações desiguais de poder. Um senhor domina um escravo e essa desigualdade se amplia até que se torna sua própria caricatura: o domínio do senhor aumenta e o escravo fica mais dominado. As posições sempre podem inverter-se subitamente, como aconteceu em *A Identidade*, mas uma vez que um dos "jogadores" tenha vencido, há uma boa chance de que essa pequena vantagem se multiplique e leve a novas vitórias.

Kundera constrói *A Insustentável Leveza* a partir da ambígua oposição entre leveza e peso. Interpreto esses dois polos como os dois resultados extremos da *marivaudage* totalitária. Os personagens "leves" (Tomas e a amante, a pintora Sabina) são senhores, ao passo que os "pesados" (Tereza e Franz, amante de Sabina) são escravos. O ciúme de Tereza e o romantismo de Franz opõem-se e complementam a atitude mulherenga de Tomas e as traições em série de Sabina.

O personagem que mais sofre com o desejo imitativo patológico é Tereza. Kundera descreve-a como uma garota da província que "queria se elevar, mas onde fazê-lo naquela cidadezinha?" (p. 47-8). Ela tem sonhos românticos de encontrar o Homem Certo: "Desde os oito anos, já adormecia com uma das mãos apertando a outra, imaginando assim segurar o homem que ela amava, o homem da sua vida" (p. 56-7). Há portanto algo bovaryesco nessa menina que sonha com uma vida melhor com o Príncipe Encantado. Hervé Aubron apontou a semelhança: "Em *A Insustentável Leveza do Ser*, a sombra de Emma Bovary está à espreita, rebaixando a cultura pessoal ao nível do mero coquetismo sedutor".[1] Tereza leva um livro consigo por toda parte do mesmo jeito que um dandy carrega uma bengala.

Ao contrário de Emma, porém, ela deixa a província e vai morar em Praga. Ela diminui a distância entre ela própria e seu sonho.

---

[1] Hervé Aubron, "Le Kitsch Universel". *Le Magazine Littéraire*, p. 83, abr. 2011.

O resultado é exatamente o contrário do imaginado. Em Praga, em vez de um final de Cinderela, ela encontra a infelicidade da rivalidade com outras mulheres. Enfim, perde o equilíbrio interior: "Sentia um desejo irresistível de cair. Vivia numa vertigem contínua" (p. 63).

Kundera associa sua tontura a suas aspirações: "Aquele que quer continuamente 'se elevar' deve contar ter vertigem um dia" (p. 61). O desejo de Tereza de sair dos limites de sua cidadezinha, onde leva uma vida infeliz com a mãe abusiva, leva-a à cidade, caldeirão de ambição e de rivalidade. Ali, ela fica face a face com sua fraqueza. O sonho de realização da menina de oito anos leva dialeticamente à tristeza da Tereza adulta.

Sua vertigem é a expressão psicossomática daquilo que Girard chama de transcendência desviada. Em *Jacques e seu Amo*, o marquês fala de modo eloquente sobre um dos santos favoritos de Kundera, Simeão Estilita (uma alusão a *A Valsa dos Adeuses*, em que ele também é discutido), que vivia no alto de uma coluna de cerca de quinze metros de altura. Perguntam ao marquês se São Simeão sentia vertigem, e ele responde que Simeão nunca sentia vertigem porque estava sempre olhando para cima, mantendo os olhos fixos em Deus. Tereza, por outro lado, não olha para Deus, mas para o lado, horizontalmente, para Tomas. Como sugere sua posição supereminente na coluna vertical, São Simeão está no mundo mas não é do mundo; Tereza tanto está no mundo quanto pertence a ele.

Ela é o mais "pesado" dos personagens, e o peso de suas suspeitas ciumentas recai sobre Tomas: "Para Tomas, o ciúme dela [...] [foi] um fardo de que só se livraria um ano ou dois antes de morrer" (p. 58). Quanto a Tomas, ele vivencia a incômoda falta de peso de um mundo do qual a eternidade cristã e a circularidade nietzscheana foram banidas. À medida que a história avança, essa leveza despreocupada vai parecendo cada vez mais um tipo de escravidão.

Tomas não está atado a mulher nenhuma, nem a Tereza, a quem trai repetidamente. De fato, ele toma bastante cuidado para evitar aquilo que considera a "agressão" do amor. Graças a um sistema que imaginou para espaçar seus encontros, ele mantém à distância suas numerosas amantes, seguindo sua crença de que ele só pode ser ele mesmo como solteiro. Divorciado, distanciado do filho e de seus próprios pais, que ficaram contra ele após o divórcio, Tomas aspira a um tipo de liberdade além de todos os laços familiares e eróticos.

Estranhamente, porém, sua vida de mulherengo está longe da libertinagem hedonista narrada por um Diderot ou por um Vivant Denon. Ainda que, por consideração por Tereza, tente parar de marcar encontros com as amantes, ele descobre que não consegue evitar: "Não tinha força para controlar o apetite por outras mulheres" (p. 26).

Tomas é um *mulherengo compulsivo*. A infidelidade é para ele um imperativo, um "*es muss sein*", como diz Kundera, isto é, uma força da qual ele não é o senhor. O "deve ser" do desejo impele-o para os braços de uma mulher atrás da outra. Suas amantes não são objetos sexuais exatamente intercambiáveis. Em cada uma delas, ele procura uma nova fibra de conhecimento carnal, como um colecionador que junta espécimes. Porém, elas são singulares apenas em sentido limitado, na medida em que, todas juntas, simbolizam a variedade ou a multiplicidade (somente seu acordo com Sabina encarna a amizade sem obrigações emocionais que é o ideal de Tomas). Essas mulheres também não conseguem gratificá-lo sexualmente. Assim como Laura e Bernard fazem amor sem qualquer prazer em *A Imortalidade*, Tomas tira pouca satisfação de seus enlaces.

> Mas seria possível ainda falar de prazer? Assim que ele saía para encontrar uma das amantes, sentia aversão por ela e jurava a si próprio que aquela seria a última vez que a veria. [...] Fora apanhado numa armadilha: mal ia visitá-las, perdia a vontade, mas se ficava um dia sem elas, logo telefonava para marcar um encontro. (p. 27)

A palavra "vício" não seria excessiva. Vemos o conhecido padrão imitativo à moda de Tântalo aparecer no âmbito sexual. Basta que Tomas leve a taça da sexualidade aos lábios para que sinta repulsa por ela e perca o desejo de beber. Assim que a taça é levada embora, porém, ele começa a ter sede e estende outra vez a mão para ela. Esse padrão, em sua circularidade repetitiva, é propriamente *infernal*.

O ciúme de Tereza também tem um molde infernal. Não pode haver dúvida de que, como nos casos de Proust e de Dostoiévski, o enigma do ciúme é uma das grandes preocupações de Kundera. Em *A Vida Está em Outro Lugar* e em *A Valsa dos Adeuses*, ele fez uma análise quase fenomenológica da consciência ciumenta. Aqui, ele usa um procedimento técnico original para tornar os sofrimentos do ciúme mais palpáveis, o que lhe dá mais latitude poética do que suas descrições anteriores da doença triangular.

O primeiro sonho ciumento dela é inspirado por uma carta que encontrou, na qual Tomas fala de uma fantasia erótica a Sabina. O tom masoquista da cena é transmitido pelo ato de automutilação de Tereza:

> [Tomas e Tereza] estavam em algum lugar com Sabina. Num quarto enorme. No meio dele havia uma cama, parecia o palco de um teatro. Tomas lhe ordenou que ficasse num canto enquanto fazia amor com Sabina. Ela olhava, esse espetáculo lhe causava um sofrimento insuportável. Para sufocar a dor da alma com uma dor física, enfiou agulhas sob as unhas. (p. 20-1)

É precisamente isso o que fazemos quando pensamos no masoquismo: enfatizamos o físico à custa do metafísico, ignorando as causas subjacentes da perversão. Não vemos que Tereza está colada a seu modelo não porque ela goste de sofrer, mas porque uma forte aflição emocional e física parece um indicador confiável de um deus que é verdadeiramente divino. O masoquismo obedece a uma lógica interna rigorosa: quanto mais o desejo descobre as decepções provocadas pela posse, mais procura rivais formidáveis demais para serem superados. O comportamento autodestrutivo do masoquista é consequência do desejo de encontrar um objeto ao mesmo tempo próximo o bastante para tornar a posse concebível e distante o suficiente do alcance para garantir que ele nunca perderá seu brilho. Ser esmagado por um inimigo implacável é, do ponto de vista do masoquista, infinitamente preferível a reconhecer a futilidade do desejo.

Imaginar o corpo do ser amado em cópula com outro corpo é tão fascinante para Tereza quanto era para o rapaz de *A Valsa dos Adeuses* ou para Jean-Marc em *A Identidade*. De fato, seu fascínio é proporcional ao tormento que causa. Tomas está no comando. Ele não pede educadamente; ele manda. A comparação com o palco completa o quadro. Trata-se de uma encenação do desejo, em que cada elemento contribui para o sofrimento da esposa excluída.

Tereza luta para controlar o ciúme, e consegue dominar suas emoções enquanto é dia claro. À noite, porém, ela é vitimada por aquilo que um freudiano talvez chamasse de "retorno do recalcado": "Mas o ciúme, domado durante o dia, manifestava-se ainda mais violentamente nos sonhos, que terminavam sempre por um gemido que ele [Tomas] não podia interromper sem acordá-la" (p. 23).

Nesses primeiros sonhos, predomina o sofrimento de Tereza, colocando seu significado erótico no pano de fundo. Não há dúvida de que o "gemido" é de dor e não de prazer. A mistura de erotismo teatral e de automutilação dolorosa oferece, uma vez mais, uma expressão *hipertrofiada* ou *caricatural* do desejo imitativo. Tomas e sua amante formam uma totalidade miniatura em que Tereza gostaria de penetrar, e da qual ela está cruelmente excluída.

O conteúdo triangular desses sonhos eróticos, que emprestam das fantasias de Tomas e moldam-nas com vistas a maximizar seu efeito, pede uma revisão do dito freudiano "um sonho é a realização de um desejo". Aqui, o sonho não é nem realização nem expressão de uma pulsão de morte primordial. Antes, trata-se de um teatro do desejo em que as leis freudianas de deslocamento e condensação expressam uma verdade escancaradamente óbvia demais para ser chamada de inconsciente:

> Um sonho que voltava sempre, por exemplo, era o sonho dos gatos que lhe saltavam no rosto e enfiavam as garras em sua pele. Na verdade, esse sonho pode ser explicado facilmente: em tcheco, gato é gíria que significa "mulher bonita". Tereza se sentia ameaçada pelas mulheres, por todas as mulheres. Todas as mulheres eram, em potencial, amantes de Tomas, e Tereza tinha medo. (p. 23)

Os sonhos de Tereza encenam sua rivalidade com as amantes de Tomas. O sonho transforma o relacionamento competitivo com outras mulheres em metáforas eloquentes (e transparentes). Não há um gato mas muitos, uma turba linchadora felina. Como Chantal ao fim de *A Identidade*, Tereza é o centro de um círculo de perseguição. Como na metáfora equina em "O Dr. Havel Vinte Anos Depois", que expressava a vacuidade misturada com a crua atratividade física, os animais simbolizam uma falta desumana de empatia que aguça o terror da sonhadora. É de se perguntar, de fato, se chega a ser necessário falar aqui de metáfora: a linguagem do sonho é uma tradução literal, quase simplista da palavra tcheca "*kočka*". A facilidade com que o sonho pode ser interpretado reflete a ausência quase total de um mecanismo inconsciente de codificação. O sentido não é latente mas patente, como se, em vez de encarregar um censor interno com o ciframento de algum sentido oculto, o subconsciente de Tereza estivesse fazendo tudo em seu poder para revelar a verdade.

Cada novo sonho ilumina aqueles que o precederam. Seu sentido último começa a surgir no segundo ciclo de sonhos: "Num outro ciclo de sonhos, ela era conduzida à morte" (p. 23). Tereza circunda a beira de uma piscina coberta, nua, com outras vinte mulheres nuas. Tomas, suspenso numa cesta pendurada no teto, é o executor. Ele grita ordens para as mulheres, que cantam em uníssono e fazem agachamentos. Tomas pune aquelas que não fazem os exercícios direito dando-lhes tiros de revólver. Invisível atrás da aba de um grande chapéu, suspenso acima das mulheres, ele encarna a onipotência total e a crueldade implacável. Ele inspeciona a cena abaixo desde seu "panóptico" primitivo, sem ser visto por aquelas que mata uma a uma. As sentenças de morte arbitrárias que ele executa distinguem-no como uma paródia de ditador totalitário ou até como uma espécie de deus cruel. Os sonhos expressam algo que de outro modo seria impossível de articular: não o papel real que Tomas desempenha na vida de Tereza, mas o sentido pessoal que suas infidelidades têm para ela.

Ao mesmo tempo que os sonhos expressam a experiência subjetiva de Tereza, eles podem ser também interpretados como expressão da realidade política do grupo. Aqui, o romance de Kundera adentra aquilo que pode ser chamado de âmbito *psicopolítico*. As relações internacionais espelham as relações interpessoais.[2] À época da invasão russa, por exemplo, Tereza se identifica com a fraqueza de seu país, ao passo que o ódio dos tchecos pelos invasores russos mimetiza seu ódio das amantes de Tomas. Há outro exemplo no qual o romance tem uma vantagem sobre a teoria política. George Orwell, escreve René Girard, "não revela a ligação entre o desejo individual e a estrutura coletiva. Em suas obras, tem-se com frequência a impressão de que o 'sistema' é imposto *de fora* às multidões inocentes".[3] Kundera, em contraste, mostra o elo entre situações íntimas e grandes acontecimentos históricos. Em *A Arte do Romance*, ele argumenta de modo convincente que Kafka teve sucesso em descrever o totalitarismo antes de sua manifestação

---

[2] Ver Jean-Michel Oughourlian, *Psychopolitics: Conversations with Trevor Cribben Merrill*. East Lansing, Michigan State University Press, 2012.
[3] René Girard, *Mentira Romântica e Verdade Romanesca*. Trad. Lilia Ledon da Silva. São Paulo, É Realizações, 2009, p. 256.

histórica concreta porque já tinha vivido relações totalitárias dentro de seu círculo familiar. Em sua correspondência, e também em "O Julgamento", o modelo totalitário do desejo é o pai autoritário, ou sua noiva, Felice.[4] Nos romances de Kafka, esse modelo se torna uma instituição: o "processo", o "castelo".

Para Kundera, o modelo-obstáculo não é o pai, mas a mãe: a mãe de Tereza anda nua pelo apartamento e impede a filha de trancar a porta do banheiro, sentindo um prazer evidente com sua humilhação. Numa escala íntima, essa violação da vida privada da garota reproduz os métodos de um regime totalitário, que espiona e interroga seus cidadãos, divulgando publicamente seus segredos mais privados, exatamente como a mãe de Tereza lê em voz alta passagens do diário da filha. Kundera enxerga os dois domínios como versões da mesma situação existencial em escalas diferentes.

O terceiro ciclo de sonhos acontece na vida após a morte. Tereza vê-se numa espécie de inferno, em que está cercada de mulheres estranhas que lhe falam com a familiaridade de velhas amigas (na edição francesa definitiva do romance de Kundera, essas mulheres usam a forma íntima "*tu*" com Tereza) e com as quais ela será obrigada a ficar para sempre. O inferno dantesco e o mundo do campo de concentração fundem-se. A familiaridade inapropriada das mulheres sugere uma erosão de limites sociais. Em linguagens como o francês, em que os falantes podem escolher entre os pronomes familiar e formal, "*vous*" abre uma distância de respeito mútuo. Poderíamos dizer que ele corresponde a um âmbito de relações distantes e pacíficas (de "mediação externa" para usar o termo girardiano), ao passo que "*tu*" significa uma intimidade que, quando impingida a estranhos, parece imprópria, como uma violação. Essa negligência dos códigos da polidez sugere relações perniciosamente próximas ("mediação interna"), típicas da rivalidade íntima.

---

[4] Ver Elias Canetti, *Kafka's Other Trial: The Letters to Felice*. New York, Schocken Books, 1974.

Como as mulheres nuas circundando a piscina, as companheiras de Tereza na vida após a morte estão nuas. Em vez de funcionar como sinal de libertação de costumes tradicionais, sua nudez assume um sentido sinistro. Ela reflete um apagamento de distinções, uma ab-rogação dos códigos sociais mais básicos: "Desde a infância, a nudez era para Tereza o sinal da uniformidade obrigatória do campo de concentração; o sinal da humilhação" (p. 59). Kundera deixa a igualdade absoluta e a semelhança entre as mulheres bem claras: "As mulheres que se alegravam de ser inteiramente semelhantes e indiferenciáveis celebravam na realidade sua morte futura, que tornava absoluta a semelhança entre elas" (p. 59). Qual a origem dessa indiferenciação? No momento em que Kundera busca uma explicação, voltamos à geometria triangular do desejo: Tomas é o responsável. Por desejar outras mulheres, ele colocou Tereza no mesmo plano que elas, fazendo delas suas rivais. Tomas "havia traçado, ele também, um sinal de igualdade entre ela e as outras: ele beijava a todas da mesma maneira, distribuindo as mesmas carícias, não fazendo nenhuma, nenhuma, mas nenhuma diferença entre o corpo de Tereza e os outros corpos" (p. 60). Para a mulher que aspira a ocupar um lugar único no coração de Tomas, essas atenções indiscriminadas necessariamente despertam sentimentos de angústia e de ódio.

Algumas páginas depois, Tereza reflete sobre sua infelicidade. Ela decide ir embora de Zurique, para onde ela e Tomas emigraram, por não conseguir suportar mais suas infidelidades, e por se sentir atraída por seu país natal fraco e ocupado: "Embora se amassem, criaram mutuamente para si um inferno" (p. 75). A expressão "criaram mutuamente para si um inferno" só assume seu sentido pleno à luz dos sonhos infernais descritos nas páginas anteriores. A reciprocidade gramatical da frase reflete o vaivém infernal da relação imitativa. Tereza reconhece que "a falta não vinha deles próprios" (p. 75), como se o mecanismo na origem da infelicidade deles transcendesse os dois membros do casal. Ela atribui essa infelicidade à diferença entre eles: "ele era forte e ela era fraca" (p. 76). Porém, força e fraqueza não são dados absolutos inscritos na realidade das coisas, mas polos relativos que podem ser facilmente invertidos (o breve instante de ciúme que Tomas sente ao ver Tereza dançando com um de seus colegas mais jovens e sua percepção de que espera dela total fidelidade mostram que uma inversão como essa é, nesse caso, ao menos teoricamente possível). Diferenças aparentes mascaram a reciprocidade oculta da *marivaudage* totalitária. A fraqueza de Tereza alimenta a força de Tomas, e vice-versa. E, quando ela o deixa, ele fica temporariamente enfraquecido e a segue de volta a Praga, escravo de seu *es muss sein*, o imperativo categórico de seu amor por ela enfraquecido pela demonstração de autossuficiência dela. O relacionamento do casal se desenrola como um balé, com o desejo imitativo como coreógrafo invisível.

Imagens infernais aparecem em outras partes da obra de Kundera, e outra vez elas acompanham as tensões entre uma esposa ciumenta e seu marido infiel. Em *O Livro do Riso e do Esquecimento*, Marketa oferece a melhor amiga ao marido como brinquedo sexual:

> Ela lhe apresenta sua melhor amiga. Ela a dá de presente para ele. Unicamente para ele e para o prazer dele. E por que faz tudo isso? Por que se esforça? Por que, como Sísifo, ela empurra sua pedra? Por mais que Markéta faça, Karel está ausente mentalmente. Ele marca encontro com outra e sempre lhe escapa. (p. 48)

Marketa exibe as mesmas tendências masoquistas que Tereza. A pedra indica o obstáculo intransponível da indiferença de Karel em relação a ela. Ele foge e ela tenta prendê-lo com sua generosidade sexual. Considerando os efeitos ambivalentes da relação do casal, temos motivo para olhar com alguma suspeita seus impulsos generosos, ainda mais porque a metáfora de Sísifo aparece no contexto de uma aguda rivalidade:

> As duas mulheres se beijavam e se abraçavam diante dele, mas nem por um instante deixaram

> de ser rivais que o observavam com atenção para ver a qual delas ele se dedicava mais e com qual delas era mais carinhoso. [...] Primeiro sua amante começara a chorar em pleno amor, depois Markéta fechara-se num profundo silêncio. (p. 51)

Preso entre as duas mulheres, "ele se achava um Sísifo" (p. 52). Em outras palavras, ambos os cônjuges têm a sensação de estar empurrando uma pedra colina acima: "Sim, com os anos, os dois se tornaram gêmeos, tinham o mesmo vocabulário, as mesmas ideias, o mesmo destino. Eles se presenteavam um ao outro com Eva, para fazerem o outro feliz" (p. 52). E, como nas cenas de sexo anteriores, a triangularidade do desejo impossibilita o prazer sexual: "Mesmo quando estava com Eva, de quem gostava bastante e de quem não sentia ciúme, a presença do homem muito amado lhe pesava muito, sufocando o prazer dos sentidos" (p. 62). Aqui, Kundera mostra outra vez que não é nenhum apologista do hedonismo, mas sim o melancólico profeta de um mundo em que o desejo imitativo, correndo à solta, impossibilitou o hedonismo.

### Rivalidade Aguda e Atração Homossexual

A leitura imitativa esclarece a mudança gradual no significado dos pesadelos de Tereza. O sonho masoquista em que Tereza observava Tomas copulando com Sabina numa espécie de palco logo assume um sentido novo e erótico. Tereza não é mais a vítima, e sim uma observadora excitada: "À medida que o tempo passava, essa imagem perdia a crueldade inicial e começava a excitá-la. Muitas vezes, enquanto faziam amor, evocava essa situação baixinho ao ouvido de Tomas" (p. 63). Ela fantasia juntar-se a ele nas cópulas com Sabina. Cada vez mais fascinada pela ideia, ela tenta se aproximar da rival: "Servir-lhe de alter ego em sua vida de polígamo. [...] ela não podia se livrar da ideia e tentava se aproximar de Sabina. Propôs-lhe fazer uma série de retratos" (p. 64). Girard escreve: "a homossexualidade, nas obras literárias, é com frequência a erotização da rivalidade mimética".[5] O que vale para os personagens de Dostoiévski (cuja aguda rivalidade anda junto com a atração homossexual latente pelo rival) também vale para os de Kundera. A fixação do indivíduo pelo modelo-rival dá conteúdo erótico à forma ciumenta; Sabina, a rival, torna-se objeto de atração homossexual.

A análise de Besnier de *Cyrano de Bergerac* já apontava para um elo entre a rivalidade e a atração homossexual. Girard desenvolve:

> Se reconhecermos que o jogo das interferências miméticas pode afetar o apetite sexual, nossa crítica dos falsos rótulos psiquiátricos não poderá parar no masoquismo e no sadismo. Se o sujeito não consegue gozar sexualmente sem a violência do modelo ou sem o simulacro dessa violência, se as montagens instintuais herdadas do animal, no domínio sexual, podem se deixar flexionar pelo jogo mimético, devemos nos perguntar se essas interferências não são capazes de ter um efeito mais decisivo ainda e gerar pelo menos certas formas de homossexualidade.[6]

Assim como o esnobismo pode interferir em nossa necessidade instintiva de comer e beber (levando-nos a preferir uma marca

---

[5] René Girard, *Things Hidden since the Foundation of the World*. Trad. Stephen Bann e Michael Metteer. Stanford: Stanford University Press, 1987, p. 346. [Na tradução brasileira, que segue perfeitamente o original francês neste ponto, falta o fragmento "nas obras literárias": "A homossexualidade, repito, é com frequência a 'erotização' de uma rivalidade mimética". In: *Coisas Ocultas desde a Fundação do Mundo*. Trad. Martha Gambini. São Paulo, Paz e Terra, 2009, p. 396. (N. T.)]
[6] René Girard, *Coisas Ocultas desde a Fundação do Mundo*, p. 385. [Onde se lê "montagens", pode-se ler "estruturas", segundo a versão inglesa. O original francês fala em "*montages*". (N. T.)]

cara de água mineral, por exemplo, ou a comer por razões que têm pouco ou nada a ver com a subsistência psicológica), o desejo imitativo esculpe o instinto sexual. Isso é óbvio no caso da pornografia, que inspira o desejo sexual por meio do exemplo. Por uma espécie de telepatia erótica, a observação da cópula produz excitação no observador. As fantasias sussurradas de Tereza são uma espécie de filme pornográfico caseiro e imaginário. A presença do rival acrescenta um tempero a suas cópulas com Tomas. Pouco a pouco, porém, o objeto (Tomas) vai desaparecendo no pano de fundo, e o rival vem para o primeiro plano. Vale observar, também, que Sabina é duas vezes modelo de Tereza: não apenas ela inspira ciúme e excitação como também ensina fotografia a Tereza e funciona como sua mentora.

O encontro de esposa e amante acontece no estúdio de Sabina. Não há hostilidade entre as duas mulheres: Sabina recebe Tereza com palavras gentis e lhe mostra algumas de suas telas. Tereza, que aspira a ser fotógrafa, fica impressionada com as pinturas de Sabina. Seu medo da amante de Tomas metamorfoseia-se em admiração, e em seguida em simpatia. Aqui pode valer a pena recordar o diagnóstico de Freud da homossexualidade latente de Dostoiévski: "*sonderbar zärtlichen Verhalten gegen Liebesrivalen*" (A ternura excessiva pelo rival amoroso). Em vez de diminuir a atração sexual nascente, os sentimentos de amizade de Tereza parecem aumentá-la.

Ela pede a Sabina que tire as roupas para que possa fazer algumas fotos dela nua. Enquanto ela observa a antiga inimiga pelas lentes, Kundera descreve o ato de tirar uma foto como um exercício voyeurista de ver sem ser visto: "Para Tereza a máquina servia ao mesmo tempo de olho mecânico para observar a amante de Tomas e de véu para dela esconder seu rosto" (p. 65). Em seguida, a pedido de Sabina, Tereza também tira a roupa: "Estava à mercê da amante de Tomas. Essa bela submissão a inebriava. Quem dera que esses segundos em que estava nua diante de Sabina não terminassem nunca!" (p. 67). Tereza, a masoquista, anseia por se submeter. As outras mulheres são suas inimigas (recordemos a cena em que as ruas chuvosas de Praga tornam-se um campo de batalha em que mulheres de guarda-chuva xingam-se enquanto disputam a melhor posição) e ao mesmo tempo elas a fascinam e a cativam.

Ela e Sabina vestem-se antes que qualquer coisa possa acontecer entre elas. Seu encontro, porém, deve ser entendido no contexto da frequente homossexualidade feminina dos romances de Kundera, que é real (como no *ménage à trois* descrito em *O Livro do Riso e do Esquecimento*) ou imaginário (como no beijo homossexual durante a cena da orgia em *A Identidade*). Se a prevalência da homossexualidade pode nos fazer suspeitar de que Kundera está colocando na página lúbricas fantasias masculinas, seu tratamento do sexo tem pouco em comum com o voyeurismo da pornografia. As cenas de sexo que ele escreve são ora cômicas, ora grotescas, ora ternas. Seu objetivo não é gerar excitação no leitor (essas sensações extraestéticas não têm lugar numa obra de arte), mas sim explorar uma área em que a encenação subjacente à existência humana fica evidente numa forma altamente concentrada.

A homossexualidade masculina, por sua vez, parece ausente dessas páginas. A amizade entre homens assume a forma de uma camaradagem inteiramente masculina e heterossexualmente viril, como no conto "O Pomo de Ouro do Eterno Desejo" ou na turma de amigos de *A Lentidão*. Basta imaginarmos Tomas e Franz tirando a roupa e fazendo fotos um do outro nus como fazem as duas mulheres para termos uma ideia dos tabus que continuam a cercar o homoerotismo masculino. Para rir, a cultura contemporânea muitas vezes insiste na estranheza de amizades masculinas ambivalentes. Os romancistas tendem a abordar o tema de modo mais lírico, ainda que *Gaieté Parisienne* (que se poderia verter em inglês como *Gay Paree*) seja uma sátira ácida da comunidade gay parisiense – e, com seu humor melancólico, uma abordagem muito "kunderiana" da vida moderna em geral.

## A Geometria do Sadomasoquismo

As relações sexuais entre Tomas e Sabina, e entre Sabina e Franz, ilustram o modo como as leis do desejo se manifestam na esfera erótica. A excitação é predicada a partir da dominação ou da submissão, na maior parte dos casos esta última. Tomas, por exemplo, humilha Sabina ao tirar suas roupas, colocar um chapéu ridículo em sua cabeça e posicioná-la na frente de um espelho:

> Olhando-se no espelho, só viu a princípio uma situação burlesca. Mas, em seguida, o cômico foi sufocado pela excitação: o chapéu-coco não era mais uma piada, significava a violência; a violência feita a Sabina, à sua dignidade de mulher. [...] As roupas de baixo acentuavam o encanto de sua feminilidade, e o chapéu de homem de feltro duro a negava, violentava, ridicularizava. [...] a essência do que viam não era a brincadeira [...], mas a humilhação. Em vez de recusar essa humilhação, ela a ostentava, provocante e orgulhosa, como se estivesse se deixando violentar de bom grado e em público [...]. (p. 86-87)

Além de fazer um paralelo interessante entre a violência cômica e a sexual (ambas envolvem humilhação), essa passagem ilustra a força do distanciamento erótico. Nos romances de Kundera, o objetivo secreto dos adereços eróticos e dos jogos de papéis é um aviltamento que ilumina o corpo do amante com a luz dura da não familiaridade. Assim como os participantes do jogo da carona desejam ser transformados naquilo que não são, Sabina, que sob outros aspectos é a encarnação da força feminina, entra num papel que a leva para fora de si mesma e a coloca na posição fraca, publicamente humilhada e violada.

Esse trecho confirma outra vez a natureza teatral da chamada perversão sexual. O masoquista é uma caricatura do imitador cheio de adoração agachado aos pés do modelo, ao passo que o sádico parodia o mediador como governante feroz reinando supremo sobre os súditos encolhidos. O trecho também explica por que Sabina e Franz não são sexualmente compatíveis. Franz não tem instinto teatral, nenhum desejo de "atuar", de entrar no mundo imaginário do erotismo sadomasoquista. Quando Sabina tenta fazer com ele o jogo do chapéu-coco, ele não entende o que ela quer. Franz nos faz pensar em alguém que entrou por engano num teste teatral e não sabe o que fazer com o script em suas mãos.

Kundera situa a vida erótica disfuncional do casal no contexto de um léxico de "palavras não entendidas". Essa técnica permite que ele abandone a narração linear e ataque diretamente o mal-entendido que nasce das visões de mundo desajustadas de seus dois protagonistas:

> Enquanto as pessoas são mais ou menos jovens e a partitura de suas vidas está somente nos primeiros compassos, elas podem compô-las juntas e trocar os motivos (como Tomas e Sabina haviam trocado o motivo do chapéu-coco), mas, quando se encontravam numa idade mais madura, suas partituras estão mais ou menos terminadas, e cada palavra, cada objeto, significa algo diferente na partitura de cada um. (p. 88)

Ao introduzir o dicionário de palavras mal-entendidas em um encontro erótico que nunca engrena, Kundera sugere que a má comunicação entre Sabina e Franz está enraizada em suas atitudes diferentes em relação à sexualidade. A falta de ironia de Franz faz com que seja difícil para ele imaginar simular a violência – batendo na amante, por exemplo –, mesmo como parte de um jogo erótico. Ele é muito musculoso, mas enxerga sua força como um meio de manter Sabina a salvo de perigos e não de dominá-la. "Você não tem nada a temer", disse, "posso defendê-la em qualquer circunstância, em outros tempos fui campeão de judô." Em suma, Franz não está tão doente de desejo metafísico quanto Sabina, que o compara a Tomas de modo desfavorável:

> Franz é forte, mas sua força é voltada unicamente para o exterior. Com as pessoas com quem vive, com aqueles que ama, é fraco. [...] Franz nunca daria ordens a Sabina. Jamais ordenaria, como Tomas fizera em outros tempos, que ela pusesse o espelho no chão e andasse de um lado para o outro em cima dele, totalmente nua. [...] Existem coisas que só podem ser conseguidas com violência. O amor físico é impensável sem violência. (p. 111)

Sabina convida-o a tratá-la com violência: "'Por que você não usa sua força contra mim de vez em quando?'" (p. 112). Franz, porém, recusa: "'Porque amar é renunciar à força', respondeu Franz docemente" (p. 112). Infelizmente para ele, Sabina não consegue ficar excitada sexualmente sem o estímulo da violência: "Sabina compreendeu duas coisas: em primeiro lugar, que essa frase era bela e verdadeira. Em segundo lugar, que, com essa frase, Franz acabara de se excluir de sua vida erótica" (p. 112). Se Sabina vê Tomas como um "monstro", as palavras que Franz evoca em sua mente refletem toda a virtude e a retidão moral do professor suíço: "bondade"; "Franz era o melhor de todos os homens que já conhecera, era inteligente [...], era bom, honesto, bonito" (p. 116). Ela também fala de sua "bondade de alma" (p. 116). O olhar literalista que ele dirige para o mundo nasce de um desejo bondoso e sem ironias de permanecer nobre e justo.

Kundera dá a entender que Franz talvez ainda esteja apegado à mãe, como Jaromil em *A Vida Está em Outro Lugar*: "A ideia platônica da mulher e sua mãe eram uma só e mesma coisa" (p. 90). Ou, de novo: "Franz costumava falar sobre a mãe com Sabina [...], com este objetivo: Sabina ficaria seduzida por sua tendência à fidelidade" (p. 90-1). Sabina torna-se uma substituta, uma nova figura materna no lugar da original.

Depois, no romance, Kundera descreve Franz como o sonhador que sempre tem Sabina nos pensamentos, mesmo quando vai para a fronteira do Camboja com um grupo de manifestantes: "Se chegou à fronteira do Camboja, foi unicamente por causa de Sabina. O ônibus chacoalha na estrada da Tailândia e ele sente que os olhos de Sabina estão pousados nele" (p. 264). Ela é seu mediador invisível e distante, um Deus substituto tão onisciente quanto o original. Sabina, por outro lado, libertou-se do ciclo paterno. Enquanto Franz permanece eternamente fiel à mãe, ela se revolta contra o pai, que odeia Picasso, e se interessa por cubismo: "Depois de terminar o colégio, foi para Praga com a reconfortante impressão de que finalmente poderia trair a família" (p. 91).

Assim, para Sabina, o amor físico e a violência andam juntos: ela sonha ser humilhada por Tomas, fantasia vê-lo observando-a enquanto ela defeca. Assim como Vincent, em *A Lentidão*, é hipnotizado pelo obstáculo em sua vida intelectual, também Sabina permanece escrava de homens capazes de crueldade em sua vida erótica. Ela é atraída por aqueles que a tratam com uma rude falta de consideração e se sente repelida pelo típico homem bonzinho cuja delicadeza não lhe oferece modelo nenhum com o qual gerar atração.

No caso dela, a excitação sexual é tão espontânea quanto outras formas de desejo. Quando ela e Tomas fazem amor, um espelho reflete a imagem de seus corpos em cópula de volta para eles. Ao mesmo tempo observadores e objetos de observação, sua excitação é refletida e redobrada, obedecendo às mesmas leis triangulares do desejo metafísico. A excitação é predicada a partir da presença do modelo, que ilumina o corpo do amante e o torna estranho, novo e desejável.

Será que Kundera pretende ilustrar as leis do desejo imitativo? Será que ele esboçou deliberadamente essa geometria rigorosa de repulsa e de atração? No conto "O Dr. Havel Vinte Anos Depois", do começo de sua carreira, ele conceituou e definiu explicitamente o princípio imitativo. A mesma coisa vale certamente para *A Imortalidade*. Aqui, parece que os padrões surgem não como resultado de um projeto deliberado do autor, mas como efeito colateral. Esse é um dos segredos do modo romanesco de descoberta: nem sempre é a intenção de revelar o desejo imitativo que resulta em sua revelação. Antes, o romancista busca travar contato com a realidade de uma "situação", com o "ser". À medida que ele ou ela explora o reino concreto da interação humana, as estruturas imitativas surgem como as linhas de uma folha de papel-manteiga colocada contra uma lápide e rabiscada com lápis.

# capítulo 7
# no coração do labirinto

"O Dragão de Mil Cabeças"

Encontramos nosso caminho desde as passagens mais externas do labirinto de valores até as regiões mais sombrias, onde prevalecem o ciúme, o masoquismo e o erotismo violento. Vimos as várias maneiras como a imitação transfigura o mundo, primeiro delicadamente, salpicando purpurina sobre o objeto do desejo, e depois mais insistentemente. Por fim, o jogo autoprogramante toma conta, afastando a realidade, estabelecendo-se como pseudorrealidade substituta. Agora, seguindo o fio de Ariadne do desejo imitativo, chegamos ao coração do labirinto de valores.

Na maior parte deste estudo, concentrei-me na imitação como problema individual, de pequena escala. Analisei a maneira como Kundera descreve a interação entre dois, três, ou no máximo quatro personagens. Esses personagens terminavam em algumas situações básicas: a sincera disciplina influenciada por um mentor admirado; o modelo transformado em rival; o jogo de papéis que dá errado; e daí por diante. Agora eu gostaria de explorar o modo como Kundera retrata a mudança dessas situações privadas para uma forma mais ampla de conflito imitativo que envolve grupos inteiros e leva inexoravelmente à violência.

O mundo totalitário descrito por Kundera pode ser visto simultaneamente como regressão e caso-limite para as sociedades modernas, um futuro para o qual todas elas tendem em princípio, quando não na realidade. Os romances desenrolam-se na Tchecoslováquia comunista ou na Europa ocidental, que, durante boa parte da vida de Kundera, permaneceram separadas pela Cortina de Ferro. Apesar dessa separação, porém, o autor rejeita a ideia de que os dois mundos estão em oposição absoluta:

> Do ponto de vista político ou econômico, talvez. Mas, para um romancista, o ponto de partida é a vida concreta do indivíduo; e desse ponto de vista, a semelhança entre os dois mundos é igualmente impressionante. Quando vi os primeiros conjuntos habitacionais de baixa renda na Tchecoslováquia, achei que estava vendo a essência mesma do horror comunista! Na barbárie dos alto-falantes gritando idiotices musicais por toda parte, detectei a vontade de transformar indivíduos num grupo de cretinos unidos por um único ruído imposto de fora. Só depois fui entender que o comunismo estava me mostrando os traços comuns do mundo moderno na forma de uma caricatura hiperbólica.[1]

Enquanto escrevo estas palavras, estou sentado na cantina de um grande museu americano de arte. Música pop sai sem parar de caixas de som instaladas no teto, obrigando todos a falar mais alto caso queiram fazer-se ouvir por cima do barulho. Décadas antes de a música ambiente tornar-se comum na América do Norte, porém, ela já estava sendo despejada nos dormitórios comunistas como meio de doutrinação. O bloco oriental é um espelho premonitório em que se pode vislumbrar o futuro das sociedades ocidentais. A visão está longe de ser tranquilizante: a comuna institucionaliza

---

[1] Milan Kundera, "Diabolum". In: Kvetoslav Chvatik, *Le Monde Romanesque de Milan Kundera*. Trad. Bernard Lortholary. Paris, Gallimard, 1995, p. 245.

os efeitos niveladores do desejo imitativo autoprogramante, gerando não apenas uma arquitetura horrenda, mas também uma uniformidade desumanizante.

No pequeno texto acima, Kundera dá a impressão de que essa uniformidade é imposta de fora. Porém, como mostram seus romances, isso é verdade só em parte. As revoluções têm propriedades emergentes. Elas surgem como efeito agregado de muitas relações adversativas que ocorrem ao mesmo tempo. Pouco a pouco, à medida que modelo e discípulo se aproximam, o desejo cria pequenos circuitos fechados, dínamos miméticos que geram ainda mais energia. Quando a tensão cresce acima de certo limiar, a rivalidade deixa de ser um assunto apenas doméstico. A desordem política e as querelas privadas tendem a se misturar. As configurações locais são muito literalmente *coletivizadas*.

Em *A Vida Está em Outro Lugar*, Kundera ilustra o elo entre ressentimento individual e política revolucionária. Ao fazer isso, ele sugere como um poder cínico pode jogar com ódios privados para dar ares de insurreição espontânea a seu golpe de Estado, e, por sua vez, como os indivíduos usam o mecanismo político para seus próprios fins particulares. À medida que o golpe de 1948 se desenrola, Jaromil entra em discussão com seu tio, que descarta os acontecimentos como um mero *putsch* e zomba de Jaromil por falar de revolução: "Foda-se você e a sua revolução [...]. É fácil fazer uma revolução quando se tem atrás de si o Exército e a polícia e ainda por cima um grande poder" (p. 140). Jaromil responde com raiva: "E eu sempre soube que você era um explorador e que a classe operária acabaria por lhe cortar o pescoço" (p. 140). Kundera detém-se na raiva de Jaromil para deixar claro o elo paradoxal entre a aparente espontaneidade de sentimento e a absorção pela coletividade:

> [...] ele acabara de empregar palavras que frequentemente podiam ser lidas na imprensa comunista ou ouvidas da boca de oradores comunistas, mas que até então o repugnavam,

> como o repugnavam todas as frases estereotipadas [...]. Sim, é estranho: num momento de exaltação (portanto, um momento em que o indivíduo age espontaneamente, revelando como ele é na verdade), Jaromil renunciava à sua linguagem e preferia escolher a possibilidade de ser o intermediário de outro. (p. 141)

Jaromil torna-se um imitador no instante do sentimento mais intenso. Kundera ressalta o paradoxo imitativo fundamental: a vida *interior* (nossos sentimentos, nossas paixões, nossos estados de espírito) está inextricavelmente ligada ao mundo *exterior*. Um acesso espontâneo de raiva transforma Jaromil numa duplicata estereotipada: "tinha a impressão de fazer parte de uma multidão de mil cabeças de um povo em marcha" (p. 141). Sua participação na multidão fortalece-o: para revidar contra o tio (que dá um tapa na cara do sobrinho), Jaromil declara sua intenção de entrar para o Partido Comunista.

Desse modo, querelas privadas levam a acontecimentos históricos de grande escala (mesmo que sejam irrisórios como o golpe de 1948). Na mesma hora em que o ressentimento de Jaromil contra o tio motiva sua adesão à pseudorrevolução, a raiva juvenil contra pais, tios e outras figuras de autoridades produz resultados similares pelo país. O "dragão de mil cabeças" vai ficando cada vez mais forte à medida que cada uma de suas cabeças se tornar por sua vez o "meio" de uma força que transcende o indivíduo e dá à vida sentido e direção. Escreve Paul Dumouchel:

> [...] a erupção de conflitos privados, do ciúme, e de rivalidades pessoais no contexto da violência política, e também durante as guerras civis, os levantes sociais, os conflitos étnicos, e até as repressões estatais, não são nem um acidente, nem uma anomalia, mas um dos aspectos fundamentais dos conflitos políticos.

> A exploração da violência para fins privados indica que o mecanismo de transferência deixou de funcionar [...].[2]

Dumouchel enxerga na transferência voluntária da responsabilidade pela violência para uma autoridade centralizada o momento fundador constitutivo do Estado e o passo definidor da formação do contrato social. Cada indivíduo recusa livremente seu direito a revides violentos e confere ao Estado a responsabilidade por arbitrar disputas privadas. Num ambiente revolucionário, porém, a transferência de responsabilidade, em vez de evacuar a reciprocidade destrutiva da esfera privada, transforma-se numa arma que os cidadãos privados usam uns contra os outros: entregar os inimigos à polícia torna-se o meio mais eficaz de se vingar de um cônjuge infiel ou de um vizinho detestado.

Já testemunhamos esse entremeamento de violência privada e pública em *A Brincadeira*, cuja parte final assume a forma de uma fuga cada vez mais acelerada contra o pano de fundo do antigo festival de reis. Também vimos a multidão surgir em *A Lentidão* e em *A Identidade*, que concluem com cenas orgiásticas de coito coletivo, farsescas no primeiro caso, e dignas de pesadelo no segundo. *O Livro do Riso e do Esquecimento* também termina numa orgia. E em *A Ignorância*, Kundera volta à estrutura de quadrilha imitativa de *A Insustentável Leveza*. O livro termina com Gustav na cama com a mãe da esposa enquanto a esposa tem um intenso encontro sexual com um quase desconhecido num quarto de hotel. O discreto motivo de incesto coloca o clímax do romance na mesma categoria de cenas similares em livros anteriores. Esses finais dissolvem os limites culturais que normalmente organizam a vida humana. Obscuramente, eles recordam os ritos e os festivais de tribos antigas.

---

[2] Paul Dumouchel, *Le Sacrifice Inutile: Essai sur la Violence Politique.* Paris, Flammarion, 2011, p. 14.

O que vejo ocorrendo nos romances de Kundera, então, é um movimento coletivo que varre todos os casais duelando isolados e explora suas energias negativas. O ato seguinte do drama é também o último, pois, como René Girard mostrou em *A Violência e o Sagrado*, o último estágio na evolução do desejo imitativo é a aglomeração de ódios contra um bode expiatório. Isso por sua vez implica que a fronteira final da exploração romanesca é o enigma do sacrifício humano.

### "O Cimento da Fraternidade Delas"

Na sexta parte de *O Livro do Riso e do Esquecimento*, Tamina vê-se numa ilha de crianças, uma forasteira num mundo sinistro e infantilizante. A trama recorda o enredo de *Ferdydurke*, de Witold Gombrowicz, em que a narradora adulta vê-se de volta à escola, revivendo contra a vontade a adolescência. Porém, se Gombrowicz descreve o mundo da "colegial moderna" com humor grotesco, Kundera dá à sua fábula uma qualidade onírica que acentua o horror da aflição de sua heroína.

Inicialmente maior, mais forte e sexualmente mais desenvolvida do que as crianças, Tamina desempenha o papel da rainha, como se a prerrogativa da futura vítima fosse presidir sobre os perseguidores até o dia de sua execução. As crianças lavam-na e tocam-na (o tema da orgia aparece outra vez). Tudo parece bom, ainda que o espectro da rivalidade esteja à espreita: "[...] quanto aos que haviam se tornado amantes de Tamina, aumentava a hostilidade entre os que se sentiam protegidos e os que se sentiam repelidos. E todos esses rancores começavam a se voltar contra Tamina" (p. 213).

A fim de deter a má vontade nascente, ela participa das brincadeiras das crianças, que colocam dois times (o dela é o dos "esquilos") um contra o outro. Como ela é maior e mais forte, seu time invariavelmente vence. Os dois lados em disputa cumprem o papel dos duplos imitativos simétricos, sendo cada time uma cópia quase indiscernível do outro. Podemos recordar a dialética do jogo que dá errado, um dos recursos narrativos favoritos de Kundera, que apareceu em "*O Jogo da Carona*" e em *A Identidade*. Aquilo que começa como uma forma agradável de entretenimento logo assume vida própria. Os jogadores perdem o controle e o vaivém da troca de movimentos leva a uma escalada, com o resultado de que, em vez de os jogadores usarem o jogo para seus próprios fins (como meio de diversão e de prazer), os meios tornam-se fins em si mesmos, e é o jogo que usa os jogadores, levando-os em direções aonde nunca pretenderam ir.

Em *O Livro do Riso e do Esquecimento*, a estrutura do jogo que deu errado reaparece numa ordem de magnitude maior. Dessa vez, ela envolve vários jogadores. A natureza quase ritual da competição, com suas regras, seu protocolo e seus totens animais, aumenta a estranha semelhança com certas cerimônias arcaicas.

Lúcida demais para ficar genuinamente interessada por essas competições absurdas, Tamina recusa-se a levá-las a sério. Trata-se de um grave erro no mundo das crianças, que enxergam seus passatempos com a mesma seriedade com que uma tribo primitiva enxergaria seus rituais sagrados. Nesse contexto de competição exacerbada, o desejo imitativo conferiu uma importância tremenda àquilo que deveria ser um resultado totalmente insignificante. Vencer torna-se um dever solene. Quando o outro lado a acusa de roubar, Tamina nem se dá ao trabalho de discutir, e, escandalizados com sua apatia, seus companheiros de equipe acusam-na: "Os esquilos ficam furiosos, gritam para Tamina que ela é uma traidora, e um menino a empurra com tanta brutalidade que ela quase cai. Ela faz menção de bater neles, e para eles isso é o bastante, e se lançam sobre ela" (p. 214).

Tamina recusou-se a aderir ao valor máximo do grupo: a importância das rivalidades imitativas organizadas, nas quais ele se empenha incessantemente. Os outros só podem ver seu desinteresse por tudo aquilo que eles consideram mais interessante como uma provocação insuportável (qualquer pessoa que duvide da plausibilidade da situação dela pode simplesmente imaginar as consequências desagradáveis que viriam caso ela se sentasse no lado de uma torcida de um evento esportivo, como uma importante partida de futebol, usando as cores do outro time).

Ao primeiro sinal de resistência, a multidão, respondendo ao contra-ataque dela, junta-se com velocidade extraordinária e joga-se contra ela em uníssono. Ela luta, mas, apesar de sua força superior, eles logo a vencem pelo número: "uma pedra voa e atinge Tamina na testa, Tamina vacila, leva a mão à cabeça, o sangue escorre e as crianças se afastam" (p. 214). As crianças agora formam um único grupo, uma coalizão unificada. Os times fundiram-se numa única turba; ou melhor, ainda há dois times, mas um deles é composto de Tamina, e o outro de todas as crianças.

Em vez de executá-la, as crianças contentam-se em alvejá-la de longe.

No dia seguinte, ela está no dormitório, cercada por seus torturadores. A perseguição continua, desenrolando-se com a mesma formalidade semirritualizada dos jogos, como se escolher um bode expiatório fosse apenas mais uma fase de uma série de passos estabelecida de antemão:

> Ela é o alvo. Num canto, alguém grita: "Peitinhos, peitinhos!", todas as vozes repetem em coro, e Tamina ouve escandir este grito: "Peitinhos, peitinhos, peitinhos...".
>
> O que ainda recentemente era o seu orgulho e sua arma, os pelos negros do baixo-ventre e seus belos seios, tornaram-se alvo de insultos. Aos olhos das crianças, seu ser adulto se transformara numa coisa monstruosa: os seios eram absurdos como um tumor; desumano por

> causa dos pelos, o baixo-ventre lhes lembrava
> um animal. (p. 215)

Kundera descreve a inversão típica da polarização do bode expiatório. A transfiguração do desejo é uma via de mão dupla. Ela pode transformar Tamina numa rainha, exatamente como transformou a provinciana Christine numa rainha numa seção anterior de *O Livro do Riso e do Esquecimento*. E, quando a rivalidade se acirra, também pode transformá-la num monstro. Assim como Cristo chega a Jerusalém aclamado pela multidão e termina rejeitado e crucificado, Tamina passa de universalmente adorada a universalmente escarnecida. Entre a mulher que Havel compara a um cavalo de montar, as serpentes que Chantal vê em seu pesadelo, a criatura desumana que Tamina tornou-se aos olhos dos filhos, e o Minotauro no centro do labirinto de Creta, há uma diferença não de essência, mas de grau: a transfiguração operada pelo ódio e pelo medo engendra a feiura bestial.

O jogo continua, só que agora as regras mudaram. Tornou-se uma caçada, um jogo de todos contra um. As crianças não enxergam mais Tamina como um ser humano, mas como uma fera. Ela traz as marcas estereotípicas da vítima: é uma forasteira que aparece do nada na ilha; é fisicamente diferente das crianças devido a sua maturidade sexual; e se distingue por demonstrar sua indiferença pelas competições que se seguem. Não pode, então, ser um puro acidente que a multidão a escolha como sua adversária. Quando a hostilidade morna do grupo ferve, o menor traço distintivo pode bastar para atrair sua atenção. Além disso, Tamina (que antes de se tornar vítima mora com as crianças e é *infantilizada* do mesmo jeito que um animal pode ser *domesticado*) é ao mesmo tempo suficientemente semelhante aos outros membros do grupo para que a transferência da violência aconteça à suas custas, e suficientemente distinta para minimizar o risco de contágio. Uma vez que ela as tenha desafiado, as crianças não têm a menor dificuldade para transferir para ela as energias competitivas geradas pelas rivalidades sexuais.

Tamina torna-se o antagonista comum compartilhado pelo grupo inteiro das crianças, que, ao ostracizá-la, proclama sua solidariedade: "Agora estava acuada. Eles a perseguiam pela ilha, atiravam pedaços de pau e pedras nela. Ela se escondia, fugia e ouvia em todos os lugares o seu nome: 'Peitinhos, peitinhos...'" (p. 215). As crianças lançam paus e pedras mas também chamam Tamina por esse nome chulo, e os gritos delas chegam a seus ouvidos mesmo quando ela está fora do alcance de seus projéteis. Por se referir explicitamente a uma parte tabu da anatomia feminina, o nome derruba a proibição habitual de descobrir ou de nomear os seios de uma mulher, especialmente em termos tão vulgares. O epíteto marca Tamina como um ser grotescamente sexual, e as crianças lançam-no contra ela como uma imprecação ritual, como que tentando marcá-la como fonte de todos os infortúnios. Em *A Violência e o Sagrado*, Girard faz referência a um ritual tribal dinka: "O paroxismo no sacrifício dinka parece não se produzir com a própria morte, mas com as imprecações rituais que a precedem e que são consideradas capazes de destruir a vítima. Assim, como na tragédia, a vítima é imolada essencialmente por golpes verbais".[3] A narrativa de Kundera parece descrever o mesmo processo.

Por fim, as crianças capturam Tamina nas redes mesmas que antes eram usadas em seus jogos infantis de vôlei: "Agora ela está presa num embaralhamento de redes, se contorce, se debate, e as crianças a arrastam atrás de si aos berros" (p. 215). Essas redes embaralhadas significam a continuidade entre as competições organizadas e a caçada. Elas também simbolizam a confusão criada pelo colapso do arcabouço ritual da ilha, que se mostrou incapaz de canalizar as hostilidades do grupo. A infraestrutura sacrificial foi desmontada. Os objetos feitos para um propósito foram usados para outro, totalmente diferente. Por fim, as redes de vôlei ecoam certas passagens bíblicas, como o Salmo 124, em que a violência coletiva é

---

[3] René Girard, *A Violência e o Sagrado*. Trad. Martha Gambini. São Paulo, Paz e Terra, 1998, p. 127. (N. T.)

comparada a uma "rede de caçador". De fato, podemos enxergar o romance de Kundera como uma espécie de salmo, um drama de linchamento coletivo contado da perspectiva da vítima.

Na Paixão de Tamina, vemos Kundera forjando sua arte da narrativa onírica, que mais tarde ele empregará em *A Insustentável Leveza do Ser* e em *A Identidade*. Nesses romances, ele usa sonhos para explorar o enigma do ciúme. Aqui, o sonho lhe permite condensar motivos e elementos que o romance realista dispersaria em meio a detalhes concretos de um cenário cotidiano. Ao levar a ação para um reino imaginário, Kundera consegue superar os limites impostos pelo romance oitocentista, que permanece preso à necessidade de plausibilidade. A narrativa onírica dispensa a obrigatoriedade da descrição balzaquiana. Ela despoja o romance de seu elo com algum período histórico específico e assim permite a Kundera acessar as camadas mais ancestrais da cultura humana. A história de Tamina exibe a densidade semântica de um arquétipo e ao mesmo tempo um olho frio para detalhes importantes digno de um relatório etnológico. Desse ponto de vista, o *tour de force* de "Os Anjos" ressalta outra vez o elo fundamental entre forma e conteúdo: se Kundera não tivesse descoberto uma técnica que permitisse a costura inconsútil de sonho e realidade, ele não teria conseguido representar a violência coletiva com força tão concentrada.

Os gritos de vitória das crianças assinalam o fim de uma fase do jogo e o começo de uma nova. Ao contrário da maioria dos eventos esportivos, este tem uma propriedade única: todos são realmente vencedores. Todos gritam de alegria juntos. Claro que Tamina é a exceção à regra geral. Porém, por agora estar indefesa e não poder revidar, ela não representa uma ameaça. A violência perpetrada contra ela não vai gerar represálias. Ela absorveu o ódio do grupo como uma esponja superabsorvente.

Na fase inicial do jogo, a bola de vôlei que ia de um lado para o outro sobre a rede simboliza o vaivém da troca vingativa. Essa reciprocidade persiste após a captura de Tamina, mas sem sua força competitiva, tornando-se desprendida: em vez de bater a bola de um lado para o outro, as crianças agora generosamente compartilham a posse do objeto. Elas participam juntas da captura, e a oposição entre os dois times rivais dissolve-se no sangue e nas lágrimas da vítima:

> Tamina está presa nas redes embaralhadas, as cordas lhe esfolam a pele, e as crianças mostram umas às outras o sangue dela, suas lágrimas e suas caretas de dor. Elas a oferecem generosamente umas às outras. Ela se tornou o cimento da fraternidade delas. (p. 216)

Tamina é um dom dado ao grupo inteiro. Se de início ela era fonte de escândalo e de dissensão, agora, em seu papel de vítima, ela repara as divisões internas do grupo e une seus membros firmemente. Uma metáfora animal ilumina a perspectiva dos perseguidores: "O homem não se revolta porque se matam bezerros nos abatedouros. A lei dos homens não diz respeito ao bezerro, assim como a lei das crianças não diz respeito a Tamina" (p. 216). Seria exato dizer que as crianças que atormentam Tamina agem por motivos malvados. Como os açougueiros que matam vacas num abatedouro, eles não demonstram qualquer maldade particular contra a vítima, e não sentem nem culpa, nem ódio. Na verdade, é Tamina que as odeia, ao passo que elas sentem apenas uma grande alegria coletiva: "O desejo que sentem de fazer o mal é um desejo positivo e alegre, e pode-se com razão chamá-lo de alegria. Se desejam maltratar aquele que se encontra além da fronteira do mundo delas, é unicamente para exaltar seu próprio mundo e sua lei" (p. 255). É sobre e contra Tamina que o grupo reforça seu sistema de valores. Ela é ao mesmo tempo parte culpada e princípio da lei. De fato, até depois de sua captura, não havia menção da lei, como se a lei tivesse passado a existir com a designação do fora da lei, o processo do bode expiatório gerando ambos ao mesmo tempo.

Enquanto isso, a efervescência de emoções alegres marca a transição de uma primeira transferência negativa para uma segunda transferência positiva. A descida à rivalidade generalizada nunca chega realmente ao fim. Em vez disso, as acusações em cascata organizam a multidão de tal jeito que a rivalidade beneficia o maior número. A força mesma que rasga o tecido social em pedaços acaba costurando-o de volta. As exclamações de alegria da multidão abafam os gritos indefesos da vítima.

Esse momento de ebulição comum recorda a prática de comemorar a violência gerativa com um festival anual, que entroniza a vítima como benfeitora do grupo, fonte vital de saúde, de felicidade e de colheitas abundantes. Pode-se objetar que Kundera, em seu esforço de evitar o clichê do mártir inocente executado por perseguidores cheios de ódio, em certa medida força o paradoxo. Porém, se considerarmos a natureza do ato que acaba de acontecer, as palavras "alegre", "alegria" e o verbo "exaltar" parecem bastante apropriados. O grupo miraculosamente obtém a harmonia interna no momento mesmo em que o conflito ameaçava envolvê-lo. Ao mesmo tempo desordeira e salvadora, Tamina voltou a multidão de crianças contra ela para melhor curar suas divisões internas. O que poderia ser mais digno de festejar do que esse resultado feliz?

### As Duas Tentações

"Os Anjos" realiza a máxima vocação da arte moderna. Assim como *A Sagração da Primavera*, de Stravinsky, trata-se de um mito virado do avesso, uma meditação atordoante e perturbadora sobre aquilo que Kundera chama de "escandalosa beleza do mal" em *Os Testamentos Traídos* (p. 84). A presença nua do mal numa obra de arte não deve ser vista como indício de um fracasso moral dessa obra. Antes, ela deve ser vista como sinal de que a obra conseguiu resistir à tentação moralizante. Em *Os Testamentos Traídos*, Kundera deplora o tom de censura da crítica musical de Adorno, que tenta reduzir a arte de Stravinsky a uma expressão de violência desumanizadora. Porém, quando compôs *A Sagração da*

*Primavera*, Stravinsky procurou menos *expressar* do que oferecer um retrato implacável do sacrifício humano como realidade escandalosa da cultura arcaica. Os Dons Quixotes da crítica musical ficam do lado da vítima e se voltam contra a multidão, ao passo que os estetas nietzscheanos celebram o linchamento e refestelam-se na liberação triunfante de energias primitivas. Stravinsky não faz nem uma coisa, nem outra. Ele rejeita a perspectiva da multidão e seu ato abominável, mas também se recusa a usar a posição da vítima como pretexto para o tipo de indignação moral que responde à violência com mais violência.

É preciso um senso inequívoco de equilíbrio para andar entre essas duas perspectivas igualmente insuficientes. Num artigo que aponta a conexão entre Girard e Kundera, Thomas F. Bertonneau afirma que os romances de Kundera retratam o mecanismo do bode expiatório do ponto de vista não mítico da vítima:

> Observo que *A Brincadeira*, em particular, tem a forma de uma narrativa de perseguição; ou melhor, trata-se de uma narrativa de Paixão que revela como opera a perseguição, como uma brincadeira pode tornar-se, aos olhos dos perseguidores, uma ofensa criminosa. Todavia, em *A Insustentável Leveza do Ser*, a virtude também torna-se proscrita, e o protagonista, o médico, outra vez reencena a Paixão [...]. De certo modo, Kundera chega a associar a intuição artística à perseguição, mostrando como esse é um dos traços distintivos do século XX.[4]

Bertonneau afirma que Kundera tem a sua própria versão da "hermenêutica do bode expiatório": "O nome de Kundera para o

---

[4] Thomas F. Bertonneau, "Two Footnotes: On the Double Necessity of Girard and Gans". *Anthropoetics II*, jun. 1996. Disponível em: <www.anthropoetics.ucla.edu/AP0201/bert.htm>.

mecanismo novecentista do mecanismo do bode expiatório é 'o tribunal', termo que toma de *O Processo*, de Kafka".[5] Bertonneau aponta muito bem as similaridades entre a estrutura da religião arcaica como analisada por Girard e os processos políticos dos estados totalitários. Porém, sua abordagem traz um risco embutido. A fim de não desfazermos as ambiguidades do mundo ficcional de Kundera, devemos tomar cuidado para compreender *A Brincadeira* ou *A Insustentável Leveza do Ser* como mais do que meras narrativas de "virtude proscrita". Ao analisar o mecanismo político da expulsão, Kundera não diz nada sobre a extraordinária virtude das vítimas. Ele mostra, em vez disso, que todos os seres humanos, perseguidores e proscritos, compartilham a necessidade de um bode expiatório concreto e humano.

Em *A Brincadeira*, Ludvik recorda seu tempo na prisão no fim da década de 1940: "Estávamos, na realidade, às vésperas dos famosos processos políticos, e em muitas salas (do Partido, da Justiça e da polícia) muitas mãos se levantavam sem cessar para tirar dos acusados a confiança, a honra, a liberdade" (p. 109). A voz reflexiva[6] priva as mãos de um agente que as guie; elas se levantam por vontade própria, automaticamente, como se a intervenção de seus donos fosse supérflua. Em seu próprio pseudojulgamento, Ludvik fica no centro do labirinto como suplemento expulso, o inimigo dispensável (mas mesmo assim indispensável) contra o qual o grupo pode reafirmar seus valores e fortalecer seus laços:

> todos (uns cem, entre os quais meus professores e colegas mais próximos), é, todos, sem exceção, levantaram a mão para aprovar não apenas minha expulsão do Partido, mas além disso (o que eu não esperava em absoluto) a proibição de continuar os estudos. (p. 59)

---

[5] Ibidem.
[6] No original, voz passiva, por se referir à versão inglesa do texto: "*hands were [...] raised*". (N. T.)

Ludvik é a personificação da virtude proscrita, e a unanimidade da condenação confirma sua inocência. Teria sido fácil para Kundera usar o personagem e seu destino como meio de denunciar os "horrores do comunismo". Felizmente para seus leitores, a novela dispensa essa solução fácil. Nem os proscritos permanecem totalmente puros. Eles também dependem de bodes expiatórios para compensar os erros que seus semelhantes lhes impingiram. De fato, é por meio da experiência de Ludvik como perseguidor (e não como vítima) que Kundera reflete sobre a impossibilidade de congregar seres humanos contra abstrações. O ódio só pode ser concentrado, canalizado e expelido cataticamente contra um inimigo encarnado; em outras palavras, contra outro ser humano:

> O homem, essa criatura que aspira ao equilíbrio, compensa o peso do mal que lhe atiraram nas costas com o peso de seu ódio. Mas tente concentrar o ódio na pura abstração dos princípios, na injustiça, no fanatismo, na barbárie, ou então, se você pensa até que a própria essência do homem é detestável, experimente odiar a humanidade! Ódios como esses são sobre-humanos, e é assim que o homem, querendo descarregar sua cólera (cujas forças limitadas conhece), acaba por concentrá-la num indivíduo. (p. 303)

Ludvik fala por experiência pessoal. Ele próprio tem um bode expiatório: Zemanek, o responsável por sua expulsão da universidade. Seu ódio por Zemanek possibilita que ele mantenha um frágil equilíbrio. Sem um inimigo humano como alvo, seria tão certo que sua existência perderia sua estabilidade quanto é certo que a vida coletiva perderia qualquer semelhança de estabilidade que ainda guarde sem os Ludviks contra os quais hábeis manipuladores políticos como Zemanek mobilizam as energias ressentidas do grupo.

Quando encontra Zemanek ao fim do romance, Ludvik percebe que não conseguiria aceitar desculpas de sua nêmesis porque seu ódio de Zemanek desempenha um papel importante demais em sua existência:

> Como lhe explicar que não podia me reconciliar com ele? Como lhe explicar que ao fazer isso eu romperia meu equilíbrio interior? Como lhe explicar que um dos lados da minha balança interior seria bruscamente projetado no ar? Como lhe explicar que o ódio que tenho dele contrabalança o peso do mal que caiu sobre a minha juventude? Como lhe explicar que ele encarna esse mal? Como lhe explicar que tenho *necessidade* de odiá-lo? (p. 303-04)

Ludvik fala por si mas também fala pelo grupo, que precisa de inimigos para conter os conflitos internos; o ódio é a força negativa que possibilita a existência no labirinto caótico de valores. Só odiando alguém Ludvik consegue viver com a desgraça de sua expulsão do Partido na juventude. Seu ódio organiza sua vida e lhe dá sentido: ele armazena sua energia malévola para o momento em que ela será descarregada num ato de retribuição.

Em seu retrato de Ludvik, Kundera navega com sucesso entre as duas tentações a que me referi anteriormente. De um lado, ele evita imitar a perspectiva do grupo e alegar a culpa de Ludvik (diversos personagens de Kundera, incluindo o próprio Ludvik no momento de sua expulsão do partido – "acusando-me de inúmeras vilanias, acabei admitindo a necessidade de um castigo" (p. 59) –, mas também o jovem Alexej, identificam-se com o poder perseguidor e voluntariamente acusam a si mesmos). E, de outro, ele resiste a imitar a perspectiva de Ludvik, estruturada na vingança, e a pintar seu herói com tons autojustificadores e inocentes.

Nenhuma abordagem teria rendido resultados fecundos. Se Kundera tivesse criado um herói unidimensional, positivo, teria falsificado a essência da situação de Ludvik, que está na natureza arbitrária da perseguição política. O poder político distingue Ludvik com a expulsão do grupo não por causa de sua pureza excepcional, crística (essa seria a perspectiva romântica, exemplificada pelo Rousseau de *Devaneios do Caminhante Solitário*), mas por nenhuma razão de verdade além das três frases blasfematórias de um cartão-postal bobo, que denunciavam o otimismo como o ópio das massas e louvavam Trótski; seu destino parece mais absurdo do que trágico.

### "A Negação Absoluta da Merda"

A religião arcaica recontava a história de sua própria fundação como mito, exonerando o grupo à custa da vítima. Igualmente, o projeto político utópico pede um meio de velar a realidade da violência grupal, arte essa não apenas de distorção e de negação, mas também de esperança e promessa, que está para o julgamento-espetáculo assim como o mito ancestral estava para a "máquina de produzir deuses".[7]

Em *A Brincadeira*, Marketa toma o filme soviético *Tribunal de Honra* como modelo para sua atitude em relação a Ludvik, prestes a ser banido. No filme, um cientista russo entrega o segredo de um remédio milagroso a colegas estrangeiros (americanos), ato que o tribunal de honra que o julga equipara à traição. A vida imita a arte, nesse caso uma arte concebida com o propósito de celebrar o ponto de vista do grupo sobre e contra a suposta traição de um indivíduo. O filme ajuda Markéta a entender a situação de Ludvik e seu papel, justificando o que acontece na plenária em que amigos e professores votam por sua expulsão do Partido. Esses filmes preparam o caminho para atos de perseguição que de outro modo poderiam suscitar receios inconvenientes.

---

[7] A frase é de *As Duas Fontes da Moralidade e da Religião*, de Bergson, e me foi apontada por meu amigo Benoît Chantre.

Eles legitimam o comportamento que parece aberrante quando visto pelos olhos do narrador de Kundera.

Em *A Insustentável Leveza do Ser*, Kundera entremeia suas ideias sobre esse tipo de arte sem humor na narrativa, oferecendo reflexões sistemáticas, mas persuasivas, sobre o tema do "kitsch" em contraponto com a história da morte de Franz. No uso comum, o kitsch refere um tipo inferior de arte que gratifica gostos sentimentais, evitando qualquer envolvimento com as realidades desagradáveis da vida. Kundera desenvolve a ideia associando o kitsch à política e a movimentos políticos, que cobrem sua propaganda com o xarope da estética kitsch, apresentando uma visão de mundo tão aconchegante e tranquilizadora que ninguém em sã consciência poderia ter algo contra ela. Isso, é claro, justifica de antemão quaisquer medidas tomadas contra os indivíduos desequilibrados que, inexplicavelmente, discordam daquela relaxante visão utópica.

Kundera define o kitsch como "a negação absoluta da merda, tanto no sentido literal quanto no sentido figurado" (p. 244). Ele chega a essa definição por meio de um argumento teológico, sugerindo que o homem só percebeu o excremento como algo repulsivo após a queda e a expulsão do Paraíso: "o homem passou a esconder aquilo que o envergonhava" (p. 242). Ele associa a merda com a excitação sexual (os teólogos antigos, escreve, consideravam ambas incompatíveis com a noção mesma de Paraíso). A tentativa de criar uma utopia (paraíso na terra) leva logicamente à negação da merda, cuja presença seria uma refutação *de facto* do idílio comunista. Assim, o ideal estético dos arquitetos da utopia só pode ser kitsch, pois o kitsch "exclui de seu campo visual tudo o que a existência humana tem de essencialmente inaceitável" (p. 244).

O mais inaceitável de tudo é a violência grupal, cuja existência mesma o kitsch ignora. Nos Estados Unidos, Sabina encontra um senador americano que observa com um sorriso rapsódico quatro meninos brincando juntos num gramado. "É isso que eu chamo de felicidade", afirma ele, e Sabina facilmente o imagina como um político comunista dirigindo-se à multidão em seu país natal. Ela se pergunta: "Como o senador podia saber que as crianças significavam felicidade? Enxergaria dentro de suas almas? E se três dessas crianças, assim que saíssem de seu campo visual, se atirassem sobre a quarta e começassem a espancá-la?" (p. 245). É exatamente isso que acontece num episódio anterior de *A Vida Está em Outro Lugar*, no qual o jovem Jaromil e um amigo forçam outro garoto a tirar a roupa e em seguida o fustigam com urtigas. Jaromil tem "o sentimento grandioso de uma fervorosa amizade por seu companheiro"[8] e ódio pela vítima. As palavras e o sorriso contentes do senador negam a possibilidade de que essa violência possa estar à espreita atrás do quadro idílico de brincadeiras infantis. Para Kundera, essa negação é a precondição mesma da harmonia universal: "A fraternidade entre os homens não poderá ter outra base senão o kitsch" (p. 246) (à luz da análise precedente, essa afirmativa não pode deixar de recordar Tamina, que funcionou como "cimento" da fraternidade na ilha das crianças).

O kitsch expulsa de cena a vítima da violência da multidão, exatamente como os censores retiraram Vladimir Clementis da foto descrita nas primeiras páginas de *O Livro do Riso e do Esquecimento*. Além disso, ele bane a ideia mesma de que essa violência poderia acontecer, como Kundera deixa claro na passagem a seguir, profundamente irônica: "Nas telas dos cinemas, os tímidos apaixonados se davam as mãos, o adultério era severamente reprimido pelos tribunais de honra, formados por cidadãos comuns, os rouxinóis cantavam, e o corpo de Clementis balançava como um sino repicando pela nova manhã da humanidade" (p. 16). Enquanto o país enxuga os olhos nos cinemas, o julgamento-espetáculo de Slánský expurga supostos conspiradores e judeus, entre os quais o ministro das Relações Exteriores.

---

[8] O trecho deveria estar na p. 31 de *A Vida Está em Outro Lugar*, porém, na edição da Companhia das Letras, foi suprimido. A tradução dada aqui foi conferida com a versão francesa do livro. (N. T.)

Esse elo entre o cinema e a perseguição política é um fio discreto que corre por muitas das reflexões de Kundera sobre a estética da revolução. Por exemplo, ele associa o kitsch com os sentimentos catárticos suscitados por uma experiência comunitária. O kitsch produz lágrimas (cuja função, deve-se notar, é levar e *expulsar* matérias estrangeiras dos olhos), expressando a emoção provocada por algumas situações-padrão: passarinhos cantando, a pátria traída, crianças correndo na grama, e daí por diante. As lágrimas também correm, porém, porque todos choram *juntos*: "É preciso evidentemente que os sentimentos suscitados pelo kitsch possam ser compartilhados pelo maior número possível de pessoas. [...] O kitsch faz nascer, uma após a outra, duas lágrimas de emoção. [...] A segunda lágrima diz: Como é bonito se emocionar com toda a humanidade ao ver crianças correndo num gramado!" (p. 246). Essa descrição corresponde à experiência dos espectadores que veem um filme como o já citado *Tribunal de Honra*. O kitsch gera catarse, mas uma catarse branda, sem a ênfase adstringente dos gregos na morte e no destino, um momento "ah, que comovente" que faz com que nos voltemos uns para os outros com os olhos marejados. Na poética aristotélica do cinema soviético, atualizada para a era contemporânea, as emoções kitsch lacrimejantes seriam o mais excelso objetivo a que o cineasta soviético poderia aspirar, assim como o antigo dramaturgo almejava suscitar terror e piedade.

A metáfora da "merda", não inteiramente metafórica, funciona em vários níveis. Por exemplo, Kundera equipara o excremento com as vítimas humanas dos julgamentos-espetáculos e das perseguições: "Desse ponto de vista, aquilo a que chamamos 'gulag' pode ser considerado uma fossa séptica em que o kitsch totalitário joga suas imundícies" (p. 247). Assim como os animais definem os limites de seu território urinando ou defecando, os grupos humanos demarcam suas fronteiras com cadáveres. Em *O Livro do Riso e do Esquecimento*, o cadáver é um mero inseto, um parasita sugador de sangue que não quer se alinhar com o idílio kitsch: "Lá cada um é uma nota de uma sublime fuga de Bach, e quem não quer ser uma nota torna-se um ponto negro inútil e destituído de sentido, que basta apanhar e esmagar sob a unha como uma pulga" (p. 15).

Expulso do grupo, o mal habita o espaço além da fronteira; os encrenqueiros só podem reencontrar seu caminho de volta à comunidade a partir de fora:

> O professor de marxismo [de Sabina] explicava, a ela e a seus colegas, o postulado da arte socialista: a sociedade soviética já estava tão avançada que o conflito fundamental não era mais o conflito entre o bem e o mal mas o conflito entre o bom e o melhor. A merda (ou seja, o que é essencialmente inaceitável) só podia existir, portanto, "do outro lado" (por exemplo, na América), e era somente a partir de lá, do exterior, e somente como um corpo estranho (por exemplo, sob a aparência de espiões), que ela podia penetrar no mundo "dos bons e dos melhores". (p. 247)

O trecho recorda outra vez a trama de *Tribunal de Honra*, em que americanos colocam as mãos na fórmula do remédio miraculoso, ameaçando tirar o crédito da descoberta da comunidade científica soviética.

A análise de Kundera da opressão governamental faz aquilo que nenhuma abordagem sociológica ou histórica da questão pode fazer: ela apreende o totalitarismo a partir de um ponto de vista estético. Isso é profundamente original e é uma das grandes obras do autor. Ela também pode explicar por que a visão kitsch perturba-o muito mais do que a encarnação concreta e histórica do totalitarismo. Por exemplo, Sabina detesta a inocência açucarada do cinema soviético, que para muitos intérpretes encarna o ideal comunista:

> Essa interpretação revoltava Sabina. A ideia de que o universo do kitsch soviético podia se

> tornar realidade e que ela podia ser obrigada a viver nessa realidade lhe dava calafrios. Preferia, sem hesitar, a vida no regime comunista real, com todas as suas perseguições e suas filas na porta dos açougues. No mundo comunista real, é possível viver. No mundo do ideal comunista realizado, naquele mundo de cretinos sorridentes com quem ela não poderia ter o menor diálogo, teria morrido de horror em uma semana. (p. 248)

O mal em si não é tão impossível de se viver quanto a negação do mal. Mesmo assim, não é fácil explicar o horror de Sabina. Kundera compara-o ao horror sentido por Tereza em seu sonho de marchar em volta da piscina fazendo agachamentos e sendo "obrigada a cantar canções alegres" (p. 248). O que falta naquele mundo é alguma espécie de cumplicidade entre Tereza e as outras mulheres: "Não havia ninguém a quem ela pudesse dirigir um discreto piscar de olhos. Imediatamente teriam feito sinal ao homem em pé na cesta sobre a piscina para que ele a fuzilasse" (p. 248). Parece-me que o discreto piscar de olhos simboliza o humor e as brincadeiras em geral. Como as lágrimas produzidas pelo kitsch, o riso é também uma experiência compartilhada, mas que estabelece uma corrente telepática instantânea de entendimento. "Aprendi o valor do humor durante o tempo do terror stalinista", observa Kundera numa entrevista com Philip Roth. "Eu sempre conseguia reconhecer uma pessoa que não era stalinista, uma pessoa de quem eu não precisava ter medo, pelo modo como ela sorria."[9] Num mundo de idiotas sorridentes, há sorrisos largos mas nenhum humor genuíno que possa aliviar o fardo de se viver sob condições de outro modo insuportáveis.

Claro que hoje vivemos num mundo de riso nervoso e forçado, o "riso dos anjos", como diz Kundera em *O Livro do Riso e do Esquecimento*,

---

[9] Philip Roth, "Afterword: A Talk with the Author". In: *The Book of Laughter and Forgetting*, de Milan Kundera. New York, Penguin, 1987, p. 232.

que ressoa das risadas pré-gravadas de comédias televisivas, de plateias de talk shows, e das cordas vocais dos pacientes que fazem terapia do riso. Esse tipo de riso sem alegria é provocado deliberadamente por meios imitativos: o riso enlatado extrai as gargalhadas da plateia; os membros da plateia de talk shows sabem o que se espera deles e riem até chorar para o benefício das câmeras; os pacientes dão risadinhas, riem abafado, e enfim irrompem em gargalhadas histéricas porque o riso (assim como o bocejo) é contagioso e vem à superfície quando devidamente bombeado. Todos os dias, milhões de pessoas riem sem experimentar a verdadeira hilaridade, como o jovem estudante que Kundera recorda de seus dias na Escola de Cinema de Praga, cujo riso "tem o efeito de uma cópia entre originais" e que "só ria para não ser diferente dos outros" (*Um Encontro*, p. 26).

Oposto a esse riso criador de consensos é o sacrílego "riso do demônio" (p. 77). Nele "existe alguma coisa de mau (as coisas de repente se revelam diferentes daquilo que pareciam ser), mas existe nele também uma parte de alívio salutar (as coisas são mais leves do que pareciam, elas nos deixam viver mais livremente, deixam de nos oprimir sob sua austera seriedade)" (p. 77). Se levado longe demais, esse tipo de riso faz a vida parecer fútil, sem sentido. Portanto, ele a seu modo não é menos perigoso do que o riso dos anjos. Contudo, sem o riso do demônio, que produz uma minicatarse salutar, uma explosão de júbilo precisamente do mesmo tipo que os romances de Kundera muitas vezes provocam em nós, onde estaríamos? Provavelmente numa realidade sinistra e disneyficada, muito semelhante à do cinema soviético, ou dos *blockbusters* entorpecentes contemporâneos de Hollywood.

### Primeiro como Tragédia, Depois como Farsa

A versão moderna e política do antigo mecanismo descrito por Kundera faz um uso cínico das energias imitativas (basta que pensemos na maestria com que Zemanek manipula a multidão em *A Brincadeira*). Esse cinismo tem dois gumes. Nossa capacidade de colocar em funcionamento o mecanismo do bode expiatório a qualquer momento supõe uma consciência parcial dele, que enfraquece a transferência para a vítima designada e dificulta a polarização.

Nos romances de Kundera, um sinal de que a violência perdeu suas virtudes curativas é a apatia dos cidadãos. Assim que o fervor revolucionário inicial cede, para eles não faz muita diferença marchar nos desfiles de Primeiro de Maio ou condenar um vizinho à prisão. Para atiçar o apetite por violência do público, o regime comunista precisa recorrer à organização de massacres animais. Assim como a "Campanha das Quatro Pestes" iniciada por Mao Zedong no fim dos anos 1950, que incentivava a população chinesa a erradicar pardais, moscas, ratos e pernilongos, e que acabou causando grandes danos ecológicos, os massacres de animais tchecos não serviram propósito nenhum além de mobilizar a população contra um exército claramente definido.[10]

Em *A Valsa dos Adeuses*, um grupo de velhos fanáticos, entre os quais o pai de Ruzena, persegue cães numa cidadezinha soviética. Ruzena está sentada num banco quando vê uma van parar no meio-fio, seguida de um caminhão. Do caminhão, "chegavam a Ruzena os uivos e latidos de cães" (p. 97). Armados com redes presas à ponta de longas varas, os homens usam faixas vermelhas em volta dos braços para se distinguir como agentes oficiais da ordem pública. Eles realizam uma série de exercícios quase militares sob o comando do líder: "os senhores velhos, como uma legião de estranhos lanceiros, executaram muitas posições de sentido e de repouso. Depois o homem gritou outra ordem e o esquadrão de velhos lançou-se em passo de corrida para o jardim público" (p. 97). Kundera descreve a crueldade dos homens. Eles "deram grandes gargalhadas" (p. 98)

---

[10] Ver Jean-Michel Oughourlian, *Psychopolitics: Conversations with Trevor Cribben Merrill*. Trad. Trevor Cribben Merrill. East Lansing, Michigan State University Press, 2012.

enquanto puxavam um vira-lata capturado para o caminhão. Em seguida, arrancam um cachorro dos braços do dono, um garotinho em lágrimas: "Outros velhos precipitaram-se para ajudar o pai de Ruzena e arrancaram o cão dos braços do garoto. O menino chorava, gritava e se debatia, de modo que os velhos tiveram de torcer seus braços e tapar sua boca, porque seus gritos chamavam demais a atenção dos transeuntes..." (p. 99).

O que enxergar nesse episódio sinistro? Kundera deixa seus personagens interpretarem a cena. Pelos olhos de Ruzena, a caça aos cães torna-se uma metáfora da situação dela. Ela está presa entre um homem que a ama demais (Frantisek) e outro que a rejeita (Klima). Ela vê a si mesma como vítima, e imagina que os homens, enquanto tentam prender os cães, estão na verdade atrás dela.

Pelo olhar mais experiente e inteligente de Jakub, a cena assume um significado mais amplo. As táticas e os exercícios violentos e pseudomilitares dos homens parodiam a situação política de sua terra natal. Jakub consegue salvar um dos cães e, assim que traz o animal para um local seguro, reflete sobre a cena que acabou de testemunhar: "Os velhos senhores armados com longas varas confundiam-se, para ele, com os guardas da prisão, os juízes e os delatores que espionavam para ver se o vizinho falava de política quando saía para fazer compras" (p. 102). Ele se pergunta o que motiva os homens, e conclui que é o "desejo de ordem" (p. 102). Esse motivo aparente, contudo, é por sua vez apenas a camuflagem de uma compulsão mais profunda: "o desejo de ordem é o pretexto virtuoso pelo qual a raiva do homem pelo homem justifica suas sevícias" (p. 103). Como uma carga elétrica acumulando-se numa nuvem de tempestade, o ódio procura uma saída, humana em *A Brincadeira*, animal em *A Valsa dos Adeuses*. O desejo "positivo" de um espaço público limpo e ordenado não existiria sem um impulso subjacente "negativo". Em outras palavras, os agentes do controle animal agem não por orgulho cívico, nem por algum outro impulso virtuoso e bem-intencionado, mas sim pelo desejo de contrariar os outros e de tomar suas posses.

Isso por sua vez implica que os valores "positivos" – juventude, sentimento, alegria, fraternidade, transparência – são inseparáveis da "negatividade" da repressão totalitária: o tribunal, o julgamento-espetáculo, o ostracismo, o esquecimento organizado. Congregando-se em torno de ideais sagrados para justificar suas táticas, os justiceiros acusam suas vítimas de ter violado as regras do grupo: "Ele corria no parque!", grita um dos velhos do grupo de caçadores de cachorros. "Ele corria no playground, o que é proibido! Fez pipi na areia das crianças!" (p. 101). Os valores positivos são definidos por cima da vítima e contra ela, assim como foram em *O Livro do Riso e do Esquecimento*, em que a caça a Tamina permitia que as crianças exaltassem sua lei e comungassem umas com as outras. A referência ao ato de urinar recorda a definição de kitsch de Kundera como "negação da merda". Os velhos agem em nome de uma imagem kitsch, em nome das crianças "correndo na grama". Um dos justiceiros acusa Jakub: "Você gosta mais dos cachorros do que das crianças" (p. 101), grita, confrontando seu interlocutor com a escolha entre juntar-se ao grupo dos bons cidadãos ou tornar-se inimigo. Sua afirmação não tem sentido; afinal, as únicas pessoas que fazem mal às crianças, ou melhor, a uma criança bem específica, são os próprios caçadores de cães.

Jakub, porém, fica menos perturbado com os velhos do que com Ruzena, que, inicialmente como alguém que só olha, vai ajudar os justiceiros e tenta conter o cão: "A alma da multidão, que outrora se identificava com os miseráveis perseguidos, hoje se identifica com a miséria dos perseguidores. Porque a caça ao homem, em nosso século, é a caça aos privilegiados: àqueles que leem livros ou que têm um cachorro" (p. 103). As atitudes em relação à perseguição evoluíram ao longo do tempo. Nossa consciência cada vez maior de que as desigualdades sociais são injustas e não inevitáveis fez com que nossa preocupação passasse de um tipo de vítima para outro. Os gritos das multidões miseráveis abafam o choro da criança e os uivos do cão. As vítimas pertencem ao dito 1%, e assim os perseguidores agem a partir daquilo que lhes parece (ainda que não para o garotinho) um desejo justificado de igualdade; eles arrancam o cão do jovem proprietário com o sentimento virtuoso de que estão corrigindo um mal. Desse modo, a violência justifica-se como meio de consertar instâncias anteriores de opressão e de perseguição.

O romance de Kundera rejeita a perspectiva do enforcador. O narrador identifica-se obstinadamente com os "miseráveis perseguidos" contra a santarronice da indignação da turba. Como sugere a expressão "alma da multidão", os membros da turba perderam sua identidade individual e fundiram-se uns com os outros para formar um novo eu coletivo. Eles agem como um, com objetivo e visão comuns. Essa ideia recorda o "dragão de mil cabeças", ao qual, como vimos acima, Jaromil jura fidelidade em *A Vida Está em Outro Lugar*. A imagem do dragão, porém, possui certo poder terrível, por mais abominável que seja. Em *A Valsa dos Adeuses*, qualquer grandeza trágica que o drama outrora possuísse degenerou numa absurda autoparódia:

> Jakub pensou que em seu país as coisas não melhoravam e tampouco pioravam; mas que se tornavam cada vez mais ridículas: recentemente fora vítima da caça do homem, e na véspera assistira a uma caça aos cães, como se fosse ainda e sempre o mesmo espetáculo com outra formação. Os aposentados desempenhavam ali o papel de juízes de instrução e de guardas; os homens de Estado presos eram interpretados por um bóxer, um vira-lata e um *basset dachsund*. (p. 138)

A História monta a tragédia política como farsa da segunda vez. O grupo busca arrancar o mal pela raiz de modo a passar do labirinto de valores para um mundo de clareza cristalina. Porém, a cada vez que o mecanismo é posto em funcionamento, seu poder catártico de expulsão diminui. Em *A Insustentável Leveza do Ser*, a imagem do tanque séptico evoca um mecanismo de bode expiatório que funciona mal, uma catarse desvairada, que resulta numa multiplicação vertiginosa de vítimas, ao passo que em *A Valsa dos Adeuses* os ciclos repetitivos de vingança borram as distinções entre os culpados e os inocentes: "É sempre a mesma vingança", diz Jakub a Olga. "Quando prenderam seu pai, as prisões estavam cheias de pessoas enviadas pela revolução, na sequência da primeira onda de terror. Os detentos reconheceram nele um dirigente comunista, na primeira oportunidade atiraram-se sobre ele e o espancaram até que ele perdesse os sentidos. Os guardas observaram a cena com um sorriso sádico" (p. 84).

Jakub tem dificuldades para distinguir entre perseguidores e perseguidos porque a linha que separa os dois grupos está sempre mudando de lugar: os enforcadores viram prisioneiros e os prisioneiros viram enforcadores. Desde que a fronteira permaneça clara, a vitimação pode gerar um front comum. Porém, quando ela começa a ficar borrada, como ficou para Jakub, os valores começam a parecer ambíguos, arbitrários. Todos se veem num labirinto caótico. Talvez essa ausência de valores estáveis explique por que Jakub, que assassina Ruzena por um ato de omissão, não sente remorso por seu crime: "Raskolnikov viveu seu crime como uma tragédia e acabou sucumbindo ao peso do seu ato. E Jakub espanta-se que seu ato seja tão leve, que não pese nada, que não o acabrunhe" (p. 226-7). Num mundo em que o inimigo (o mal personificado) está mal definido ou é impossível de identificar, a diferença entre certo e errado fica borrada: o labirinto é um lugar não apenas de desejo imitativo, mas também de absoluto relativismo moral.

# capítulo 8
# o repúdio ao modelo

### O Sorriso de Eduardo

O desejo imitativo transfigura o objeto. Talvez seja essa a lição central da ficção de Kundera e também deste livro. A seu modo, a turba de crianças que persegue Tamina é tão iludida quanto o jornalista de "O Dr. Havel" ou quanto Ludvik, em *A Brincadeira*. Ela enxerga sua própria violência como algo justificado pela grave ameaça que a vítima (que a multidão percebe como monstro) apresenta à ordem e à segurança públicas. Das muitas transfigurações operadas pelo desejo, esta é a suprema. Os membros do "dragão de mil cabeças" estão mais profundamente imersos na ilusão, mais alienados de si mesmos e da realidade, do que qualquer um dos outros personagens no mundo ficcional de Kundera.

Em "O Dr. Havel", praticamente todos, exceto o jornalista, estão cientes da falta de beleza de Frantiska. Igualmente, no episódio de Christine de *O Livro do Riso e do Esquecimento*, a ilusão é cercada, limitada a uma única pessoa. A partir daí, ela se espalha. Ela infecta casais (Agnès e Laura em *A Imortalidade*; Jean-Marc e Chantal em *A Identidade*) e pares de casais (os quatro personagens principais de *A Insustentável Leveza do Ser*). E, nas seções de *O Livro do Riso e do Esquecimento* que contam a jornada de Tamina à ilha das crianças, a ilusão tornou-se unânime, onipresente.

A ilusão estende-se a quase todas as partes do mundo que os romances de Kundera descrevem. Há algumas áreas, porém, que ela não pode alcançar. Há momentos, a maioria na conclusão, em que os personagens, como alpinistas que, olhando para baixo, veem de um pico elevado uma paisagem coberta de neblina, atingem uma perspectiva tão livre de ilusão quanto a visão do próprio romancista. Alguns poucos protagonistas privilegiados deixam para trás o desejo triangular. Eles vivem uma experiência de desilusão *radical* que inverte o encanto do mediador e mostra o objeto outra vez em seu estado de nudez, sem no entanto abolir a "memória do desejo" a que Eva Le Grand se referia no título de seu livro sobre Kundera.

O protagonista que tanto vê o mundo claramente quanto se lembra como era apreendê-lo de modo equivocado está à altura do romancista. Para tornar-se romancista, é necessário *ter se iludido anteriormente*. O romancista é alguém que primeiro percebeu Frantiska como uma beldade e depois percebeu tanto que ela não era quanto *por que acreditou que fosse*. Ele vê de maneira retrospectiva que esses desejos lhe foram sugeridos pelo modelo, que eles não se originaram dentro dele, nem derivaram das qualidades inatas do objeto. Ele compreende o papel desempenhado pelos Havels e pelos Zemaneks em sua vida.

O primeiro personagem da obra de Kundera a despertar do transe mimético é o protagonista de "Eduardo e Deus", a história que coroa *Risíveis Amores*. Eduardo é mais inteligente e maior conhecedor de si do que o jornalista de "O Dr. Havel Vinte Anos Depois". Assim como o infeliz jornalista, porém, ele carece de raízes existenciais. Ele não sabe nem no que acreditar, nem a que grupo pertence, e parece feliz por conformar-se a seu ambiente, qualquer que seja. O drama do conto deriva de sua incapacidade de manter separados contextos superpostos, de modo que as demandas que cada qual faz sobre ele não podem ser reconciliadas.

O primeiro desses contextos é religioso. Eduardo está apaixonado por Alice, que é católica. Ele a acompanha à igreja, e ali ele *imita* as pessoas à sua volta: "ele cantou com os outros um cântico religioso de cuja melodia lembrava-se vagamente e cuja letra ignorava.

Decidiu então substituir as palavras por diversas vogais, e atacava cada nota com uma fração de segundo de atraso, já que não conhecia muito bem a melodia" (p. 202). Quando algumas senhoras ajoelham-se para rezar, Eduardo "não pôde resistir à tentação e também se ajoelhou" (p. 203).

Infelizmente, a diretora da escola em que Eduardo é professor o vê saindo da igreja com Alice. Como boa marxista, ela desaprova, e interroga Eduardo na manhã seguinte. Ainda que ele arrume uma desculpa ("Fui conhecer o interior barroco da catedral", p. 204), suas tentativas ostensivas de convencer Alice de que ele realmente crê acabam por comprometê-lo, e ele é levado ao comitê disciplinar da escola.

Esse é o segundo contexto, o contexto marxista, ao qual Eduardo conforma-se com a facilidade com que se conformou ao primeiro. Cercado por membros da equipe e por professores, todos desconfiados, Eduardo percebe que, em nome da conveniência, precisa fingir confessar tudo. Numa bela paródia do julgamento-espetáculo stalinista, ele "admite" acreditar em Deus. Sua confissão desperta a indulgência da diretora. Ela se interesse pessoalmente pelo caso dele e, como ele acaba percebendo, deseja que ele a seduza.

Eduardo está em algum ponto entre o jovem jornalista perdido no labirinto de valores e Havel, mestre da manipulação. Ele continua "cheio de si" (p. 222), como o jornalista, mas tem a audácia de destapar os olhos alheios. Exibindo a bipolaridade típica da mediação dupla, ele age "com [...] segurança juvenil (exagerada num dia, no outro minada pela dúvida" (p. 213), seus ânimos mudando de acordo com as pressões externas de cada momento.

Logo ele começa a seduzir a diretora, convencido de que pode se livrar da situação desconfortável na escola. Nesse ínterim, Alice fica sabendo da reeducação de Eduardo pelas mãos do comitê escolar. Acreditando que ele é um mártir, ela decide entregar-se para ele. E assim Eduardo acaba possuindo as duas mulheres.

Porém, aquilo que deveria ter sido uma vitória estonteante acaba em derrota. Eduardo fica chocado com a facilidade com que a devota católica abandona sua castidade. Ele fica igualmente perplexo com o modo como a diretora, no calor da paixão, abandona suas convicções marxistas e, por ordem sua, ajoelha-se diante dele e reza.

À medida que o fim da história se aproxima, sua perplexidade vai levando ao reconhecimento de si. Eduardo não tem convicções, exceto a certeza orgulhosa de que, num mundo em que os outros aderem firmemente (e cegamente) a suas crenças, somente ele pode com indiferença pular de uma convicção a outra. Ele tira sua sensação de superioridade de sua capacidade de enganar essas criaturas unidimensionais. Em seguida ele descobre que Alice e a diretora são antes conformistas do que verdadeiras crentes: "e viu de repente que todas as pessoas com quem convivia naquela cidade eram na realidade apenas linhas absorvidas por uma folha de mata-borrão, seres com atitudes intercambiáveis, criaturas sem substância sólida" (p. 232).

Em que sentido, precisamente, as pessoas em torno de Eduardo são cópias intercambiáveis umas das outras? O totalitarismo é fundamentalmente cismático e duplo. Lá no fundo, ateu e crente possuem motivações idênticas. Olham-se com hostilidade, e é esse o fator determinante em suas respectivas crenças. A negatividade precede e engendra a convicção marxista. A religiosidade de Alice, assim como a religião substituta dos marxistas, baseia-se em negar o Outro, o duplo mimético. Trata-se de uma *ideologização* da religião e não a coisa mesma:

> Assim como a diretora queria estar do lado *bom*, Alice queria estar do lado *oposto*. A loja de seu pai fora nacionalizada durante os chamados dias revolucionários, e Alice detestava aqueles que lhe fizeram esse mal. Mas como poderia manifestar seu ódio? Deveria pegar uma faca e ir vingar seu pai? Não havia esse costume na Boêmia. Alice tinha um meio

> melhor de manifestar sua oposição: começou a
> acreditar em Deus. (p. 204)

O espírito de vingança governa o mundo totalitário. As verdadeiras divindades não são nem marxistas nem cristãs, mas sim rivais transfiguradas pelo ódio. Nesse universo de falsa transcendência, pouco admira que Eduardo, que é mais lúcido do que as pessoas em torno, não consiga levar nada nem ninguém a sério. Ele ri por dentro de Alice e da diretora, e sua falta de seriedade o eleva acima delas, ou ao menos é isso que ele pensa. Em seguida, ele percebe que o tempo inteiro copiou-as servilmente. Como resultado dessa percepção, vivencia uma queda que de maneira brutal e abrupta altera o modo como ele entende sua própria relação com o desejo imitativo:

> [...] mas o que era pior, bem pior (pensou em seguida), era que ele próprio não passava da sombra de todos esses personagens-sombras, pois esgotava todos os recursos de sua inteligência com o único objetivo de se adaptar a eles e imitá-los, e por mais que os imitasse rindo internamente, sem levá-los a sério, por mais que se esforçasse desse modo para ridicularizá-los em segredo (e para justificar assim seu esforço de adaptação), isso não mudava nada, pois uma imitação, mesmo maldosa, continua sendo uma imitação, mesmo uma sombra que escarnece continua sendo uma sombra, uma coisa secundária, derivada, miserável. (p. 232)

Eduardo reconhece sua semelhança com os outros, abolindo a distinção entre um Eu abstrato (imune à influência dos pares) e um Rebanho igualmente abstrato (os "personagens-sombras" que ele conheceu na cidade). Ele reinterpreta suas poses piedosas e sua falsa sinceridade, que de início lhe pareciam uma esperta estratégia de manobra, como sintomas do desejo derivativo.

Sob muitos aspectos, Eduardo se parece com o narrador de "Ninguém Vai Rir", primeiro conto da coletânea, que se vê expulso da escola em que é professor de história da arte. O narrador anterior acredita, como Eduardo, que pode controlar e manipular os outros. No primeiro caso, porém, a queda da conclusão não muda nada. O protagonista enxerga seu destino com ironia divertida e despreocupada, e no fim conclui que sua situação é antes cômica do que trágica. Sua capacidade de rir pesarosamente de seu infortúnio consola-o daquilo que perdeu, mas isso é tudo. Kundera aponta para a gênese da distância irônica entre narrador e protagonista, mas os momentos finais do conto carecem da gravidade de um despertar pessoal.

Na história posterior, por outro lado, Eduardo é consumido pela melancolia. A conclusão, em que ele rompe com Alice e lamenta sua decisão, ainda que não exatamente trágica, pressagia a trágica história de amor de Ludvik e Lucie em *A Brincadeira*. Se, nos primeiros contos, o leitor aprecia o virtuosismo e o empenho cômico de um jovem autor excepcionalmente talentoso, nesse conto de conclusão já é possível detectar a mão do mestre maduro.

A história termina com um epílogo estranho e místico. Muitos anos se passaram desde as aventuras de Eduardo com Alice e com a diretora. Eduardo adquiriu o hábito de se sentar sozinho na igreja, não por ter passado a crer, mas simplesmente pelo prazer da solidão. Ali, ele medita nostalgicamente sobre a ideia de Deus. Para Eduardo, "Deus é a própria essência" (p. 234). Eduardo nunca conseguiu encontrar nada essencial em sua vida amorosa, em sua carreira, ou em suas ideias, mas, apesar de si mesmo, não consegue deixar de querer que o absoluto existisse:

> É por isso que Eduardo sente necessidade de Deus, pois somente Deus está livre da obrigação de *parecer* e pode se contentar em *ser*; pois só Ele constitui (só Ele, único e não existente) a antítese essencial deste mundo

> que, quanto menos essencial, tão mais existente é. (p. 234)

O vocabulário filosófico sartreano contrapõe dois modos de existência. O primeiro se desenrola diante dos olhos dos outros, para os quais é preciso manter as aparências. Em termos girardianos, esse é o mundo do desejo imitativo. O segundo modo de existência representa a antítese do primeiro e o transcende. Trata-se da "transcendência vertical", o desejo puro, libertado das pseudoessências contingentes.

Eduardo está na igreja, refletindo tristemente sobre a inexistência de Deus, quando é súbita e inesperadamente visitado pelo absoluto mesmo que desesperara de encontrar:

> [...] Eduardo está sentado num banco de madeira e se sente triste com a ideia de que Deus não existe. Mas, nesse instante, sua tristeza é tão grande que ele vê emergir de repente, de suas profundezas, o rosto real *vivo* de Deus. Vejam! É verdade! Eduardo sorri! Sorri, e seu sorriso é feliz... (p. 234-35)

No momento mesmo em que perdeu as esperanças, Eduardo encontra a saída do labirinto e fica frente a frente com a transcendência autêntica, ao contrário da transcendência pervertida da imitação compulsiva. Ainda que o tom do narrador seja um tanto cáustico, não há motivo para descartar o final como mero floreio irônico. A ambientação na igreja é significativa, pois foi ali que Eduardo imitou Alice e os demais católicos. Após ter chegado à desalentadora percepção de que ele não passa de um imitador das pessoas à sua volta, as quais por sua vez são apenas imitadoras umas das outras, Eduardo (que dessa vez está sozinho na igreja, sem ninguém por perto para imitar) vivencia uma felicidade serena, nascida do divórcio do mundo das aparências superficiais.

A conclusão de "Eduardo e Deus" marca a primeira vez na coletânea em que um personagem toma consciência de que imita modelos indignos. Kundera inicialmente publicou os contos de *Risíveis Amores* em três cadernos diferentes. Depois, juntou-os para publicação e embaralhou sua ordem, tirando enfim três dos dez textos originais.[1] Penso que ele colocou "Eduardo e Deus" no final de propósito. O momento místico na conclusão do conto pode ser lido como exemplo de "tempo redescoberto", ou, como diria Girard, de "conversão romanesca". A estrutura da experiência se parece com a metamorfose criativa descrita no último volume de *Em Busca do Tempo Perdido*, de Proust. Apesar de seu modo predominantemente cômico, a história chega até a transmitir um frêmito de graça proustiana. O modo como o sorriso de Eduardo surge das profundezas de sua tristeza espelha em miniatura o padrão de morte e ressurreição que encontramos em *O Tempo Redescoberto*: uma sensação de futilidade vem pouco antes da felicidade e da iluminação.

Esse sorriso retorna, muito depois na obra de Kundera, nos lábios de Karenin, a cachorra moribunda. O encontro místico (mas não sério) de Eduardo com Deus é ecoado nas recordações quase proustianas de Karel em *O Livro do Riso e do Esquecimento*, e outra vez na experiência mística completa contada na quinta parte de *A Imortalidade*, em que a morte e o exílio coincidem com a libertação.

## Do Ódio à Compaixão

A renúncia ao desejo triangular leva a uma mudança nos relacionamentos com os outros. O objetivo que motivava o esforço do protagonista começa a parecer uma miragem. Quando isso

---

[1] Ver "Biographie de l'Oeuvre", de François Ricard. In: Milan Kundera, *Oeuvre*, vol. 1. Paris, Gallimard, 2011, p. 1, 408-09.

acontece, o mundo do desejo desaba. Todos os valores do protagonista são trocados por seus opostos: o ódio dá lugar ao amor; a vingança, à compaixão; e a negação, à lembrança. Essa mudança é belamente ilustrada em *A Brincadeira*. Os críticos de Kundera e até o autor mesmo resistem à ideia de que a transformação de Ludvik Jahn possa sob qualquer aspecto assemelhar-se às conversões redentoras encontradas em Dostoiévski ou em Stendhal. Porém, se nos voltarmos para as evidências textuais, veremos que sim. Como afirma Girard em *Mentira Romântica e Verdade Romanesca*, todas as conclusões romanescas são fundamentalmente semelhantes, e sua unidade se fundamenta na superação do orgulho e do autoengano.

*A Brincadeira* termina com alguns minutos fugidios de comunhão. O projeto de sedução de Ludvik deu errado e ele se vê no festival de sua cidadezinha, com os adereços folclóricos que o recordam de sua juventude. Ali ele pega a clarineta e toca com a banda local, cujos membros são seus antigos amigos de infância. Diante de uma plateia ruidosa, cujos gritos abafam sua performance, os músicos amadores continuam tocando, como os últimos portadores de uma tradição folclórica destinada à extinção.

A cena é especialmente pungente porque ecoa um momento anterior do romance. Anos antes de sua trama para conspurcar Helena, imediatamente após sua expulsão da universidade, Ludvik toma o trem para casa. Ali ele esbarra com seu amigo Jaroslav, que está prestes a se casar e pede ao aluno excomungado que seja seu padrinho. Na festa de casamento, recorda Ludvik, "quando Jaroslav me pediu (enternecendo-se com a lembrança da minha participação ativa em nossas reuniões de outrora) para empunhar uma clarineta e me sentar com os outros músicos, recusei" (p. 60-1). Não apenas as memórias de tocar lado a lado com Zemanek em desfiles de Primeiro de Maio enojam-no, como ele não consegue deixar de reparar que, enquanto Jaroslav faz questão de mostrar que abraça os antigos costumes folclóricos, ele expurga seus motivos bíblicos, só para ser politicamente correto.

Agora, anos depois, Jaroslav outra vez oferece a Ludvik um lugar na banda. Os dois amigos afastaram-se, mas Ludvik percebe que quaisquer diferenças provocadas por seu afastamento não significam nada. Dessa vez, ele aceita o convite. Coloca a amizade à frente da abstração das diferenças políticas.

Como explicar essa atitude peculiar, que parece tão destoante? No comecinho mesmo do livro, Ludvik cinicamente descreveu sua missão de destruição e confessou ter desejado executá-la em sua cidade natal para evitar a suspeita de que voltava a ela "sob o efeito de um enternecimento piegas em relação ao tempo perdido" (p. 9). Ao fim do romance, porém, ele deixou de olhar o passado com rancor, e a mudança o impressiona tanto quanto a nós: "De onde vinha essa queda súbita das barreiras que durante quinze anos me proibiram a evocação feliz da juventude passada no conjunto com címbalo e os retornos regulares e comovidos à minha cidade natal?" (p. 341). Tendo começado a reconhecer o papel que Zemanek desempenhara em sua vida, ele especula que seu renovado interesse pelos antigos costumes folclóricos possa vir de um desejo de contradizer seu rival, que escarnecia deles:

> Seria por ter ouvido, algumas horas antes, Zemanek debochar da Cavalgada dos Reis? Seria possível que *ele* tivesse me inspirado a repulsa pela canção popular e que agora também *ele* a tivesse devolvido pura a mim? Seria eu apenas o centro de uma agulha de bússola e ele a ponta? Estaria eu ligado a ele de maneira tão ignominiosa? (p. 341)

O ódio que Ludvik sente por Zemanek é tanto que ele o imita compulsivamente, mas de maneira negativa. Em vez de ser atraído para aquilo de que Zemanek gosta, ele deseja precisamente o que seu rival abomina, e abomina aquilo de que o rival gosta. Eduardo imitou as senhoras da igreja de maneira dócil e humilde; ajoelhou e rezou após vê-las fazendo o mesmo. A imitação de Ludvik é muito mais rebelde do que orgulhosa, mas mesmo assim é uma imitação, e ele sabe disso. De fato, ele já reconheceu que seu desejo de possuir Helena foi integralmente determinado por seu ódio por Zemanek. Ele vê, ou ao menos quase vê, até que ponto permitiu que o ex-amigo dominasse sua vida.

Essa nova percepção é evidente no remorso sentido por ele por ter maltratado Helena. Ele descreve o relacionamento deles num linguajar que evoca a lapidação, como se a esposa adúltera fosse ela própria o míssil com o qual Ludvik deveria ter destruído seu rival: "[...] ela era inocente em relação a mim e eu tinha agido de modo baixo, transformando-a numa simples coisa, numa pedra, que eu quisera (mas não soubera) atirar em outra pessoa" (p. 312). Para alguém que permanece sob o encanto do mediador, Ludvik entende sua própria situação extremamente bem. Isso implica que, enquanto a influência de Zemanek pode ainda estar operando, ela está em rápido declínio. Em outras palavras, existe uma explicação melhor para o amor que Ludvik volta a sentir por sua cidade natal, e também por sua disposição de juntar-se à banda de címbalos. Como uma peça musical que se modula de um tom menor para um maior, a rivalidade começou a ceder à amizade. Ludvik está no processo de repudiar o modelo, e os efeitos já podem ser sentidos:

> Não, não era apenas graças ao deboche de Zemanek que eu podia de repente amar de novo esse mundo [de roupas folclóricas, de canções, e de bandas de címbalo];[2] podia amá-lo porque essa manhã eu o reencontrara [...] na sua pobreza e sobretudo na sua *solidão*.[3] (p. 341)

---

[2] O trecho entre colchetes consta da versão inglesa, mas não do original francês, nem da tradução brasileira. No entanto, Kundera diz que a versão inglesa utilizada é a versão de seu livro neste idioma. (N. T.)

[3] Na tradução inglesa, "*abandonment*" no lugar de "solidão"; no texto francês, temos "*solitude*". (N. T.)

O mundo da música folclórica outrora servia a fins políticos. Agora, ele não passa de um vestígio de seu eu antigo, o vestígio de um vestígio. Deixado no meio do caminho, tornou-se um refúgio no coração mesmo do labirinto do desejo, uma ilha de paz e de beleza em meio à feiura em torno, assim como o castelo em *A Lentidão* ou o miosótis que Agnès segura no final de *A Imortalidade*. Ludvik reconhece que esteve atado a Zemanek, que agia como seu modelo-rival. O "não, não era apenas graças ao deboche de Zemanek..." que ele pronuncia representa um momento libertador de descolamento, não apenas do homem que ele jurara destruir mas também do homem que fizera esse juramento, o Ludvik vingativo consumido pelo ódio.

Claro que não há existência sem mediação. Quando renunciamos a um mediador, outro toma o seu lugar. A única questão é: qual? No fim dos romances de Kundera há sempre uma presença serena e pacífica que assume o papel do novo guia. Em "Eduardo e Deus", é o sorriso de Deus, irradiado no silêncio e na solidão da igreja vazia. Em *A Insustentável Leveza do Ser*, como veremos em breve, a presença de animais amigáveis infunde uma doçura inocente à conclusão. Aqui, é o líder da banda que se torna um modelo positivo, instilando sua energia no resto do grupo:

> Jaroslav se transformava na alma de todos nós, e eu admirava o músico maravilhoso escondido nessa espécie de gigante que, igualmente (e acima de todos os outros), era um dos valores devastados da minha vida; ele me tinha sido roubado e eu (para meu grande pesar e vergonha) deixara que ele fosse arrebatado, apesar de ele ter sido talvez meu mais fiel, meu mais ingênuo,[4] meu mais inocente companheiro. (p. 344)

---

[4] Em inglês, "*guileless*"; em francês, "*ingénu*"; no contexto, teríamos "franco". (N. T.)

À medida que os gritos da plateia ficam mais altos, o círculo de músicos forma um "recinto protetor" (p. 346) em que as canções folclóricas tradicionais ainda vivem, dando a Ludvik a fugidia sensação de que encontrou um lar, um lugar em que as contradições são dissolvidas, em que as coisas mantêm seu sentido e sua solidez. Infelizmente, a reunião mostra-se curta. Jaroslav fica pálido e para de tocar: está tendo um ataque do coração. Kundera recusa-se a obedecer às convenções. Desfaz o final feliz e solapa a reconciliação do protagonista com o mundo sugerindo que sua vida vai continuar bem parecida com o que era antes.

Porém, até a calamidade final ressalta o quanto a visita de Ludvik à sua cidade natal transformou-o. À medida que o romance se aproxima do fim, o cínico vingador inesperadamente vê-se no papel de um compassivo cuidador: "[...] constatei com pavor que essa viagem à minha cidade natal, em que quisera atingir o odiado Zemanek, levava-me, para terminar, a carregar nos braços meu companheiro prostrado" (p. 348). Ainda que o senso de perda que permeie as últimas páginas equilibre e talvez supere o consolo que ele obtém, Ludvik chega a entender que decepcionou a mulher que o amava, livra-se do ódio por Zemanek, e se reúne com seus antigos amigos. Ele renuncia a seus projetos vingativos assim como Dom Quixote renunciou a ser um cavaleiro errante, e redescobre tanto a solidão quanto o companheirismo. Além disso, ao fim do romance ele adquiriu uma perspectiva sobre seu passado que se iguala à do próprio romancista. Sua transformação evidencia para ele a futilidade e a maldade de sua vingança. Caso sentisse essa vontade, agora estaria pronto para contar suas aventuras desse novo ponto de vista.

Por mais belo que seja esse final, porém, não consigo deixar de achá-lo forçado em certas partes. Os vários fios da narrativa convergem de tal modo que Ludvik precisa desistir de várias ilusões ao mesmo tempo. Kundera move-se de um a outro com destreza, de modo que nunca perdemos a impressão de unidade. Porém, a transformação do personagem nasce não tanto da ação mesma, mas da introspecção do narrador. O autor se esforça (e se esforça admiravelmente) para fazer com que sintamos que Ludvik mudou a maneira como se relaciona consigo mesmo e com os outros. Porém, a conclusão parece tanto longa (apesar da recusa de Kundera em juntar tudo organizadamente num "final feliz") quanto um pouco convencional.

Talvez por ter percebido essa insuficiência, Kundera ficou sem escrever outro final transformador por muitos anos. *A Vida Está em Outro Lugar* termina com a morte do protagonista. *A Valsa dos Adeuses* termina de modo convencional, com as várias pontas soltas do enredo perfeitamente amarradas, mas não oferece uma conclusão em que protagonista e mundo reconciliem-se como fazem (ainda que brevemente) em seu primeiro romance. De fato, em *A Valsa dos Adeuses*, Kundera afasta-se da solução dostoievskiana de crime, punição e redenção. Seu protagonista não sente culpa após seu crime, que se assemelha a um *acte gratuit* impulsivo e absurdo. Quanto a *O Livro do Riso e do Esquecimento*, sua arquitetura, baseada na forma musical da variação, fratura deliberadamente a unidade da história. A ausência de uma linha narrativa principal significa que não há protagonista central para vivenciar uma epifania ao fim do romance, que se encerra numa nota de ironia melancólica. Os personagens desses romances vagueiam pelo labirinto de valores sem enxergar a saída. Somente a consciência autoral, olhando de cima, fala de um ponto de vista além das vicissitudes do desejo.

Em *A Insustentável Leveza do Ser*, porém, Kundera escreve uma conclusão libertadora à moda de "Eduardo e Deus". Dessa vez, não um, mas dois personagens encontram a saída do labirinto.

## O Sorriso de Karenin

Em seu posfácio à edição de bolso francesa, François Ricard escreve que "O Sorriso de Karenin", a sétima e última parte de *A Insustentável Leveza do Ser*, deixou-o deslumbrado e perplexo. Para ele, suas "beleza e plenitude semântica" parecem à primeira vista contrariar a "tendência central" da obra de Kundera para a destruição de todas as ilusões idílicas, especialmente aquelas associadas com a política ou com a poesia: "Não conheço nenhuma outra obra literária que vá mais longe, que leve a arte da desilusão tão longe e que revele tão extensivamente o engano fundamental que permeia nossas vidas e nossos pensamentos".[5]

Por outro lado, os personagens de *A Insustentável Leveza do Ser* atingem uma paz e uma felicidade localizadas além do alcance da ironia corrosiva que é o modo narrativo principal de Kundera. Ricard escreve: "Isso era ainda mais incongruente porque o idílio vem logo depois da parte intitulada 'A Grande Marcha', que trata de merda e de kitsch, e na qual a ironia é talvez mais radical do que em qualquer outro ponto em sua obra". Ricard é obrigado a reconsiderar a visão inicial que adotara de Kundera como romancista puramente satânico, destrutivo e irônico, e que, ainda que preciso em termos gerais, deixava pouco espaço para a possibilidade de realização autêntica. Ele admite que "o autor da devastação é também o autor do idílio".[6]

Ricard passa a distinguir entre dois tipos de idílio. Um nasce de uma atitude beatífica e utópica que sonha com uma humanidade unida. Ricard o caracteriza como "o Idílio da inocência" e o coroa com "I" maiúsculo. O outro, "o idílio da experiência", é visto precisamente como uma "negação"[7] do primeiro, nascido de uma "ruptura", ou, no caso do personagem principal de outro romance, *A Brincadeira*, uma "revelação abrigada no nível mais profundo do fracasso, no ponto mais baixo de sua queda e de sua exclusão".[8] Essa retirada do barulhento palco da História não é apenas um distanciamento do

---

[5] François Ricard, "L'Idylle et l'Idylle", posfácio a *L'Insoutenable Légèreté de l'Être*. Paris, Gallimard, 1989, p. 457-8. "The Fallen Idyll: A Rereading of Milan Kundera". Trad. Jane Everett. *Review of Contemporary Fiction*, New York, vol. IX, n. 2, p. 17-26, 1989.
[6] Ricard, posfácio, p. 458-9.
[7] Ibidem, p. 462.
[8] Ibidem, p. 470.

grupo, mas, acima de tudo, "uma radical *des-solidarização* por meio da qual toda comunicação com ele é encerrada, e com a qual o grupo e seu desejo pelo Idílio são anulados de uma vez por todas".[9] O "idílio da experiência" é visto como um "movimento de *descolamento* por meio do qual o ser humano é separado do Idílio e, no estado de abandono em que é mergulhado por sua solidão, descobre aquilo que estava oculto".

Depois Ricard vai mais longe, corrigindo sua formulação inicial: "Ou melhor: *r*edescobre-o. Afinal, a beleza não é algo que se vai, mas algo a que se *volta*, em que se *cai de novo* – uma vez que se tenha conseguido romper com o Idílio...".[10] O protagonista rompe com o passado, descola-se do mundo da ilusão. Ao repudiar o Idílio, ele redescobre uma forma de beleza de outro modo inacessível.

A revisão relutante que Ricard faz de seu ponto de vista inicial faz parte do mesmo movimento de descolamento e correção que ele atribui ao idílio com "i" minúsculo. Rompendo com a visão amplamente aceita de que Kundera é um autor "elegante, cruel e viril", como descrito certa vez pelo jornal francês *Libération*, ela transcende as interpretações niilistas de sua obra. Essas interpretações são válidas até certo ponto. Além de certo limiar, porém, o ceticismo incansável não faz muito mais do que inverter as formas mais crédulas de fé. Pior ainda, o impulso desmistificatório paralisa a criatividade. Se Kundera fosse apenas um cético dando risadinhas, manteria os personagens a tanta distância que eles pareceriam meros pretextos para a sátira, achatados como recortes de papel. Sua obra permaneceria friamente distanciada, em vez de atingir a estranha síntese entre distância e identificação por meio da qual o romancista ao mesmo tempo entende e aceita suas próprias limitações e as dos outros.

---

[9] Ibidem, p. 471.
[10] Ibidem, p. 472.

Assim, mesmo que Ricard reconheça que sua perspectiva inicial não abrange o espaço romanesco de Kundera como um todo, ele revela, ou redescobre, a beleza oculta que estrutura esse espaço. À medida que Ricard ultrapassa sua interpretação inicial de Kundera, ele ganha acesso a uma nova dimensão da obra do romancista e ao mesmo tempo segue as pegadas de Kundera, vivendo por meio de uma ruptura criativa que lhe permite identificar-se mais intimamente com o romancista.

O intérprete que deseje seguir as pegadas de Ricard, que deseje, em outras palavras, chegar o mais perto possível da perspectiva do romancista, precisa parar de ver Kundera como um puro antimoderno, como um nietzscheano surdo para a voz da compaixão e da ternura, pois além da circularidade do eterno retorno de Don Juan, além do ceticismo inicial "satânico" de um Ludvik Jahn ou de um Tomas, encontramos o princípio estruturante oculto da obra de Kundera. Esse princípio, a fonte da qual corre a energia de sua obra, confunde-se com o padrão de ruptura e de des-solidarização descrito por Ricard.

Ricard está suficientemente a par dos paralelos entre sua interpretação da obra-prima de Kundera e a noção girardiana de "conversão romanesca" para mencionar esta em seu ensaio *Agnes's Final Afternoon* [*A Última Tarde de Agnes*]. Porém, ele se afasta, ao menos em parte, da concepção girardiana do romance, querendo enfatizar as facetas especificamente "pós-hegelianas" da obra de Kundera, que a distinguem do romance de ambição balzaquiano, vertical e hierarquizado, e trazê-lo para o mundo horizontal e imanente de Kafka.

Essa distinção é legítima, fundamental até. Os romances de Kundera exibem uma consciência fina de seu estatuto de romances, e, além disso, de romances que surgem no momento em que a história do romance aproxima-se do fim. Assim como ele vê Schoenberg como um epílogo fascinante da história da música ocidental, Kundera pode ser situado naquilo que ele chama do período "hora extra" do romance, o período dos "paradoxos terminais", em que a cultura ocidental realiza sua própria súmula. Seus romances seguem os caminhos deixados por explorar ao longo da história do gênero e os juntam numa grande síntese, um "arquirromance", para usar o termo que ele aplica a Malaparte em *A Cortina*.

Ignorar essa novidade em relação ao romance oitocentista seria diminuir a contribuição da obra de Kundera. Seus romances oferecem explorações temáticas inovadoras ("kitsch"; "merda"; o amor como algo não sério, "risível") e uma invenção formal sem precedentes (inserir o ensaio no romance ao mesmo tempo que aperfeiçoa a arte da polifonia narrativa foi uma realização importante, certamente uma das mais ricas inovações literárias do século XX). Porém, não há necessidade de exagerar essa especificidade além dos limites. Ainda que resista ao imperativo da *story*,[11] os romances de Kundera ainda contam histórias; ainda que evite a psicologização, seus personagens ainda têm motivações e traços individuais. Reconhecemos suas inovações como inovações porque elas surgem dentro de uma tradição.

Em outras palavras, a grandeza de Kundera está não apenas nas partes de sua obra que a distinguem da herança clássica do romance, mas também nos aspectos mais banais e familiares:

> Se o erro não consegue negar a unidade das conclusões romanescas, ele se empenha em torná-la inoperante. Ele se empenha em condená-la à esterilidade chamando-a de banalidade. Não se deve renegar essa banalidade e sim reivindicá-la energicamente. De mediata que era no corpo do romance, a unidade romanesca se faz imediata na conclusão. As conclusões

---

[11] Alusão ao breve ensaio "O Despotismo da *Story*", em que Kundera fala que o romance é mais do que "um encadeamento causal de ações, gestos e palavras". Ver *A Cortina*. Trad. Teresa Bulhões Carvalho da Fonseca. São Paulo, Companhia das Letras, 2006, p. 17-9. (N. T.)

> romanescas são forçosamente banais já que
> repetem, todas, literalmente, a mesma coisa.[12]

O que está além dos mal-entendidos trágicos ou cômicos do desejo? Os romances de Kundera oferecem uma resposta: o repouso; o fim do autocentramento e a aquisição da sabedoria; a reconciliação com os outros e com o passado. Esse repouso conquistado a duras penas chega na parte final de *A Insustentável Leveza do Ser*, que é uma espécie de pastoral imbuída da inocência e da pureza dos animais: uma cachorra moribunda (Karenin, bicho de estimação de Tereza, que tem câncer) e também um porco, Mephisto, que pertence a um dos habitantes da região.

Tomas-Édipo deixou Tebas e chegou a Colono. As piadas dos habitantes dali e o comovente sorriso do cachorro contrastam com o ciúme, com a vertigem e com a infelicidade que assombrava o casal antes de sua partida de Praga. A comunidade em que homens e animais vivem em harmonia contrapõe-se aos massacres caninos organizados pelo regime decadente. Karenin encarna essa harmonia, que está tão longe do sentimentalismo quanto da insensibilidade. O sorriso que fica nos lábios da cachorra morta evoca uma mistura de descanso e de felicidade, de tranquilidade e de discreta alegria.

A agonia de Karenin revela o elo entre morte e libertação. Um trecho próximo do fim do romance mostra isso claramente. O veterinário operou Karenin e, em casa, a anestesia ainda fazia efeito. Tomas e Tereza a colocam na cama e depois eles próprios deitam-se:

> Foram acordados de repente lá pelas três horas da manhã. Karenin abanava o rabo e pisava sobre Tereza e Tomas. Esfregava-se neles selvagemente, insaciavelmente.

---

[12] René Girard, *Mentira Romântica e Verdade Romanesca*. Trad. Lilia Ledon da Silva. São Paulo, É Realizações, 2009, p. 341.

> Também era a primeira vez que os acordava!
> Sempre ficava esperando que um dos dois acordasse para subir na cama.
>
> Mas, dessa vez, não conseguiu se controlar quando de repente, no meio da noite, recobrou a consciência. Quem poderia saber de que distância estava voltando! Quem poderia saber que fantasmas tinha enfrentado! E agora, ao perceber que estava em casa e ao reconhecer aqueles que lhe eram mais próximos, não podia deixar de lhes comunicar sua terrível alegria, a alegria que sentia com a volta e com o novo nascimento. (p. 279)

Como Anna Kariênina no romance de Tolstói, Karenin morre, mas sua morte é acompanhada de um renascimento. Os personagens principais, Tomas e Tereza, também morrem na sétima e última parte do romance. Porém, quanto mais perto estão de morrer, mais felizes ficam. Tomas abandona seus casos extramaritais: "Ocorreu-lhe que a busca de mulheres era um '*es muss sein!*', um imperativo que o reduzia à escravidão. Ansiava por férias. Mas férias totais, abandonando *todos* os imperativos, todos os '*es muss sein!*'" (p. 229). Tomas rejeita a ilusão mesma que é cara aos leitores românticos (lembra daqueles universitários que iam para Praga com o romance na mochila?). Ele se afasta da narrativa que o guiou a vida inteira até aquele momento. Ao deixar de professar um credo libertino, suas atitudes "*contradizem nitidamente suas antigas ideias*".[13]

Quanto a Tereza, de início ela suspeita que Tomas continua buscando mulheres, mesmo no campo, por meios epistolares. Uma carta de Sabina provocou seu primeiro sonho ciumento, e agora parece que o romance vai terminar com uma reprise daquele trauma inicial e

---

[13] Ibidem, p. 327

deixá-la presa no círculo infernal de infidelidade e de ciúme. Quando chega a uma carta que Tomas distraidamente deixou à vista, ela a examina com grande cuidado:

> O endereço estava escrito numa letra desconhecida, muito bem-feita, parecendo letra de mulher.
>
> [...] ela lhe perguntou, com ar inocente, se tinha recebido alguma correspondência.
>
> "Não", disse Tomas, e o desespero tomou conta de Tereza, um desespero ainda mais cruel por ter ela se desacostumado dele. [...] tinha o pressentimento de que a felicidade dos dois últimos anos no interior seria, como no passado, aviltada pela mentira. (p. 288)

Algumas páginas depois, ela fica sabendo que a carta veio não de uma das amantes de Tomas, mas de seu filho afastado. Então ela tem um sonho em que imagina Tomas transformado em lebre: "O que significa ser transformado em lebre? Significa esquecer a força. Significa que dali por diante um não é mais forte que o outro" (p. 307). Nenhum dos dois agora é o mais forte. Em outras palavras, os esposos pararam de jogar jogos totalitários de amor e de sorte, colocando assim um ponto final em seus tormentos fúteis. Ao fim do romance, Tomas não é nem um mulherengo, nem um adúltero enamorado; é um marido feliz. Renunciou aos imperativos que dominavam sua vida, não apenas ao complexo de Deus que tinha como cirurgião, mas também à sua busca compulsiva por mulheres, a seu desejo obsessivo: "*Missão*, Tereza, é uma palavra idiota. Eu não tenho missão. Ninguém tem missão. E é um alívio enorme perceber que somos livres, que não temos missão" (p. 307). Essa exclamação livra Tereza de sua culpa (ela se sente responsável por afastar Tomas de sua vocação) e Tomas do peso de seu destino. É a felicidade e não a desgraça que aguarda o casal além da História e das explicações impossíveis do desejo.

A capacidade de um romancista de resgatar seus personagens do labirinto de valores corresponde a sua capacidade de colocá-los nesse labirinto. Os personagens precisam estar suficientemente encastrados na ilusão, e sua situação deve estar definida com precisão suficiente para que tanto o autor quanto o leitor entendam o que constituiria um despertar para a verdade. Errar para qualquer lado dessa linha possibilita que o autor preserve suas ilusões.

Se se enterrar os personagens fundo demais, eles nunca serão resgatados; o obstáculo existencial que enfrentam vai esmagá-los sem esperança de redenção, o romancista vai despejar seu sarcasmo e sua amargura sobre suas criações, e eles vão virar seus bodes expiatórios.

Se, por outro lado, os personagens forem poupados, eles nunca terão ilusão nenhuma a superar. A jornada romanesca não terá ímpeto; vai ficar derrapando para os lados sem jamais descer às regiões infernais. Nunca vai acumular velocidade suficiente para reaparecer do outro lado.

À medida que o romancista consegue definir mais e mais precisamente a situação de seus personagens, à medida que compreende cada vez melhor o inferno em que os mergulhou (pois ele próprio o está deixando para trás), ele consegue armar as circunstâncias nas quais eles podem ser resgatados: Raskolnikov cometeu um crime terrível, mas implícita em seu crime está a noção de que confessar a verdade toda lhe trará a salvação.

Em *A Insustentável Leveza do Ser*, os dados da história abrem o caminho para um resgate possível: a desigualdade na relação entre Tomas e Tereza, a busca compulsiva de mulheres por parte dele e o ciúme dela criam um desequilíbrio que só a dupla renúncia à obsessão nociva pode consertar. Apresentando as condições iniciais em que o personagem principal pode superar aquilo que o prende é um dos atos equilibradores mais difíceis (e essenciais) do romancista.

## O Nascimento do Romancista

Até agora, vimos os personagens indo além de suas obsessões. Mas e o autor? Numa entrevista, Girard sugere que a conversão do personagem só passa a ser concebível depois que o próprio romancista passa por uma transformação:

> O romancista começa a refletir e pressente que sua vida inteira baseou-se em ilusões. O personagem de um romance então vivencia uma conversão que envolve o reconhecimento de que ele é como aqueles que despreza. Porém, essa experiência do personagem é na verdade um reflexo daquilo que aconteceu ao romancista. É isso que o capacita para escrever o romance [...].[14]

Na visão de Girard, "o romancista escreve o romance duas vezes".[15] O primeiro rascunho resulta de uma apreensão equivocada de seu próprio desejo imitativo. Seu modelo-rival surge para ele sob as aparências de um intrometido que o impede de possuir o objeto desejado, uma nêmesis dedicada a privá-lo do que é seu de direito. Ele não percebe que *é porque está imitando* o modelo, seu duplo idêntico, que este último surge para ele sob a aparência de um perseguidor malvado (em *Jean Santeuil*, por exemplo, Proust constrói uma narrativa em que seus inimigos reais, que sem que ele saiba, são também seus modelos, são retratados como esnobes intoleráveis, ao passo que ele mesmo – ou o personagem que age em seu nome no texto – é pintado em cor-de-rosa).

Para Girard, o potencial do romancista é medido não pelo primeiro rascunho fracassado, mas por ele conseguir ou não conseguir ver

---

[14] Brian McDonald, "Violence and the Lamb Slain: An Interview with René Girard". *Touchstone Magazine*, dez. 2003. Disponível em: <www.touchstonemag.com/archives/article.php?id=16-10-040-i>.
[15] Ibidem.

que se trata de um fracasso: "Da primeira vez, ele termina, mas, ao contrário de Deus quando criou o mundo, ele olha a própria obra e diz: 'É ruim!'. O que falta é algo que precisa acontecer ao próprio romancista. E, quando acontece, o romance é na verdade visto de uma perspectiva diferente".[16] O romancista precisa ir além da interpretação inicial unilateral. Ele precisa ver não apenas seus inimigos, mas também *ele próprio* como um esnobe intolerável, a imagem espelhada do rival odiado.

A partir desse novo ponto de vista, o romancista começa a corrigir a primeira narrativa, a fim de refletir o entendimento que obteve, reconhecendo que tudo o que ele dissera ou pensara do rival (ou dos rivais) também vale para ele (na *Busca*, Proust reescreve certas passagens de *Jean Santeuil*, admitindo, por meio de seu protagonista, a inveja e o esnobismo que atribuíra exclusivamente a seus inimigos na versão anterior).

Aquilo que Kundera chama de "conversão antilírica" em seu ensaio *A Cortina* tem muito em comum com a visão girardiana de uma experiência transformadora que permite ao romancista enxergar que seu próprio desejo (e não só o de outras pessoas) é mediado. A ilusão lírica pode ser vista como a versão de Kundera da "mentira romântica" de Girard. Contudo, devemos tomar cuidado para traçar com precisão o paralelo, porque há algumas diferenças sutis entre as duas. O título francês do primeiro livro de Girard, *Mensonge Romantique et Vérité Romanesque* [*Mentira Romântica e Verdade Romanesca*] apresenta uma oposição clara entre pretensões românticas à autossuficiência absoluta e a afirmação do romance de que vivenciamos o mundo com os outros e por meio dos outros.
À primeira vista, não vemos nenhuma oposição desse tipo embutida na noção de Kundera de "lirismo", que deve tanto à tradição filosófica que corre o risco de recair no arcabouço mesmo de sujeito-objeto que sua ficção graciosamente transcende. Seu uso do termo

---

[16] Ibidem.

é inspirado por Hegel, que em sua *Estética* distingue entre o lírico subjetivo e emocional, e o épico objetivo. Isso dá à ideia de Kundera um sabor lamentavelmente filosófico: o indivíduo "lírico" permanece envolvido consigo mesmo, ao passo que a consciência madura e "épica" volta-se para fora, a fim de apreender a verdadeira natureza do mundo objetivo.

O que falta nas reflexões de Hegel sobre a poesia é, naturalmente, o modelo. Nem o poeta romântico, nem o filósofo (basta que recordemos as ideias de Heidegger sobre a "autenticidade") abrem espaço para si próprios na gaiola que constroem para os outros. Somente o romancista consegue demolir as barreiras abstratas entre si próprio e seus inimigos ao reconhecer que ele também não é autêntico, pois num nível profundo ele é exatamente igual a eles. Como autor de ficção, Kundera está no panteão com os grandes; como criador de conceitos, ele às vezes está atado a maneiras de pensar que negam a presença do modelo. Isso significa que precisamos usar a substância narrativa da ficção de Kundera para iluminar sua ideia de lirismo, e não o contrário.

Na conclusão de *A Brincadeira*, Ludvik percebe que nunca deu a Lucie o amor de que ela precisava, porque permaneceu envolvido demais consigo mesmo:

> Uma onda de raiva contra mim mesmo me inundou, raiva contra a minha idade de então, contra a estúpida *idade lírica*, em que somos a nossos olhos um enigma grande demais para que possamos nos interessar pelos enigmas que estão fora de nós, em que os outros (mesmo os mais amados) são *apenas espelhos móveis nos quais encontramos, espantados,* a imagem do nosso próprio sentimento, da nossa própria emoção, *do nosso próprio valor.* (p. 281-82) (itálicos meus)

A sutil triangularidade desse trecho recorda o jornalista em "O Dr. Havel", que "ficava num estado de dependência servil em relação às pessoas com quem convivia; *temerosamente, procurava no olhar delas a confirmação de sua identidade e do seu valor*" (p. 168) (itálicos meus). Essas passagens sugerem que o indivíduo lírico busca nos outros os juízes que mediam sua autoestima. Em outras palavras, a ideia de imitação absorvida do outro está implícita na ideia de lirismo do eu absorto em si mesmo. Essa absorção do outro não traz qualquer entendimento ou intuição da vida ou da situação do outro, e a absorção em si mesmo também não resulta em nenhuma introspecção reveladora. O personagem permanece tão iludido sobre os outros quanto é a respeito de si próprio.

Em *A Vida Está em Outro Lugar* (que Kundera originalmente pretendia chamar de *A Idade Lírica*), encontramos o mesmo elo entre *amour-propre* e fascínio sub-reptício pelos outros. Jaromil, a alma lírica por excelência, imita praticamente todos à sua volta, da voz e dos gestos cheios de autoridade do pintor, que é seu mentor, a seu antigo colega, o policial viril, e ao famoso poeta. Ele quer parecer viril, durão e confiante, e entra em desespero por causa de seu queixo recuado:

> Esse queixo causava-lhe muita preocupação; ele lera na célebre meditação de Schopenhauer que o queixo recuado é um traço especialmente repugnante, pois é exatamente pelo queixo proeminente que o homem distingui-se do macaco. Mas logo descobriu uma fotografia de Rilke e constatou que ele também tinha o queixo recuado, o que lhe trouxe um precioso conforto. (p. 108)

Aqui, a preocupação lírica consigo mesmo confunde-se com o desejo quixotesco de parecer outra pessoa. Como dado a entender pelos incontáveis momentos que passa estudando seu reflexo em vitrines e no espelho, o amor que Jaromil sente por si mesmo é fraco e precisa de reforços constantes. O coitado não consegue viver em paz sem o precedente tranquilizador do queixo de um poeta famoso.

Uma das contribuições de Kundera para nosso entendimento da imitação, portanto, envolve a observação de que os jovens, cujas personalidades adolescentes ainda não se cristalizaram, são especialmente vulneráveis à influência. A juventude não é apenas a idade lírica, mas também a idade *imitativa*, como Kundera observa em *A Brincadeira*: "se os jovens representam, não é culpa deles; inacabados, a vida os coloca num mundo acabado, onde se exige que eles se comportem como *homens-feitos*. Eles se apressam, consequentemente, em se apropriar de formas e modelos, aqueles que estão em voga, que combinam com eles, que lhes agradam – e representam um papel" (p. 107). Há muitos modelos para escolher. O comandante garoto do campo de trabalhos quer parecer durão para os outros homens, que são mais velhos e mais experientes do que ele: "aquilo que lera e ouvira oferecia-lhe uma máscara perfeita para situações análogas: o herói implacável das histórias em quadrinhos, o jovem macho com nervos de aço dominando um bando de desajustados, nada de grandes conversas, apenas a cabeça fria, um humor despojado que acerta bem no alvo, a confiança em si e no vigor de seus músculos" (p. 108). Os estudantes que interrogaram Ludvik na universidade eram "antes de mais nada, garotos escondendo o rosto inacabado atrás da máscara que consideravam a melhor de todas: a do revolucionário ascético e inflexível" (p. 108). Quanto a Marketa, "não teria ela escolhido representar a salvadora, papel aliás repetido num insípido filme da temporada?" (p. 108), e Ludvik mesmo "corria de um papel a outro" (p. 108).

No momento em que ocorre a metamorfose "antilírica", o romancista nascente surge de súbito da névoa e descobre um ponto de vista novo e lúcido. Kundera descreve a transformação em *A Cortina*, seu terceiro livro de ensaios: "A conversão antilírica é uma experiência fundamental no curriculum vitae do romancista; distanciado de si mesmo, vê-se de repente à distância, surpreso de não ser aquele por quem se tomava" (p. 86). A surpresa do romancista nasce do fato de que ele iludiu-se até o momento de sua conversão, assim como o personagem de um romance. Dom Quixote, por exemplo, acha que é um grande cavaleiro. Ao fim da vida, desperta e vê-se como realmente é (ou era até então), como Alonso Quijada, um cavalheiro obcecado pelas histórias de cavaleiros errantes.[17] De modo análogo, o comandante garoto poderia um dia perceber que estava imitando *thrillers* baratos e Marketa poderia perceber que estava moldando sua vida por um personagem de um filme – e ambos ficariam "surpresos", um por descobrir que não era realmente durão, a outra por perceber que não era uma salvadora idealizada.

Outro ponto importante: quando o romancista rasga "a cortina da pré-interpretação" (p. 87), ele não apenas adquire uma nova visão de si mesmo, mas também um entendimento maior dos outros e de seu autoengano: "Depois dessa experiência, saberá que nenhum homem é quem acha que é, que esse mal-entendido é geral, elementar, e projeta sobre as pessoas [...] a doce iluminação do cômico" (p. 86). Essa clarividência corresponde àquilo que Girard dizia anteriormente sobre o reconhecimento do romancista de que "ele é como aqueles que despreza". A experiência da conversão leva o autor a ver todos (incluindo ele próprio) sob "um clarão de terna ironia" (p. 86), como diz Kundera mais adiante no mesmo trecho. Essa terna ironia é "recompensa [...] preciosa" (p. 86) do romancista.

Há, é claro, algumas importantes diferenças entre a visão de Kundera e a noção girardiana de conversão romanesca. Para Kundera, a juventude é a idade imitativa por excelência, e a conversão acontece portanto por volta dos trinta anos, marcando a passagem da adolescência para a maturidade. Para Girard, não há uma idade específica para a conversão. Dostoiévski está na metade dos quarenta quando enfim escreve os livros em que se supera. Mais ainda, para Girard, a conversão é fundamentalmente religiosa, ou ao menos tem implicações éticas, como deixa supor sua ênfase no arrependimento. Porém, ele distingue entre conversões "mínimas", que seguem um molde religioso mas não convertem efetivamente o autor ao

---

[17] Cesáreo Bandera, *Despojada e Despida: A Humilde História de Dom Quixote*. Trad. Carlos Nougué. São Paulo, É Realizações, 2012.

cristianismo (Flaubert), e conversões máximas, em que o autor se torna religioso (Dostoiévski).[18] Tirando seu uso do termo conversão, Kundera não coloca nenhuma ênfase particular na religião.

Essas distinções são dignas de nota, e podem perfeitamente refletir algo mais profundo do que sensibilidades divergentes. Para meus propósitos, porém, as diferenças importam menos do que as semelhanças. O que me interessa é como os romances são escritos, e desse ponto de vista as abordagens girardiana e kunderiana têm muito em comum: ambas nos ajudam a ver que fazer boa literatura, ainda que demande destreza técnica, também exige algo que nenhum curso de formação de escritor pode oferecer, algo que não pode ser reduzido a uma receita ou fórmula mágica, uma grande mudança que pode ser ansiosamente aguardada, mas sobre a qual o autor tem no máximo um controle parcial. Graças a essa mudança, o autor percebe que está preso numa pseudorreligião e repudia o *ersatz* de Deus que idolatra inconscientemente.

Como a "conversão antilírica" aconteceu na carreira de Kundera? Kvetoslav Chvatik escreve que, durante a adolescência e a juventude, "Kundera escreveu poemas, ensaios e peças que hoje não têm o menor valor a seus olhos. Em 1958, um primeiro texto em prosa inaugura o ciclo de *Risíveis Amores*; esse é o começo de Kundera como autor de prosa".[19] Um detalhe significativo: Kundera não atribui mais nenhuma importância aos textos que vieram antes de sua primeira coletânea de contos. Chvatik ressalta esse ponto na página seguinte: "Kundera é extremamente crítico em relação à parte de sua obra literária que viu a luz do dia no final dos anos 1950 e no começo dos anos 1960 – poesia, ensaios e peças".[20] A pluralidade de

---

[18] Ver René Girard, "The Mimetic Desire of Paolo and Francesca". In: *To Double Business Bound: Essays on Literature, Mimesis, and Anthropology*. Baltimore, The Johns Hopkins University Press, 1988.
[19] Kvetoslav Chvatik, *Le Monde Romanesque de Milan Kundera*. Trad. Bernard Lortholary. Paris, Gallimard, 1995, p. 38.
[20] Ibidem, p. 39.

gêneros experimentada pelo jovem escritor sugere a busca de uma identidade artística, a qual permaneceu elusivamente fora de alcance até que Kundera começou a escrever ficção em prosa: "foi só quando chegou ao romance que Kundera encontrou sua própria *linguagem artística*".[21] A carreira do romancista abre-se em duas partes, como um díptico. A primeira parte representa a ilusão, a puerilidade; a segunda começa onde a primeira termina e a contradiz, encarnando a nova visão nascida das ruínas. O romance nasce de uma ruptura criativa na vida do autor. Kundera mesmo descreveu sua mudança de poeta para romancista. No prefácio à primeira edição tcheca da coletânea de contos *Risíveis Amores*, após a libertação da ocupação russa, ele conta como encontrou sua voz como escritor:

> Escrevi meu primeiro "risível amor", "*Eu, Deus Lastimoso*", em 1958. Na época eu estava escrevendo minha peça *O Guardião das Chaves*, que era pura tortura, e, num intervalo, para me divertir, escrevi o primeiro conto da minha vida, em um dia ou dois, com leveza e prazer. Foi só depois de refletir um pouco que me dei conta de que essa leveza e esse prazer significavam não que o conto, por não ter sido abençoado com o suor do meu rosto, fosse algo insignificante ou marginal, mas, pelo contrário, que pela primeira vez eu me encontrara, que eu tinha encontrado meu tom, *a distância irônica em relação a meu mundo e a minha vida*, em suma, minha vocação de romancista.[22] (itálicos meus)

A oposição entre os dois modos distintos de escrita aparece claramente nessa descrição. De um lado, o jovem autor está tendo enormes dificuldades enquanto escreve a peça; de outro, ele verte um

---

[21] Ibidem, p. 49.
[22] Da "Note de l'Auteur pour la Première Édition Tchèque de *Risibles Amours* après la Libération du Pays de l'Occupation Russe". In: Kvetoslav Chvatik, op. cit.

conto em um dia ou dois com a sensação de "leveza" e de "prazer". É só dessa vez que ele percebe que o sofrimento não é nenhuma garantia de autenticidade. Aquilo que de início ele considerava mera diversão começa a parecer a autêntica direção de seus esforços literários (e isso precisamente *porque* o conto é um jogo e uma diversão), ao passo que a árdua tarefa de escrever sua peça parece comparativamente secundária e sem importância.

Há nessa breve narrativa de autodescoberta criativa uma mudança radical de perspectiva, mas que só vem tardiamente. Kundera também enfatiza a noção de distância. Aquele que olha ironicamente a própria vida e o mundo não é mais idêntico à pessoa que era. Abriu-se uma lacuna entre o eu que escreve e o eu que é escrito: o eu "lírico" (o eu construído sobre uma fundação de desejos copiados) desaba como uma crisálida abandonada; o romancista volta os olhos para ele como se pertencesse a um estranho.

Não posso deixar de observar a similaridade entre (1) essa passagem autobiográfica; (2) a passagem citada em *A Cortina* sobre a conversão romanesca; e (3) o relato feito por Kundera sobre o nascimento de seu primeiro romance francês:

> Outra vez eu estava escrevendo ensaios em francês. O último pretendia falar de Choderlos Laclos, de Vivant Denon. Após escrever algumas páginas, tive a sensação de estar sendo sufocado pelo tédio. Eu não aguentava a seriedade das minhas elucubrações. Para me libertar e me divertir, transformei o ensaio numa enorme piada. Assim, em 1995 nasceu *A Lentidão*, meu romance mais leve, no qual não há uma única palavra séria.[23]

---

[23] "Entretien avec Antoine Gallimard", citada em Milan Kundera, *Oeuvre*, vol. 2. Paris, Gallimard, 2011, p. 1.201.

Em todas as três instâncias, o humor, a leveza e o prazer andam juntos com o momento decisivo da criação literária.

### Exílios Libertadores

Kundera parece perfeitamente a par da semelhança entre suas conclusões e as de seus grandes predecessores. Em *A Imortalidade*, Agnès e Laura estão enredadas na rivalidade. Agnès deseja fugir. Ela sonha com o "roque", como no xadrez. Ao ir para a Suíça, ela pode deixar para trás o mundo das lutas, escapando à irmã mais nova, que a vê tanto como modelo como quanto rival. Mais do que uma mera mudança de endereço, porém, a jornada de Agnès (que, assim como o exílio de Tomas e de Tereza, terá um fim abrupto quando ela morrer num acidente de carro) é uma saída do mundo, comparável ao retiro de Fabrice na Cartuxa de Parma ao fim do romance de Stendhal:

> Agnès lembra-se desta frase: "Retirou-se para o convento de Parma". Ao longo do texto, até então, nunca se tratou de nenhum convento, mas essa única frase, na última página, é no entanto tão importante que dela Stendhal tira o título de seu romance; pois a finalidade de todas as aventuras de Fabrice del Dongo era o convento: o lugar afastado do mundo e dos homens. (p. 300)

Por meio de Agnès, Kundera faz a conexão entre sua conclusão e a de Stendhal. Ele enxerga aquilo que Girard descreve como a unidade maior de todas as conclusões romanescas. Ele deliberada e explicitamente se junta à linhagem real de romancistas de gênio que superaram as ideias românticas de sua época e que, em uníssono, proclamam a triangularidade do desejo.

A solidão do convento recorda a solidão feliz de Eduardo na igreja, onde ele descobre (com um sorriso) o rosto vivo de Deus. Recorda a aldeia agrícola isolada para onde Tomas e Tereza se retiram. A Suíça é a cartuxa de Agnès num mundo em que as pessoas não se retiram mais, porque lugar nenhum é verdadeiramente afastado do mundo: "Miragem[24] do convento. Foi para tornar a encontrar essa miragem que há sete anos Agnès ia para a Suíça" (p. 300).

Em "Eduardo e Deus", Kundera contrastou o mundo humano contingente e não essencial à existência essencial de Deus, que se contenta em *ser* e não precisa *parecer*. O sorriso de Eduardo é provocado por seu contato inesperado com essa essência. Em *A Imortalidade*, Agnès também comunga de algo mais essencial do que o mundo dos seres humanos. O trecho merece ser citado extensivamente, pois é um dos cumes da obra de Kundera:

> Lembrou-se de um estranho momento vivido naquele mesmo dia, no fim da tarde, quando fora passear pelo campo uma última vez. Chegando perto de um rio, estendeu-se na relva. Ficou muito tempo assim, imaginando sentir as águas do rio atravessando-a, levando todo o seu sofrimento e toda sujeira: seu eu. Momento estranho, inesquecível: ela havia esquecido seu eu, havia perdido seu eu; e nisso residia a felicidade.
>
> [...]
>
> O que é insustentável na vida não é *ser*, mas sim *ser seu eu*. [...] podemos imaginar um ser mais elementar que existia antes que o Criador começasse a criar, um ser sobre quem ele não exerceu nem exerce nenhuma influência. Estendida na relva, coberta pelo canto monótono do

---

[24] Nas versões inglesa e espanhola, a "miragem" é uma "visão" ("*vision*", "*visión*"). (N. T.)

> riacho que levava seu eu, a sujeira do seu eu, Agnès participava desse ser elementar que se manifesta na voz do tempo que corre e no azul do céu; agora sabia que não há nada mais belo.
>
> A pequena estrada que tomara ao sair da autoestrada está calma; ao longe, infinitamente distantes, as estrelas brilham. Agnès pensa:
>
> Viver, não existe nisso nenhuma felicidade. Viver: carregar pelo mundo seu eu doloroso.
>
> Mas ser, ser é felicidade: Ser: transformar-se em fonte, bacia de pedra na qual o universo cai como uma chuva morna.[25] (p. 300-1)

Esses momentos, no finzinho da vida de Agnès, irradiam a mesma mistura de felicidade e melancolia (pois nós, leitores, já sabemos que Agnès vai morrer) que encontramos em "Eduardo e Deus", e em *A Insustentável Leveza do Ser*. Aqui, porém, o senso de libertação vem com uma intensidade mística nascida da comunhão total com a natureza e com o universo. O silencioso espaço cerrado do carro em que Agnès dirige para a Suíça e a estrada vazia formam um pano de fundo sereno para a descrição da experiência. Aquilo que chamei de dois painéis do díptico está presente, mas de maneira radical. A cena descreve a renúncia não apenas do autocentramento lírico, mas de algo ainda mais profundo.

Nesse trecho, Kundera equipara o ego individual com a sujeira, com o sofrimento, e com a infelicidade. O eu é "doloroso" por causa de seus laços com outros eus que o fascinam e o rejeitam. O ser, por

---

[25] Por vezes, no trecho, o nome de Agnès aparece grafado como "Inês". Trata-se sem dúvida de um resquício da primeira edição do romance no Brasil, publicada pela editora Nova Fronteira, cujo texto foi aproveitado quando a obra de Kundera passou para a Companhia das Letras. "Inês" nada mais é do que a versão aportuguesada de "Agnès". (N. T.)

outro lado, significa o afastamento do sofrimento: em outras palavras, do círculo vicioso da emulação, do lixo de emoções tóxicas como ódio, raiva e medo. O momento perto do riacho é de purificação, de felicidade, de beleza e de libertação, até uma espécie de batismo, como Andrew McKenna observou para mim. É a síntese de todas as conversões anteriores.

Ricard interpreta o momento como uma transcendência do desejo de imortalidade: "Obter paz não significa erguer-se acima do mundo, nem significa retirar-se para dentro do eu. Significa simplesmente deixar os braços cair e desaparecer: consentir em ser mortal". Ele especifica que não há nenhum desejo suicida à espreita na experiência mística de Agnès, e contrasta seu desejo de ser despossuída do eu com o solipsismo do Narciso de Valéry: "Agnès não busca, como o Narciso de Valéry, resolver-se com o rio. Ela só quer que ele continue correndo".[26] Considerando minha hipótese, e à luz da natureza muito explicitamente imitativa da rivalidade de irmãs entre Agnès e Laura, interpreto a experiência mística de Agnès como a renúncia definitiva e completa do desejo triangular, uma fuga das miríades de voltas do labirinto dos valores e um retorno à calma, à inteireza, à unidade.

O último romance de Kundera termina com outro exílio libertador, que oferece um eco frágil mas pungente da majestosa experiência mística de *A Imortalidade*. Em *A Ignorância*, uma mulher tcheca volta a seu país pela primeira vez desde que imigrou para a França anos antes. A Revolução de Veludo acaba de acontecer e Irena agora pode ir e vir de sua pátria. Seus amigos franceses instam-na a voltar para Praga, esperando transformar sua vida num filme com final feliz que eles possam ver à distância. Imagens de um retorno jubiloso, de pessoas correndo para abraçá-la com lágrimas correndo pelo rosto, risos e reminiscências, inundam-na. É esse final feliz, o

---

[26] François Ricard, "Mortalité d'Agnes", posfácio a *L'Immortalité*, de Milan Kundera. Paris, Gallimard, 1993, p. 535.

final "kitsch", que o romancista revela ser uma mentira. Irena não encontra nada além de mal-entendidos, uns cômicos, outros trágicos, em sua antiga cidade natal.

Kundera questiona a possibilidade de encontrar um abrigo seguro. Para Irena, desenraizada pela história, casa nenhuma é um lar. Ela não se sente à vontade nem em seu país de adoção, nem em seu país natal. O refúgio que ela busca foge-lhe. Porém, não foge a todos. Se há um valor supremo no universo de Kundera, talvez seja o apego e o respeito pelos entes queridos mortos. Ao final do livro, o outro protagonista do romance, Josef, um exilado desiludido, voa por um céu estrelado num avião, saindo da República Tcheca, indo para a casa onde viveu feliz com sua falecida esposa. A memória dela tornou-se a origem, a coisa a que ele se agarra, o único valor que resta:

> Tomou um táxi e partiu para o aeroporto. Já era noite. O avião voou em direção a um céu negro, em seguida mergulhou nas nuvens. Depois de alguns minutos, o céu se abriu, pacífico e amistoso, coberto de estrelas. Ao olhar pela janela viu, no fundo do céu, uma entrada baixa de madeira e, diante de uma casa de tijolos, um pinheiro esbelto, tal como um braço levantado. (p. 125)

A casa que ele dividia no exílio com a esposa tornou-se sua Ítaca. Ao deixar para trás a terra natal, o céu com nuvens dá lugar a um céu claro. Os adjetivos empregados por Kundera sugerem o repouso e a felicidade que aguardam Josef na Dinamarca. As estrelas recordam as estrelas no céu acima de Agnès enquanto esta dirigia para a Suíça, e as estrelas que Tomas inventava para Tereza, para que ela voltasse a dormir em paz e tivesse um sonho bonito: "Tomas sabia que Tereza olhava agora pela janela de um avião que voava muito alto acima das estrelas" (p. 236). Há algo dantesco nessas estrelas: "*E quindi uscimmo a riveder le stelle*" ("e saímos voltando a ver estrelas").[27] Elas contrastam marcadamente com as imagens oníricas infernais em *A Identidade* ou em *A Insustentável Leveza do Ser*. De fato, Jonathan Livernois mostrou como esse final mostra a mentira da interpretação de Nancy Huston do romancista como "professor do desespero".[28] Kundera não é um utopista beatífico, mas também não é um niilista satânico. Seus romances desmascaram a primeira atitude, assim como desmistificam a segunda. E seus personagens encontram a felicidade toda vez que conseguem deixar para trás o mundo do desejo.

Em *A Insustentável Leveza do Ser*, os personagens triunfam sobre o desejo indo embora de Praga. Não que o campo seja um lugar tão maravilhoso assim (Kundera enfatiza: em vez do paraíso bucólico imaginado por Tereza, ela e Tomas descobrem um campo tcheco em que as pessoas ficam sentadas vendo televisão e nem conhecem os vizinhos). O casal é que deixou seus demônios para trás. Em *A Imortalidade*, a felicidade de Agnès coincide com a partida da França para a Suíça, país que tem para ela um sentido pessoal e subjetivo como local de refúgio. E, em *A Ignorância*, a felicidade do emigrado situa-se fora de seu país natal.

Felicidade e exílio. Anteriormente, tentei mostrar que o esquema girardiano pode ser aplicado a Kundera. As conversões em sua obra ecoam a conversão que lhe deu a capacidade de escrever sua primeira coletânea de contos. Pode essa interpretação ser levada mais longe? Será possível que os exílios libertadores dos romances de Kundera correspondam a uma realidade existencial na biografia do autor? O autor detesta interpretações biográficas. Não tenho a menor intenção de investigar a relação entre seu passado e sua obra. É por isso que vou me basear em seu testemunho para deixar claro o que quero dizer. Há um breve texto de Kundera em que o autor diz que sua emigração para a França é a chave de sua vida

---

[27] Trata-se do último verso do *Inferno*. A tradução é de Vasco Graça Moura (Dante Alighieri, *A Divina Comédia*. São Paulo, Landmark, 2005, p. 309). (N. T.)
[28] Jonathan Livernois, "Gamineries". *L'Atelier du Roman*, n. 46, p. 46-53, jun. 2006.

e de sua obra. Nele, ele escreve: "Na França, vivi a sensação inesquecível de renascer. Após um intervalo de seis anos, timidamente, voltei à literatura. Minha esposa costumava me dizer: 'A França é a sua segunda *terra natal*'".[29] Esse renascimento de jeito nenhum explica os exílios libertadores nos romances de Kundera, mas esses exílios podem explicar seu renascimento. Os personagens de Kundera vivenciam uma metamorfose espiritual que sucedeu primeiro ao autor, mas não devemos procurar a sombra do autor espreitando atrás do personagem. Porque é só no final, quando a hora da morte se aproxima, que o protagonista dá a mão a seu criador, que o puxa para cima, para fora do mundo do romance.

---

[29] Kvetoslav Chvatik, op. cit., p. 251.

# capítulo 9
# Tomas em Colono, ou a sabedoria do romance

O romance leva o autor por rumos que ele nunca pretendeu tomar. Um grande romance é uma sátira que deu errado, uma sátira em que o autor acaba aceitando que as ilusões do personagem são as mesmas dele próprio. Aquilo que Cesáreo Bandera escreve sobre Cervantes provavelmente vale para Kundera: "Dom Quixote registra com grande precisão o entendimento progressivo e a vitória de Cervantes sobre o primeiro impulso de expor o louco ao total ridículo".[1] Em outras palavras, um romance não transcreve a transcendência completamente realizada; ele não é o registro de um conhecimento adquirido e dominado antes da escrita. Ele é uma jornada por meio da qual o autor gradualmente passa a entender a si mesmo e aos outros:

> Jakub [de *A Valsa dos Adeuses*] não é um autorretrato. Mas é verdade que seu ceticismo é mais próximo de mim, num nível pessoal, do que a fé religiosa de seu rival, Bertlef. Mesmo assim, enquanto eu escrevia, Jakub foi ficando cada vez mais problemático, e Bertlef mais fácil de gostar. Escrevi esse romance contra mim mesmo, por assim dizer. No mais, eu acho que é

---

[1] Cesáreo Bandera, *The Humble Story of Don Quixote, Reflections on the Birth of the Modern Novel*. Washington, D.C., The Catholic University of America Press, 2006. [O trecho não consta da versão brasileira do livro, *Despojada e Despida: A Humilde História de Dom Quixote*. Trad. Carlos Nougué. São Paulo: É Realizações, 2012.]

> assim que se escreve um romance. Se o romance é um sucesso, ele é necessariamente mais inteligente do que seu autor. É por isso que muitos intelectuais franceses brilhantes escrevem romances medíocres. Eles são sempre mais inteligentes do que seus livros. Ou o romance supera seu autor, ou não vale nada [...].[2]

Esse trecho sugere que *A Valsa dos Adeuses*, apesar de não possuir uma conclusão libertadora, deveria ser considerado um romance particularmente bem-sucedido, que abriu o caminho para as três obras-primas que o seguiram. Em *O Idiota*, Dostoiévski tentou e não conseguiu desenhar um retrato claro da santidade no príncipe Míchkin, que fica comprometido por seu envolvimento nas intrigas amorosas do romance. Em *A Valsa dos Adeuses*, Kundera consegue retratar um santo, talvez pela mesma razão por que Dostoiévski não teve sucesso em sua tentativa. Bertlef traz felicidade a todos no romance, ao passo que Míchkin semeia infortúnios com sua "pureza" perversamente destrutiva. Nos dois casos, porém, o resultado vem da capacidade do romancista de permitir que a lógica interna de sua narrativa sobrepuje suas intenções autojustificadoras.

Aquilo que Kundera descreveu anteriormente, porém, é uma espécie de inversão, na qual um se torna mais fácil de gostar e o outro menos, sem que aconteça qualquer síntese verdadeira. Isso não deveria nos surpreender, considerando que a conclusão do romance não traz qualquer sinal de um momento criativo e sintético. Kundera consegue derrubar e inverter a lacuna entre o Eu e o Outro sem chegar exatamente a aboli-la.

Analogamente, Jaromil, ao final de *A Vida Está em Outro Lugar*, permanece outro, preso no papel de monstro precocemente

---

[2] Milan Kundera, "Entretien avec Normand Biron". *Liberté*, n. 121, 1979. Disponível em: <www.erudit.org/culture/liberte1026896/liberte1448919/60129ac.pdf>.

talentoso. Sua morte é estéril; parece não haver jeito de redimir uma existência como aquela, de resgatar o personagem do ato abominável de traição que, apesar de seu talento poético, tende a definir sua vida, fazendo dele um emblema da detestada idade lírica. A atitude de Kundera em relação a Jaromil se parece com a raiva de Ludvik em relação a seu eu pregresso, ou com a decisão de Josef de rasgar as páginas de seu diário de juventude em *A Ignorância*. O romance ilumina de modo brilhante a idade lírica, mas sua descrição impiedosa da vaidade juvenil de Jaromil não oferece escapatória.

Na parte final de *A Arte do Romance*, Kundera revela os laços entre sua experiência como romancista e a de Tolstói:

> Quando Tolstói esboçou a primeira versão de *Anna Kariênina*, Anna era uma mulher muito antipática, e seu fim trágico era justificado e merecido. A versão definitiva do romance é bem diferente, mas eu não creio que Tolstói tenha mudado nesse meio-tempo suas ideias morais, diria antes que, enquanto escrevia, ele escutava uma outra voz que não aquela da sua convicção moral pessoal. Ele escutava aquilo que eu gostaria de chamar a sabedoria do romance. Todos os verdadeiros romancistas estão à escuta dessa sabedoria suprapessoal, o que explica que os grandes romances são sempre um pouco mais inteligentes que seus autores. (p. 146)

Essa noção de uma sabedoria que supera a condenação moral pessoal me traz de volta, uma última vez, a *A Insustentável Leveza do Ser*. Na quinta parte do romance, Tomas tem a ideia de escrever um artigo em que compara os líderes do Partido Comunista a Édipo. O país está envolto pela alegre liberdade da Primavera de Praga. Os crimes do regime vieram à luz. Porém, os líderes evitam assumir sua responsabilidade por eles, dizendo que não sabem de nada. Tomas conclui que eles provavelmente estão dizendo a verdade; a maioria não sabia das atrocidades. Na visão dele, porém, isso não os desculpa. Então Édipo não arrancou os olhos mesmo sem saber que estava cometendo assassinato e incesto?

> Tomas ouvia o uivo dos comunistas, que defendiam sua pureza de alma, e dizia consigo mesmo: Por causa da ignorância de vocês, o país talvez tenha perdido séculos de liberdade e vocês gritam que se sentem inocentes? Como ainda podem olhar em torno? Como não estão apavorados? Talvez não tenham olhos para ver! Se tivessem, deveriam furá-los e deixar Tebas! (p. 173)

A carta de Tomas é um dos vários artigos sobre a culpa dos envolvidos nos julgamentos políticos nos primeiros anos do comunismo. Ela faz parte de uma tendência, de uma reação contra a classe política do país. Tomas fala em nome dos cidadãos escandalizados de seu país, os quais, por meio de seu artigo, podem vicariamente liberar sua raiva diante da negação de responsabilidade dos comunistas. Na época de sua publicação, ele já não gosta da carta. Os editores fazem tantos cortes que a complexidade de sua ideia inicial se perde. E a indignação moral em sua posição é evidente.

Depois, Tomas perde o emprego quando a invasão russa acaba com o clima de liberdade em que o artigo fora escrito. Numa virada irônica, Kundera sugere que o artigo de Tomas pode ter sido a última gota que convenceu os russos a invadir a Tchecoslováquia. Tomas é retratado como um Édipo desavisado, que traz a "praga" dos tanques russos:

> Quando a carta de Tomas foi publicada, houve um clamor: Chegamos a isso! Ousam escrever publicamente que temos que furar nossos olhos!

> Dois ou três meses mais tarde, os russos decidiram que a livre discussão era inadmissível no domínio deles e mandaram seu exército ocupar no espaço de uma noite o país de Tomas. (p. 174)

Alguns anos depois, tendo voltado de Zurique e sido forçado a abandonar seu emprego no hospital, Tomas trabalha como limpador de janelas. Seu filho e outro homem, ambos membros da oposição, pedem-lhe que assine uma petição contra o regime, e mencionam seu artigo. Tomas hesita, e em seguida desdiz o artigo: "Não estava reclamando o castigo de ninguém, não era esse meu objetivo. Castigar alguém que não sabe o que faz é uma coisa bárbara. O mito de Édipo é um belo mito. Mas usá-lo dessa maneira..." (p. 214). Ele decide não assinar a petição, percebendo que qualquer exibição de solidariedade com a oposição vai prejudicar Tereza, levando a polícia à sua porta.

A história de Édipo se conclui. Primeiro Tomas via como culpados os comunistas que proclamavam sua inocência. Sua carta ao editor uiva uma acusação, que agora quica de volta contra ele. Ao condenar seu próprio artigo, Tomas coloca-se simbolicamente no lugar de Édipo Rei, o magistrado investigador que descobre que era ele mesmo o perpetrador. Nesses trechos, Kundera usa o estilo indireto livre para registrar os debates interiores de Tomas, dando-lhes um tom íntimo que aproxima muito leitor e romancista do personagem principal.

A Parte Cinco de *A Insustentável Leveza do Ser* é em si um romance em miniatura, uma variação do mais famoso mito antigo. A versão de Kundera retém a ironia dramática do drama de Sófocles ao mesmo tempo que desmistifica e relativiza a perspectiva grega da culpa. Seu protagonista vai além do maniqueísmo ideológico tanto comunista quanto dissidente. Sua decisão de colocar o bem-estar de Tereza acima de posições abstratas políticas e ideológicas recorda o famoso ataque de Camus: "Acredito na justiça, mas defenderei a minha mãe antes da justiça".

O episódio pode ser lido como uma parábola sobre a criação literária. Girard compara a renúncia do romancista à história de Édipo: "O romancista se reconhece culpado pelo pecado do qual ele acusa seu mediador. A maldição que Édipo lançou contra os Outros recai sobre sua cabeça".[3] Em *A Vida Está em Outro Lugar*, a poesia lírica funciona para exaltar o eu; ela é um meio de se vingar da realidade. Enojado com sua própria timidez, Jaromil escreve um poema como meio de superar o ódio que tem de si e de se sentir forte outra vez: "embaixo sentira as mãos tornarem-se úmidas de terror e a respiração acelerar-se; mas aqui, *em cima*, no poema, estava bem acima da sua miséria[4] [...]; agora não estava mais submetido ao que acabara de viver, mas o que acabara de viver estava submetido ao que acabara de escrever" (p. 69). A literatura pode servir ao ressentimento, ou divulgar sua presença. O romancista pode criar um substituto lisonjeiro, como faz Jaromil em *A Vida Está em Outro Lugar* com seu alter ego Xavier, ou como Proust fez em *Jean Santeuil*, o precursor inacabado de *Em Busca do Tempo Perdido*; ou pode rever a perspectiva romântica inicial e revelar a mentira como mentira, apontando para o modelo na origem de *seu* desejo. Ele pode reviver, como Tomas, a história de Édipo.

Em *A Cortina*, Kundera compara a autodescoberta do romancista à conversão de Saulo no caminho de Damasco. A comparação toca nas camadas mais profundas da experiência europeia. Ela busca esclarecer que a transformação é real e duradoura, que ela muda tudo: "Se imagino a gênese de um romancista na forma de um relato exemplar, de um 'mito', essa gênese me aparece como *a história de uma conversão*; Saulo torna-se Paulo; o romancista nasce sobre as ruínas de seu mundo lírico" (p. 84). Como Tomas em *A Insustentável Leveza do Ser*, Paulo é um perseguidor, um seguidor das

---

[3] René Girard, *Mentira Romântica e Verdade Romanesca*. Trad. Lilia Ledon da Silva. São Paulo, É Realizações, 2009, p. 333.
[4] A tradução da Companhia das Letras não é exata. Na versão francesa feita por François Kérel e revista por Kundera, que serve de base à tradução citada, no lugar de "desfecho", ou "*dénouement*", temos "*dénuement*", ou "miséria, penúria". (N. T.)

multidões, que percebeu suas próprias tendências de perseguidor e de seguidor das multidões.

O leitor pode seguir o romancista no caminho da conversão. Os romances de Kundera levam-nos a um mundo em que o poder da sugestão sobrepuja o gosto e a percepção pessoais, e onde os modelos tendem a virar rivais e obstáculos. Ao explorar esse mundo, seguimos as pegadas do autor e aprendemos a reconhecer em nós mesmos as tendências imitativas de seus personagens. Copiar o desejo do modelo distorce nossa percepção, levando-nos a ficar fascinados por objetos sem valor intrínseco. Segue-se que quando "rompemos", por assim dizer, com o modelo, quando nos separamos do duplo com o qual estamos envolvidos num conflito tão amargo quanto absurdo, conseguimos ver o mundo um pouco mais claramente. Podemos até, ocasionalmente, avaliar as coisas por seu valor efetivo *para nós* e não pelo valor que acreditamos que o modelo lhe atribui.

Para Kundera, assim como para Proust, um romance de sucesso (e, acrescentaria eu, uma obra crítica de sucesso) permite que o leitor enxergue dentro de si mesmo, ideia que tem certa semelhança com a observação desgastada, mas não inadequada, de que certos livros "leem-nos" ao mesmo tempo que os lemos. Proust, afirma Kundera, escreveu *Em Busca do Tempo Perdido* para dar aos leitores intuições sobre suas próprias vidas. E ele cita *O Tempo Redescoberto*:

> [...] cada leitor é, quando lê, leitor de si mesmo. A obra do escritor não é senão uma espécie de instrumento óptico que ele oferece ao leitor a fim de lhe permitir discernir aquilo que, sem aquele livro, ele talvez não pudesse ver sozinho. O reconhecimento dentro de si, pelo leitor, daquilo que o livro diz é a prova da verdade dele [...] (p. 90)

Kundera conclui: "Essas frases de Proust não definem o sentido do romance proustiano; elas definem o sentido da arte do romance propriamente dita" (p. 90). Acompanhando a principal ideia deste ensaio, e inspirado por meu amigo Jean-Michel Oughourlian, gosto de imaginar o instrumento óptico romanesco como um par de "óculos miméticos", os quais nos permitem discernir os padrões do desejo, assim como, num filme de roubo, óculos especiais permitem aos ladrões enxergar os lasers entrecruzados que guardam as joias da coroa. O começo deste livro foi um convite a expor esses espetáculos e ver o que seu uso revelaria sobre a ficção de Kundera – e sobre nós mesmos. Assim que os expomos, linhas de força semiocultas apareceram, estruturas que foram ficando cada vez mais complexas à medida que fomos abrindo caminho, romance após romance. Agora, ao fim de nossa jornada pelo labirinto de valores, enfim saímos dele, com, espero, uma apreciação maior pela inteligência e pelo humor dos romances de Kundera, e um entendimento mais aguçado deste par inseparável: a imitação e o desejo.

# posfácio
## o desejo triangular num conto de Milan Kundera: de Girard a Kundera, e vice-versa

No célebre ensaio *Mentira Romântica e Verdade Romanesca*, René Girard esforçou-se para mostrar que os grandes romancistas da tradição ocidental tinham apreendido de maneira intuitiva e concreta, através de sua arte romanesca, a realidade do desejo. Girard escolheu a metáfora do triângulo para exprimir a não linearidade desse desejo. Pensamos, diz ele, ter preferências interiorizadas e imutáveis; pensamos também movermo-nos num mundo povoado de objetos dotados de valor intrínseco, de modo que cada objeto é mais ou menos digno de nossa cobiça. Porém, erramos ao pensar assim, tanto no primeiro caso como no segundo. Muitos ímpetos espontâneos nos impelem a satisfazer nossas necessidades mais elementares (se está muito calor e acabei de dar uma corrida, não preciso de modelo para ter vontade de beber um copo d'água). Porém, essas necessidades mesmas são suscetíveis a ser dirigidas e metamorfoseadas pela influência alheia. Tanto que descobri recentemente, estupefato, que havia no restaurante do Museu de Arte de Los Angeles um *sommelier* de água, formado na Alemanha para ajudar os clientes a escolher uma garrafa de água mineral adaptada à sua refeição (eis o papel daquilo que Girard denomina "mediador" do desejo elevado ao nível de um ofício).

Para Girard, a capacidade dos homens (e das mulheres) de se influenciar reciprocamente conduz, cedo ou tarde, ao ciúme, à inveja e ao ressentimento. A amizade se transforma em ódio, o aprendizado em rivalidade, o amor ao próximo na moralidade de escravo. Como sempre desejamos as mesmas coisas, por causa de nossa imitação recíproca, acabamos por disputarmos os mesmos objetos, e, finalmente, por esquecer completamente os motivos concretos de nossa contenda para nos precipitarmos em duelos amorosos e profissionais estéreis e exaustivos. O fim dessa "espiral mimética" só pode ser infeliz: Julien Sorel atira na Madame de Rênal; Madame Bovary se suicida; e Dom Quixote, derrubado do cavalo pelo donzel Samson Carrasco, vê-se obrigado a voltar para casa na humilhação e na derrota.

Tudo isso atinge seu paroxismo com aquilo que Girard denomina, no penúltimo capítulo de seu ensaio, "o apocalipse dostoievskiano": assim como os porcos da história do Evangelho, possuídos pelos demônios de Gerasa, os homens perdem a razão e lançam-se no precipício. Mesmo aqueles que escapam à lógica infernal do desejo precisam sofrer, antes de conhecer a libertação, tormentos assustadores. Às vezes só são libertados no momento da morte.

Se digo, portanto, que "O Dr. Havel Vinte Anos Depois", que se encontra na coletânea *Risíveis Amores*, constitui uma das revelações mais surpreendentes do desejo mimético de toda nossa literatura, você teria razão em pensar que se trata de uma história sombria, na qual a escalada das represálias vence a vontade individual, e na qual o olhar implacável do romancista nos leva a enxergar, em todo o seu negrume, a realidade desesperadora das coisas humanas. Kundera, porém, nos dá um golpe imprevisto. No conto em questão, nos encontramos num universo mágico, no qual o desejo triangular, em vez de precipitar suas vítimas num inferno de ciúme e de suspeitas, deixa todos mais felizes.

Comecemos por um resumo do enredo. "O Dr. Havel Vinte Anos Depois" narra a influência exercida por duas celebridades sobre os habitantes de uma pequena estação termal. O Dr. Havel, um Don Juan mais velho, vai até lá obter uma cura, deixando em casa sua jovem esposa, uma atriz famosa que o enerva com suas crises de ciúme. A Dra. Frantiska, mãe de dois filhos, ocupa-se dele e lhe apresenta um jovem jornalista. Este, ao saber da terrível reputação erótica do Dr. Havel, conhecido em toda a Boêmia por suas proezas de sedutor, sonha em se tornar seu discípulo. Ele lhe apresenta então sua namorada, a fim de que o doutor possa "homologá-la" (p. 173), isso na esperança de criar, entre ele e o doutor, uma "conspiração envolvendo a especialidade comum" (p. 173). Ora, o Dr. Havel não é mais o homem que era vinte anos antes, na época em que ainda era comparado à morte, que "não deixa escapar nada" (p. 96): velho, doente e gordinho, ele ainda chega a desejar as mulheres, mas não a agradá-las. De mau humor, por suspeitar de que a bela namorada de seu discípulo vai repeli-lo caso a tente seduzi-la, ele recomenda ao rapaz que rompa com ela e corteje a Dra. Frantiska, mãe de certa idade, mencionada anteriormente, e dotada, segundo Havel, de um encanto erótico "explosivo" (p. 185). O rapaz, contrafeito, faz isso. Para consolar-se da indiferença das belas habitantes da cidadezinha, o Dr. Havel então convida a esposa, aquela mesma que ele tinha deixado com alívio alguns dias mais cedo, a juntar-se a ele. Enquanto os esposos passeiam pelas ruas da estação termal, todos, inclusive as duas mulheres que, na véspera, tinham respondido com desdém aos avanços de Havel, viram-se para olhá-los.

Desenham-se assim dois triângulos. No topo do primeiro, o Dr. Havel desempenha o papel de modelo ou "mediador". O jovem jornalista, querendo se livrar daquilo que o doutor chama de "gosto provinciano" (p. 182), copia religiosamente o suposto desejo de seu mestre. Frantiska ocupa a posição do objeto. A aparente admiração de Havel confere à doutora um poder de atração irresistível aos olhos do jornalista, como testemunham as palavras que ele lhe dirige quando os dois amantes enfim se encontram juntos em sua "mansarda estreita" (p. 192):

> O rapaz não encontrou mais nenhuma resistência. Ele estava extasiado; extasiado consigo mesmo, com a rapidez de seu próprio sucesso,

> extasiado com o doutor Havel, cujo gênio estava com ele e tomava conta dele, extasiado com a nudez da mulher deitada sob ele num abraço amoroso. Queria ser um mestre, queria ser um virtuose, queria demonstrar sua sensualidade e sua voracidade. Levantou-se ligeiramente, para examinar com um olhar ávido o corpo estirado da médica, e murmurou: "Você é linda, você é esplêndida, é esplêndida". (p. 192-93)

É a esposa de Havel que desempenha, no topo do segundo triângulo, o papel de mediadora. Sua presença faz com que o valor de seu marido aumente aos olhos das belas aldeãs, que, após sua visita, passam a desejar loucamente aqueles que até então tinham julgado sem interesse. O velho doutor ocupa nesse triângulo o lugar de objeto do desejo:

> [...] Havel concluiu que a breve estada de sua esposa o havia metamorfoseado por completo aos olhos daquela gentil jovem musculosa, que ele bruscamente adquirira charme e, melhor ainda: que seu corpo era para ela a oportunidade de ter uma ligação secreta com uma atriz célebre, de se igualar a uma mulher ilustre, para a qual todos os olhares se voltavam. (p. 190)

Nos dois triângulos, Kundera coloca a ênfase no papel "sacramental" do objeto de desejo. O corpo de Frantiska torna-se, para o jornalista, o meio de sentir em si a presença viva de seu mestre, de se elevar a seu nível, de se tornar um grande sedutor, enquanto o corpo de Havel permite à musculosa massagista colocar-se no lugar da atriz e apropriar-se um pouco da essência inefável de sua celebridade. A ênfase colocada na aura quase divina desses dois corpos flácidos e enrugados contribui grandemente para a força cômica do conto, que reside na distância estabelecida por Kundera entre aquilo que se poderia chamar de atrativos puramente "físicos" do objeto de desejo e o valor "metafísico" desmesurado que ele acaba por adquirir aos olhos dos aldeães.

Para que o leitor meça a imensidão dessa distância, o autor precisa estabelecer, desde o começo, as qualidades físicas reais do objeto. Assim, quase cada detalhe do texto possui um sentido ligado à revelação do poder transfigurador do desejo triangular. Por exemplo: para apaziguar o ciúme de sua esposa, o Dr. Havel, escreve Kundera bem no começo, "falava muitas vezes da Dra. Frantiska, que iria tratar dele na estação de águas; a atriz a conhecia, e sua aparência física, perfeitamente bonachona e absolutamente estranha a toda imagem sensual, a tranquilizava" (p. 164). Por que incluir esse detalhe? O começo da história sugere que ela vai tratar, ao menos em parte, do ciúme da esposa de Havel, mas isso não acontece: ainda que ela desempenhe um papel crucial na ação, a atriz na verdade não passa de um personagem secundário, cujo primeiro nome é ignorado, e que só aparece em cena durante um período bastante curto. O objetivo secreto de Kundera aqui, creio, é levar clandestinamente para sua história uma informação essencial: a Dra. Frantiska é uma mulher que, objetivamente, não tem nenhum valor erótico. E a bela atriz, ciumenta como é, é um testemunho no qual se pode confiar.

Kundera usa a mesma estratégia com Havel: ele não se contenta de nos transmitir diretamente a informação que quer que seja passada. Ele apela aos outros, e, ao nos contar sua reação em relação ao doutor, outrora irresistível para as mulheres, nos informa do triste declínio físico do grande conquistador: as "mulheres passavam perto dele sem o menor sinal de atenção; para elas, ele se confundia com o cortejo doentio dos pálidos bebedores de água mineral" (p. 165). Esses testemunhos são, como a bela atriz, confiáveis, porque elas julgam o doutor segundo sua aparência física, simplesmente olhando-o, e não, como faz a Dra. Frantiska, segundo sua fama lendária. Mais uma vez, trata-se de estabelecer que o médico é um objeto desprovido de qualquer encanto erótico, invisível para as mulheres, e até para os jornalistas, que só pensam em entrevistar sua esposa.

O procedimento de Kundera parece um pouco o de Cervantes, que, no primeiro volume de *Dom Quixote*, descreve primeiro duas prostitutas conversando diante da entrada de uma estalagem, e depois nos dá a perspectiva de seu herói, que, por sua vez, enxerga duas princesas discutindo coisas espirituais diante do portão de um magnífico castelo. O contraste entre a realidade objetiva e o mundo imaginário de Dom Quixote é explicado pela influência exercida nele pelos romances de cavalaria. Quanto mais o contraste aumenta, mais a inteligência do leitor exige conhecer sua causa. Assim, uma distância máxima entre a posição social real das duas mulheres e aquele imaginado pelo Cavaleiro da Triste Figura nos obriga de certa maneira a adotar a hipótese de um mediador. O romancista dá o valor de duas das variáveis da equação algébrica; o leitor então possui tudo (ou quase tudo) de que precisa para resolver o problema do desejo.

Como em Cervantes, a verdade romanesca kunderiana impõe-se com tanto mais força quanto mais o ponto de vista do personagem "doente" parece extravagante. Nenhuma psicologia do sujeito permite explicar por que um rapaz capaz de sair com belas moças de sua idade, começaria, de um dia para o outro, a cortejar uma mulher como Frantiska. Igualmente, o súbito interesse que sentem as filhas da estação termal por um velho doutor ventripotente é incompreensível fora da ótica triangular.

Kundera teria podido contentar-se com uma simples descrição do desejo imitativo, mas, nesse conto, ele age como um bom pedagogo, quiçá como teórico. Como já vimos, a lucidez de Havel permite ao autor se servir de seu personagem para realizar a revelação romanesca. O jornalista, infinitamente mais inocente do que seu mestre, só entende obscuramente o mecanismo do qual é um brinquedo cego. Para compensar essa deficiência, o narrador kunderiano intervém no momento propício para definir explicitamente o princípio de transfiguração que rege o comportamento de seus personagens. Se Havel desse sua aprovação à jovem namorada do jornalista, escreve Kundera,

> a própria jovem teria mais valor aos olhos do rapaz, e o prazer que ele experimentava com a sua presença se transformaria de um prazer fictício num prazer real (pois o rapaz às vezes tinha a impressão de que o mundo em que vivia era um labirinto de valores cujo sentido só lhe aparecia de maneira extremamente confusa e que só poderiam se transformar de valores aparentes em valores reais depois de terem sido *verificados*). (p. 173)

Esse pequeno texto sublinha, de todas as maneiras possíveis, a incapacidade absoluta do rapaz de tirar de sua própria subjetividade um olhar estável e decisivo sobre o mundo. Mais ainda, ele faz com que dependa do julgamento o prazer mesmo, que se julgaria além do princípio de verificação externa. A metáfora do labirinto estende ao mundo inteiro a confusão em que o rapaz se encontra diante de sua bela namorada. Incapaz, diz-nos Kundera, "de avaliar seu charme e beleza" (p. 179), o jornalista não enxerga que ela é (informação comunicada pelo narrador) "muito atraente" (p. 180). Nesse conto, não está em questão um relativismo puro no qual os valores flutuam no vazio segundo a mediação, e sim uma série de avaliações errôneas que deformam o valor real das coisas. Cabe ao romancista restituir essas coisas a seu preço verdadeiro, corrigir a perspectiva delirante do jornalista e fornecer ao leitor referências sólidas.

Assim como contrapõe às ilusões impalpáveis do desejo triangular a realidade de um corpo envelhecido ou de uma moça que é objetivamente bela, Kundera distingue entre as paixões simuladas e as emoções sinceras. O jornalista, escreve ele, "gostava muito da namorada" (p. 178). No momento da separação, "ele sentia o coração apertar: ao mesmo tempo que sabia que, como um verdadeiro pescador, ia devolvê-la à água, ele mesmo assim continuava, em seu foro íntimo (secretamente e com uma espécie de vergonha), a amá-la". Alguns dias depois, na cama com Frantiska, o jornalista constata que sua excitação está abandonando-o.

> [...] ficou revoltado; seus movimentos se tornaram impetuosos e ele tentou atrair o interesse dela para considerações mais sensuais: "A última vez que fui à sua casa, você sabia que nós iríamos fazer amor?".
>
> "E você, sabia?"
>
> "Eu *queria*", disse o jornalista, "eu *queria* tanto!", e pôs na palavra *queria* uma paixão imensa. (p. 194)

Ao amor autêntico do jornalista por sua bela namorada contrapõe-se a febre afetiva de seu desejo pela bela Frantiska. Porém, pouco importa que sejam o arrependimento ou a repulsa que estejam em jogo. Nos dois casos, o jornalista se esforça para superar suas verdadeiras emoções, a fim de estar à altura de seu mestre. Longe de fragilizar a hipótese do desejo triangular, a existência, numa camada fundamental, de sentimentos autênticos e de impulsos sexuais espontâneos apenas demonstra de maneira indireta a força prodigiosa de um desejo capaz de transcendê-los. Esses sentimentos e esses impulsos desempenham, no plano afetivo, o papel que desempenharam, no plano físico, os corpos pouco desejáveis de Frantiska e de Havel. Eles constituem uma referência de base que permite mensurar o imenso poder de atração do mediador do desejo.

Todas essas considerações autorizam, creio, uma hipótese sobre o título do conto. Em sua fascinante "Biografia da obra" na edição Pléiade da obra de Kundera, François Ricard nos informa sobre as diferentes edições francesas de *Risíveis Amores*. Em 1986, escreve ele,

> uma "nova edição revista pelo autor" é publicada. Kundera faz ainda mais alguns retoques a seu texto e coloca o índice no começo do volume, como em todos os seus outros livros. (Outra mudança, mais estranha, também aparece

> nessa edição: o protagonista do penúltimo conto, intitulado até então "O Dr. Havel Dez Anos Depois", subitamente envelhece, quando o título de sua história torna-se "O Dr. Havel *Vinte* Anos Depois", como se o autor, ao ficar ele mesmo mais velho, quisesse empurrar para mais longe a fronteira do envelhecimento.)

Ao reler esse trecho, eu disse a mim mesmo que as exigências da revelação romanesca poderiam ser também em parte responsáveis por essa mudança. Acrescentar dez anos à idade do protagonista tem como consequência aumentar a distância entre o corpo sem charme ignorado pelas belas moças no começo da história e o corpo divino pelo qual elas ficam loucas ao final. E, como já vimos, quanto maior essa distância, mais a intervenção do modelo se impõe como a única explicação que permite dar conta do processo de transfiguração.

Certas palavras de Kundera parecem dar credibilidade a essa hipótese. Existe, afirma ele numa entrevista com Normand Biron, "uma distância infinita entre aquilo que pensamos de nós mesmos e aquilo que somos na realidade; uma distância infinita entre aquilo que as coisas querem ser ou pensam ser e aquilo que elas são [...]. A arte da ironia consiste em apreender essa distância. E a perspectiva do romance é a da ironia".[1] Essa citação resume admiravelmente aquilo que eu denominaria a "poética triangular" de Kundera. Como sugeri, esta repousa num perpétuo vaivém entre o reino dos objetos concretos ("aquilo que somos na realidade"; aquilo que [as coisas] são") e o da ilusão ("aquilo que pensamos de nós mesmos"; "aquilo que as coisas querem ser ou pensam ser"). Graças a um narrador onisciente que corrige o ponto de vista dos personagens, o leitor vê por toda parte os sinais de uma mediação cuja força de transfiguração evoca um sortilégio mágico. Esses sinais são tão eloquentes que a supressão dos trechos "teóricos" não impediria o leitor de

---

[1] *Liberté*, vol. 21, n. 1 (121), p. 19-33, 1979.

compreender a história. No limite, seria possível até mesmo suprimir a existência do modelo do desejo, de tanto que os dados fornecidos por Kundera no interior do mundo romanesco (como a idade avançada do protagonista) testemunham indiretamente sua influência. Num caso como esse, se o mediador não existisse, o leitor seria forçado a inventá-lo.

Deveríamos ficar escandalizados com a ideia de que um artista adota, em relação à sua obra, uma atitude perfeitamente racional, como se se tratasse de resolver um problema de xadrez, mais do que de se entregar a uma atividade puramente emocional e intuitiva? "A poesia", dizia Lamartine, "é o canto interior." Porém, a estética de Kundera é alheia a uma concepção romântica como essa da literatura; para ele, o romance é um modo de pensar, um laboratório de reflexão. O princípio de construção de seu conto confirma isso. Temos de nos haver com dois corpos envelhecidos tornados desejáveis graças à mediação, com dois jovens ingênuos e esnobes impacientes para se elevar ao nível de seu ídolo, e com dois corpos jovens e desejáveis dados, de maneira altruísta, como uma oferenda sagrada. Por que esse desdobramento? Será preciso acusar Kundera de redundância? Creio que é preciso ver esse conto como uma invenção a duas vozes, na qual cada intriga serve de ponto de comparação à outra. Notemos, por exemplo, o sexo dos protagonistas de cada fio narrativo: de um lado, dois homens e uma mulher; de outro, duas mulheres e um homem. É quase um experimento científico! Com frequência Kundera é acusado de ser um autor sexista, mas, nesse conto, ele dá mostras de uma imparcialidade exemplar. A estrutura dupla da história é a ocasião de mostrar que as mulheres são tão suscetíveis quanto os homens a cair na armadilha do esnobismo. Ela também permite que a ênfase seja colocada não em um ou vários personagens, mas nas estruturas geométricas do desejo triangular, que ficam sempre no centro da visão romanesca. Claro que Kundera poderia ter criado apenas um único triângulo, como fez Cervantes em sua novela intitulada "O Curioso Impertinente", mas, nesse caso, a experiência, pelas razões que acabo de expor, nos pareceria menos conclusiva.

Porém, ela é conclusiva: o princípio do desejo triangular é válido para os homens e para as mulheres. O poder de sugestão do mediador é mais forte do que a percepção imediata do sujeito, mais forte do que o envelhecimento do objeto, mais forte do que o prazer sentido pelo jovem jornalista na presença de sua amiga, mais forte até do que sua repulsa diante do corpo flácido de Frantiska. Existe então uma força capaz de rivalizar com o desejo triangular? Estamos todos condenados a não ser mais do que brinquedos impotentes de nossos mediadores?

Talvez. Porém, Kundera adota em relação ao fenômeno que descreve nesse romance uma atitude serena que exclui qualquer denúncia moralizante. Em "O Dr. Havel Vinte Anos Depois", os jogos diabólicos do desejo são abrandados e temperados por um valor sólido, inabalável, que parece fora de seu alcance: a generosidade. Havel sente por Frantiska uma solicitude generosa. Se ele engana o rapaz deixando-o crer que a doutora dispõe de uma força erótica enfeitiçante, ele não o faz apenas por mau humor; ele oferece a Frantiska esse jovem amante como um presente, como que para agradecer-lhe por sua fiel amizade. O que de início era apenas um gesto malvado, motivado pelo rancor, se transforma em gesto de amor desinteressado, quase cristão.

O conto inteiro é caracterizado por essa ambiguidade romanesca. Poder-se-ia crer que a estratégia de Havel para suscitar o interesse das moças não passa de um ardil cínico, e é mesmo, em parte. No começo do conto, Havel não tem nenhuma vontade de ver sua esposa; está até contente por estar longe dela, e lança a carta que ela lhe escreveu na lata de lixo. Porém, se ele aproveita sua presença na cidade para aumentar seu valor erótico, ele a convidou na completa inocência, sem segundas intenções táticas, porque ele está triste e ela lhe faz falta.

Assim, nem tudo no conto está submetido ao jogo triangular: o amor tingido de compaixão que incita Havel a telefonar a sua esposa é autêntico e real. Mesmo a maneira como Havel aproveita a celebridade de sua esposa para dormir com uma das aldeãs tem algo de deliciosamente ambíguo. Ele, por sua vez, não deseja mais a jovem massagista, mas mesmo assim a convida para jantar: "teve a impressão de que o corpo da massagista estava de pé sobre a mão grande da atriz e que essa mão lhe era estendida como uma mensagem de amor, como uma oferenda. E lhe ocorreu que sua mulher ficaria magoada se ele recusasse essa oferenda, recusasse essa atenção terna" (p. 190). Kundera transforma assim uma infidelidade em prova de fidelidade, até mesmo numa expressão de amor conjugal; não levamos essa transformação a sério, mas ela mesmo assim nos impede de tratar Havel como um reles conquistador. Na pena de Kundera, o doutor lúbrico jamais se torna um cruel libertino como a Madame de Merteuil; ele permanece, aos olhos do espectador, um personagem de dois gumes, simultaneamente vaidoso e generoso, capaz das piores mentiras e, ao mesmo tempo, dos gestos mais desinteressados.

Em Kundera, a sinceridade e a ironia sempre andam juntas; o desvelamento do mecanismo triangular é acompanhado de emoções reais, de generosidade e de gratidão. O romancista não faz do homem uma máquina submetida às leis do desejo, mas, pelo contrário, ressalta o entrelaçamento complexo de motivações mecânicas e de impulsos sinceros de amor fraterno. É essa mistura de empatia e de distância que confere ao conto seu sabor particular, e que dá à revelação do desejo triangular uma razão de ser para além da simples ilustração de um fenômeno antropológico. Aqui estamos longe de uma condenação puritana do desejo. Pelo contrário, em "O Dr. Havel Vinte Anos Depois", Kundera, à maneira de seu mestre, Denis Diderot, oferece o elogio da mistificação mimética.

Ao escrever esse conto, Milan Kundera foi influenciado por René Girard? A questão se impõe, pois "O Dr. Havel" sem dúvida foi escrito em meados ou talvez no fim dos anos 1960, isto é, alguns anos depois da publicação da *Mentira Romântica e Verdade Romanesca*, publicado pela Grasset em 1961. Em vez de responder eu mesmo a essa questão, darei a palavra a Milan Kundera, que conversou com René Girard em 1989, nas ondas da rádio France Culture:

> Há um conto que eu não poderia ter escrito se tivesse primeiro lido seu livro sobre o romance, porque você fala do desejo que é sempre inspirado pelo desejo de um outro, não é mesmo? Eu tinha escrito um conto que se chama "O Dr. Havel Dez ou Vinte Anos Depois", em que um grande conquistador de mulheres é admirado por um jovem adepto, e este depende tanto do julgamento de seu modelo que só é capaz de se relacionar com as mulheres que ele recomenda. Esse grande Don Juan é tão sádico que sempre lhe recomenda mulheres absolutamente feias. E quando uma moça é bonita, ele diz: não, não vale a pena. E ele obedece completamente. Então eu disse a mim mesmo que ela é quase a caricatura – aliás, eu adoro esse conto – daquilo que você escreveu. Assim, se eu tivesse lido seu livro, eu teria ficado bloqueado. Teria dito a mim mesmo: "Agora, você está fazendo uma ilustração daquilo que René Girard escreveu", não é mesmo? Eu tive o duplo prazer de lê-lo, e de lê-lo tarde demais. (transmissão em 11 de novembro de 1989)

René Girard, muito interessado, responde: "Mas o conto existe em francês?". Aqui sentimos o cão de caça à espreita de uma nova pista para suas pesquisas. Se Kundera lhe tivesse indicado a coletânea *Risíveis Amores*, Girard ter-se-ia precipitado à livraria da esquina para comprá-la, e eu não estaria escrevendo este pequeno comentário, pois ele teria sem dúvida escrito sobre Kundera o único estudo "triangular" digno desse autor genial. Felizmente para mim, Kundera, com muita pressa de expressar sua admiração por *Mentira Romântica e Verdade Romanesca*, agiu como se Girard não lhe tivesse feito a pergunta: "Por exemplo, isso que você diz sobre a política, eu fiquei muito impressionado com o que você diz sobre Stendhal...".

# pós-escrito
# uma resposta a Elif Batuman

Durante as revisões do manuscrito, tomei conhecimento de *Os Possessos: Aventuras com os Livros Russos e Seus Leitores*, de Elif Batuman,[1] uma defesa e uma ilustração brilhantes do ensaio literário. O último capítulo do livro é uma meditação sobre o desejo mimético e sobre a relação problemática entre vida, literatura e teoria. Batuman explica e maneja as ideias de Girard com grande destreza, mas imputa a elas uma energia nociva, negativa, chegando a ponto de compará-las às forças niilistas liberadas em *Os Demônios*, de Dostoiévski. Creio que sua história de "possessão" girardiana é ainda mais complexa do que parece à primeira vista. Como Platão, usando arbitrariamente o *phármakon* para desacreditar os sofistas, Batuman produz a narrativa de uma teoria que se teria perdido – ao mesmo tempo que solapa essa mesma narrativa.

Tudo começa em seus dias de aluna de pós-graduação no departamento de literatura comparada de Stanford, em que ela e diversos colegas foram enfeitiçados pela teoria mimética, ainda que não sem algumas reservas: "Estávamos todos fascinados pela teoria de Girard, mas ela também nos irritava" (p. 31). Enquanto isso, ao mesmo tempo que estudam o desejo mimético em sala de aula, o grupo começa a agir de acordo com ele na vida real, virada essa que parece

---

[1] Tradução brasileira de Luis Reyes Gil (São Paulo, Leya, 2014).

aumentar a irritação de Batuman e simultaneamente confirmar suas suspeitas de que Girard pode ter percebido algo valioso.

Matej, pós-graduando croata e girardiano fervoroso, faz o papel de mediador diabólico. Com sua beleza física incomum e sua personalidade magnética, ele reduz os colegas a um estado de submissão semelhante a um transe. É ele quem os convence inicialmente a se inscrever no curso que será dado por Girard. Depois, ele descarta suas objeções à teoria como indícios de "ilusões românticas individualistas" (p. 318). O fascínio nada saudável que Matej inspira neles parece provar que ele tem razão; quanto mais eles o desejam, mais eles têm motivo para reconhecer a força explicativa da teoria.

Enquanto isso, o estrago emocional que ele inflige recorda a devastação operada pelo mais glacialmente invulnerável dos personagens dostoievskianos, o arrogante nobre Stavróguin, de *Os Demônios*. Um a um, os mais próximos de Matej sucumbem a seus encantos estonteantes. As relações desintegram-se. Os egos se despedaçam. Logo a própria Batuman cai na armadilha da obsessão. Ela confronta Matej, e acaba recebendo dele uma aula de teoria girardiana:

> "Não posso curá-la da sua carência metafísica", ele me diz irritado. "Não posso fazer nada por você. Tudo o que eu posso fazer é torná-la infeliz." Ele fez uma pausa e começou a dar tapinhas nos bolsos procurando seus cigarros. (p. 319)

O desencanto de Batuman com o girardismo espelha sua frustração com Matej, que tem a última palavra, tanto intelectual quanto amorosamente, mas que parece não ter compaixão e, apesar de sua hiperlucidez, uma verdadeira consciência de si. Pelo modo como ela o descreve, ele tem um caso grave do vírus mimético. Atraído fatalmente por mulheres indisponíveis, ele cria o hábito de destruir casais: "Eu sabia de pelo menos duas mulheres, extremamente inteligentes e atraentes, que estavam apaixonadas por

Matej", escreve Batuman. "As duas namoravam outros homens, que eram amigos de Matej. Ele então se comportava de um modo muito sedutor com as mulheres" (p. 312-3). Depois, ficamos sabendo que ele certa vez desenvolveu uma perigosa paixão por "uma garota que estava obcecada por um disc jockey esloveno. Ele perseguira a garota desesperadamente, determinado a afastá-la do DJ, sem se importar se tivesse que se aniquilar no processo" (p. 317). Em seu nicho atrás dos equipamentos, com multidões de *clubbers* dançando ao som das músicas que ele escolhe (ou ao menos é assim que eu imagino), o DJ, mediador por profissão, desorienta Matej de um modo a essa altura familiar aos leitores deste livro (as iniciais DJ, como a própria Batuman observa, também servem para Don Juan).

Em suma, Matej parece incapaz de desejar sem a interferência de um modelo-rival. Batuman espalha pistas óbvias dessa fraqueza por seu texto, talvez para fazer com que seus leitores entendam que, como acontece com tantos teóricos, Matej é ele mesmo a melhor ilustração de suas ideias. Nesse caso, a fluência na teoria girardiana aparece como uma tentativa derradeira de manter a ilusão da autonomia pessoal. Matej não exatamente adotou um sistema de pensamento, mas sim se armou de uma arma desconstrutiva superior, pois, como Girard observa

> Nem um único desejo escapa ao desmistificador pacientemente empenhado em construir sobre todos esses cadáveres de mitos o maior mito de todos, o de seu próprio desprendimento. Só ele, ao que parece, nunca deseja. Trata-se sempre, em resumo, de convencer os Outros e sobretudo de convencer a si mesmo que se é perfeita e divinamente autônomo. [...] a lucidez e a cegueira crescem conjuntamente. A verdade, a partir de então, fica tão gritante que é preciso levá-la em consideração, nem que seja para escapar dela. (p. 302)

Matej encarna o modo como a teoria às vezes agrava os problemas mesmos que deveria resolver, ainda que Batuman veja o próprio professor Girard como a verdadeira origem do estrago: "Não era apenas uma doença mimética o que nós tínhamos, meus colegas de classe e eu, mas a *ideia* de doença mimética, e nós a aprendemos dele" (p. 311).

Ela conclui que o erro fatal da teoria mimética está em sua visão do amor como "algo vergonhoso, vão, o oposto da generosidade" (p. 320). Ela se vê como um personagem de *Os Demônios*, talvez como Lizaveta Nikolaevna, dedicada de corpo e alma a seu amado e disposta a sacrificar tudo, até sua virtude. Porém, em vez de encontrar consolo na ideia de que "o impulso de cometer erros generosos" (p. 320) é um antídoto para a absorção em si mesmo, ela precisa confrontar seus temores, inspirados por Matej, de que aquilo por que ela passa apenas prova sua incapacidade de superar as ilusões românticas:

> Em uma análise final, isso era o mais perturbador no girardianismo: ele tornava o amor algo totalmente sem importância. A curiosidade e a empatia engendradas pelo amor, que eu achava tão valiosas, eram redescritas como falhas da natureza humana. (p. 320)

Adotando uma visão tudo-ou-nada, ela passa a considerar contraditória a ênfase simultânea de Girard na literatura e na renúncia: ou você permanece no mundo e do mundo, ou rejeita integralmente a narrativa. Ninguém que leve a sério as ideias de *Mentira Romântica e Verdade Romanesca* tem lugar num programa de literatura comparada, estudando livros que só fazem repetir o que Girard já lhes ensinou sobre a futilidade do desejo. Melhor virar as costas para a intriga e para a ambição que movem as histórias para a frente e entrar para um mosteiro (solução que Matej acaba adotando).

Creio que Batuman lê mal Girard quando interpreta a ideia de desejo mimético como uma condenação totalizante do amor em todas as suas formas. A obsessão, por mais que pareça ao obcecado "generosa" ou "um sacrifício de si", é diferente do amor. A primeira não tem humor e é dolorosa. Ela transfigura o objeto, ao passo que a verdadeira paixão, ao contrário do que escreve Stendhal em *Do Amor*, não leva a essa cristalização: o Matej por quem Batuman se apaixona é uma miragem.

Isso, porém, é um detalhe. E, de qualquer modo, Batuman cercou sua posição com minas. Qualquer pessoa tola o bastante para acusá-la de usar noções românticas de sacrifício de si para justificar sua fixação em Matej corre o risco de ver essa acusação explodir em sua cara. Ensinar-lhe as nuances mais sutis da teoria mimética seria apenas repetir o erro de Matej. Ele achava que *explicar* os comportamentos obsessivos dos amigos em termos girardianos ajudá-los-ia a colocar seu "mal-estar ontológico" em perspectiva. Na verdade, claro, sua insistência em diagnosticar as pessoas à sua volta é em si um sintoma da doença que o consome. Ao tentar curar os outros, Matej sem querer dá testemunho de sua própria servidão.

A frustração com a falácia de que "conhecer a si mesmo" pode trazer a emancipação da servidão mimética é, suspeito, uma força motriz da crítica de Batuman. Ao conhecer Matej, ela nota o poder de sua personalidade carismática: "Era um poder elementar, como o clima ou a eletricidade. Reconhecer isso não tinha qualquer efeito sobre sua reação física" (p. 312). Em outras palavras, às vezes o autoconhecimento não basta. Assim como não se aprende a deixar de ficar obcecado por alguém adotando uma teoria intelectual, mesmo que seja sólida, também não se aprende a dirigir um carro lendo o manual do proprietário.

A boa e velha distância geográfica é uma cura melhor. Matej e Batuman separam-se no verão e, escreve Batuman, "dei um jeito de parar de pensar nele" (p. 322). Porém, eles recomeçam de onde pararam quando chega o outono, ficando acordados até tarde falando de Proust. Acabam indo para a cama.

A nociva ambivalência de sua amizade recorda outro episódio de *Os Possessos*, em que Batuman descreve os itinerários entrelaçados de dois viajantes pela Turquia, o autor Púchkin e um nobre que também se chama Púchkin: "Púchkin e o Conde Púchkin decidem viajar juntos, mas acabam discutindo e se separam. Púchkin não terá qualquer participação no plano do Conde Púchkin de atravessar uma passagem de montanha nevada em uma *britska* puxada por dezoito touros ossetos macilentos. Seus caminhos divergem..., mas eles se encontram de novo em Tiflis. Não podem fugir um do outro" (p. 109-10).

Batuman acha absurda a ideia de uma semelhança entre ela e Matej: "Que sentido tinha dizer que éramos iguais, quando todas as nossas experiências e crenças eram diferentes?" (p. 320). Ele é da Croácia, ela não; ele acredita em Jesus, ela não. Porém, em outro nível, eles são estranhamente parecidos: Matej está obcecado pela teoria girardiana; também Batuman. Ele começa lendo Proust; também Batuman. Ele namora as amigas de Batuman; ela namora um de seus melhores amigos, a quem dá aulas de teoria girardiana exatamente como Matej lhe dava aulas.

Batuman conta que, quando criança, Matej "costumava se trancar no banheiro, procurando desesperadamente no espelho diferenças entre o seu rosto e o do seu pai, com o qual já naquela época ele se parecia em um grau impressionante; ele invariavelmente encontrava as diferenças..." (p. 329). O texto dela realiza um feito semelhante: ainda que cada página dê testemunho da notável semelhança entre ela e Matej, ela invariavelmente enxerga as diferenças. Pois, se ela deixar essas diferenças desaparecerem, se ela permitir que o circuito imitativo se complete, ela teria de admitir que Matej tem razão: "Você e eu somos muito parecidos – somos exatamente iguais" (p. 319), diz-lhe ele em dado momento. "*Matej, c'est moi!*" Acho que essas são as únicas palavras que ela não chega a dizer.

Na teoria de Girard, escreve Batuman, "não existe algo como a autonomia ou a autenticidade humana" (p. 307). Eu acrescentaria que, ainda que nosso desejo nunca brote espontaneamente, uma vez que estamos cientes dessa realidade podemos ao menos escolher, ou tentar escolher, os modelos que imitamos. O livre-arbítrio existe.

Batuman descreve o encontro do círculo com Matej em termos quase fatalistas, como se ninguém conseguisse evitar virar seu escravo. E é verdade que resistir à atração de um Stavróguin ou de um Matej pode parecer um feito sobre-humano, especialmente para alguém nas garras de uma obsessão infeliz. No fim, porém, como ela mesma prova, é possível. Tendo o "período demoníaco" (p. 325) chegado ao fim, ela se muda para Twin Peaks, cortando os laços com os colegas. Quando uma das antigas conquistas de Matej convida-a para uma festa de despedida para ele, ela recusa: "'Sei que vocês dois ainda não estão se falando, mas me parece absurdo não convidar você', Keren escreveu. Não fui à festa" (p. 326).

Aparentemente, é Matej que passa por uma "conversão semelhante à morte"[2] quando deixa o mundo do desejo por um mosteiro numa ilha no Adriático, uma escolha que desperta sentimentos contraditórios de perplexidade, de repulsa e de admiração em seus ex-colegas. Porém, o último capítulo de *Os Possessos* é uma história da conversão de Batuman na mesma medida que de Matej. Ela também encontra abrigo, nas alturas de Twin Peaks, com seus ventos; ela também renuncia a seu mediador, preferindo manter distância do sedutor byroniano que participa da festa de despedida:

> nuvens enormes corriam pela rua como se tivessem pressa de chegar a algum lugar, ocasionalmente revelando vistas impressionantes da cidade. Todos os outros faziam brincadeiras comigo pelo fato de eu ter me mudado para lá. Ilan chamava o lugar Cumes Ululantes, mas eu

---

[2] No original, "*deathlike conversion*" (p. 280); na tradução da editora Leya, "conversão no leito de morte" (p. 328). (N. T.)

> não ligava. De qualquer modo, eu quase não
> via nenhum deles, depois que parei de conver-
> sar com Matej. (p. 326)

Claro que alugar um apartamento num bairro (relativamente) remoto de San Francisco e evitar o ex trazem menos sacrifícios do que fazer voto de silêncio e entrar para uma ordem monástica. Porém, ainda que menos radical, a renúncia criativa de Batuman em última instância parece, das duas, a mais autêntica. Lembrei de certos trechos de *Mentira Romântica e Verdade Romanesca* em que Girard descreve a serenidade obtida por Fabrice,[3] de Stendhal, preso na Torre Farnese: "Todas essas imagens de afastamento e de ascensão expressam uma visão nova e mais desprendida, a visão do próprio criador" (p. 330).

Matej, nesse ínterim, permanece até o fim um personagem ambivalente, tão perturbador no hábito de monge quanto no papel do Flautista de Hamelin da pós-graduação. Ele de algum modo consegue transformar a saída do mundo num esforço napoleônico da vontade. Ainda que pareça ter "renunciando à narrativa" (p. 328), suas mensagens do mosteiro sugerem que sua ambição permanece grande como nunca:

> No mosteiro estou encarregado de arrumar as
> mesas e de limpar o refeitório. Até uns dias
> atrás, eu era o substituto, mas agora já sou o
> principal copeiro. Você pode ver que, como
> sempre, faço progressos rápidos... (p. 329)

No fim das contas, a noção de que se pode renunciar à narrativa é m si uma ficção romântica. Pois, como mostra Batuman, a matéria da narrativa, ao menos nos romances de Stendhal e de Dostoiévski (e, acrescentaria eu, nos de Kundera) é o próprio desejo mimético.

---

[3] Personagem de *A Cartuxa de Parma*. (N. T.)

E como nenhum ser humano pode escapar da necessidade da mediação, postular uma utopia além da narrativa é em última instância um gesto vazio. Nunca podemos deixar para trás a narrativa; não existe rompimento absoluto com o mundo. Tudo o que podemos fazer é renunciar a certo *tipo* de narrativa, de modo a trocá-la por outro tipo.

Em seu capítulo introdutório, Batuman intrigantemente dá uma pista de seu próprio processo de renúncia:

> Com base em Cervantes, o método do romance tem sido tipicamente o da imitação: as personagens tentam se parecer com as personagens dos livros que acham significativos. Mas e se você tentasse algo diferente – que tal se tentasse estudo em vez de imitação, e metonímia em vez de metáfora? [...] E se você lesse *Ilusões Perdidas* e [...] em vez de viver sua própria versão de *Ilusões Perdidas*, a fim de algum dia escrever o mesmo romance para a América do século XXI –, que tal se em vez disso você fosse para a casa de Balzac e para a propriedade de Madame Hansk [...] e *depois* começasse a escrever? (p. 34-35)

Assim Batuman, a instável aspirante a romancista, tornou-se Batuman, a brilhante autora de um ensaio literário, o qual possui toda a força e complexidade estrutural de um romance. O último capítulo de *Os Possessos* é, ao que me parece, um relato passo a passo de sua metamorfose. O girardismo grotesco e literalista de Matej ocupa o centro das atenções em suas reminiscências da pós-graduação como inferno mimético. Quer perceba ou não, porém, a própria retirada de Batuman do microcosmo de Stanford segue a trama girardiana ponto a ponto, ainda que de maneira mais fecunda e menos espetacular, permitindo que ela equilibre a dupla exigência de mundanidade e renúncia – que supere, em outras palavras, a contradição mesma que ela identificava no coração da empreitada girardiana.

Li o capítulo final de *Os Possessos* com grande empolgação, tomado pelo sentimento de que eu tinha encontrado uma espécie de alma gêmea. Afinal, apesar de seu ceticismo aberto a respeito de seu ímpeto cristão e de suas pretensões de universalidade, o envolvimento de Batuman com a teoria mimética me pareceu mais fiel ao projeto de Girard do que talvez ela própria tenha suspeitado. Ainda que sua insistência na "qualidade ilusória e perniciosa do desejo mimético" (p. 308) deixe pouco espaço para a imitação positiva, ela não questiona que a grandeza de um romance é medida não pela ausência de "falhas técnicas" (p. 304), mas por sua aderência à realidade. Ao trazer a experiência pessoal para provar o valor de *Os Demônios*, ela estilhaça nossa imagem do crítico como detetive da poltrona que opera a uma distância segura da literatura: "fui sugada, muito mais do que eu esperava".[4] Ela conquistou seu profundo entendimento da ficção de Dostoiévski ao custo de meses à mercê de uma obsessão. Sua narrativa ilustra não apenas os perigos de viver a vida por meio dos livros, mas também os benefícios acumulados quando (e se) você consegue sair do outro lado.

---

[4] No original, "*I was sucked in, deeper than I ever expected*" (p. 23). Na tradução da Leya, "fui ludibriada, mais completamente do que eu esperava" (p. 33). (N. T.)

# apêndice
## uma visão geral da vida e da obra de Kundera

"O romancista e crítico franco-tcheco nasceu em Brno e vive na França, sua segunda pátria, desde 1975." Nisso consiste a brusca nota biográfica na contracapa de *Encounter*.[1] Famoso por ser discreto a respeito de sua vida pessoal, Kundera desconfia de jornalistas e de biógrafos. Há décadas ele não dá uma entrevista, e me disseram que, quando ele volta à sua terra natal, volta usando pseudônimo.

A transparência está na ordem do dia, e há quem veja com suspeita a tentativa de Kundera de permanecer discreto. Porém, sua reserva pode ser mais bem compreendida como um prolongamento natural das ideias apresentadas em *A Arte do Romance*, em que ele afirma não estar ligado a nada, "salvo à herança depreciada de Cervantes" (p. 25), isto é, ao romance como arte, como atitude, como postura. Se Kundera adere a uma ética do apagamento de si herdada de Flaubert ("O homem não é nada, e a obra, tudo", escreveu o autor de *Madame Bovary* numa carta a George Sand), seu objetivo não é proteger sua vida do exame do público, mas sim erguer uma muralha entre seu passado e sua obra.

Em outras palavras, a reserva de Kundera serve um propósito antes estético do que de censura. Os romancistas muitas vezes usam a

---

[1] Isto é, da edição em língua inglesa do livro. O mesmo texto não aparece na contracapa da edição brasileira, *Um Encontro*. Trad. Teresa Bulhões Carvalho da Fonseca. São Paulo, Companhia das Letras, 2013. (N. T.)

própria vida como material, mas nem sempre no sentido simples e direto imaginado por muitos. Uma espécie de crítica biográfica traiçoeira gosta de descartar o modelo da vida real por tal ou qual incidente ou personagem, desfazendo desse modo as transposições deliberadas do autor. A fim de proteger seus livros desses xeretas literários, o romancista não tem muita escolha além de fechar as cortinas e tornar sua vida misteriosa.

Para manter essas cortinas fechadas, ressaltarei apenas os fatos biográficos que iluminam tão somente a poética de Kundera. O primeiro deles é que o autor de *A Brincadeira* nasceu em... 1º de abril. Seu pai era pianista e musicólogo, e estudou com Janáček. Assim, não surpreende que, com vinte e poucos anos, Kundera tenha se dedicado a compor música (ele analisa a arquitetura formal de uma de suas primeiras peças num diálogo com Christian Salmon em *A Arte do Romance*). Ele também surgiu na cena literária como um dos principais poetas tchecos de sua geração antes de transferir seu foco para a prosa, com trinta anos.

Essas duas primeiras influências estéticas – a música e a poesia – posteriormente moldariam sua abordagem do romance. Sua aversão por poses românticas pode ser rastreada até sua "conversão antilírica", mas seus romances mesmo assim têm raízes fincadas em imagens poéticas, surrealistas. Basta recordar a dança levitante em círculo em *O Livro do Riso e do Esquecimento* ou o encontro onírico entre passado e presente em *A Lentidão* para ver que Kundera nunca esqueceu as lições que aprendeu em sua juventude com Maiakóvski e com Apollinaire. Para ele, um bom romance deve possuir a intensidade e a beleza de um poema ao mesmo tempo que permanece resolutamente antirromântico.

Também, valendo-se de sua formação como músico e compositor, Kundera remoldou o romance segundo as linhas sugeridas pelas obras de Robert Musil e de Hermann Broch. Em vez de se basear em descrições detalhadas e num enredo perfeitamente linear, ele prefere fortes contrastes e múltiplos pontos de vista. Ele levou a forma polifônica, que Broch tinha usado com grande sucesso em *Os Sonâmbulos*, a um nível sem precedentes de perfeição na Parte Três de *O Livro do Riso e do Esquecimento*, intitulada "Os Anjos", em que costura narrativa ficcional, fragmento autobiográfico, análise narrativa, fato histórico e devaneios de realismo mágico. A unidade é garantida por um tema ou uma questão central (no caso, "O que é um anjo?"), e não por uma trama principal, e isso liberta o romancista para se concentrar exclusiva e ininterruptamente nos problemas que o fascinam. Autores contemporâneos como Benoît Duteurtre, Alain de Botton e Adam Thirlwell reconheceram os benefícios da abordagem kunderiana e a empregaram com sucesso em sua própria obra. Poucos autores contemporâneos chegaram, se é que algum chegou, a ver suas inovações formais adotadas com tanto entusiasmo pela geração seguinte.

Por anos, porém, a condição de emigrado de Kundera colocou essas realizações estéticas em segundo plano. Em 1968, tanques soviéticos irromperam em Praga, dando um fim aos dez anos de degelo político que Kundera posteriormente diria terem sido a época mais feliz de sua vida. Quando o novo regime proibiu seus livros e o demitiu do cargo de professor, ele passou a ganhar a vida escrevendo peças sob pseudônimo, e até uma coluna de astrologia. Em 1975, o autor foi para a França com Vera, sua esposa.

Os franceses receberam Kundera de braços abertos, vendo nele um dissidente modelo. Talvez o mal-entendido fosse inevitável: chocada com a invasão russa, a *intelligentsia* parisiense apressou-se em expressar solidariedade com o povo tcheco. Kundera virou uma *cause célèbre* encarnada, e suas obras, um símbolo poderoso da Luta Contra A Opressão. Após sua publicação na França em 1968, *A Brincadeira*, celebrada por Aragon, foi lido e entendido como denúncia do stalinismo. *A Vida Está em Outro Lugar* recebeu tratamento similar.

Desde o começo, Kundera assumiu uma postura sem concessões contra essas interpretações: "Poupe-me do seu stalinismo, por favor", disse. "*A Brincadeira* é uma história de amor!" Mesmo quando exploram questões políticas, seus livros adotam um ponto de vista não político. Em *A Vida Está em Outro Lugar*, por exemplo, a violência revolucionária e a poesia lírica nascem do mesmo ressentimento juvenil, ao passo que *A Lentidão* examina os políticos como "dançarinos" motivados pelo imperativo estético (e não político) de transformar suas vidas em obras de arte.

A aversão de Kundera ao que ele chama de "*kitsch* político" às vezes incomoda num país tão profundamente apegado à sua herança revolucionária. Alguns anos atrás conversei com uma senhora francesa que confessou não ler mais os romances de Kundera: "Eu gostava de ele ser dissidente", disse ela. "Agora que o Muro de Berlim caiu, acho ele muito menos interessante." Essa atitude é, infelizmente, muito comum: "Para Kundera, a natureza da humanidade é influenciada ou até alterada pelo comunismo", escreve Jane Smiley em seu ensaio *Thirteen Ways of Looking at the Novel* [*Treze Modos de Enxergar o Romance*]. "Um dos problemas com essa ideia é que, quando o comunismo desaparece, as intuições de Kundera sobre os seres humanos também perdem sua urgência."[2]

Pode-se dizer, porém, que, longe de diminuir a relevância das intuições de Kundera, o término do comunismo enfim libertou seus romances da camisa de força das interpretações políticas. Seus fãs mais leais sempre entenderam que Kundera dirige seus holofotes a um dado período não com vistas à documentação histórica ou sociológica, e sim com o propósito de revelar aspectos latentes da condição humana. Em *A Vida Está em Outro Lugar*, por exemplo, "Jaromil não é um produto do comunismo. O comunismo apenas iluminava um lado que de outro modo ficaria escondido, libertava algo que, em circunstâncias diferentes, talvez permanecesse adormecido, em paz".[3]

---

[2] Jane Smiley, *Thirteen Ways of Looking at the Novel*. New York, Anchor, 2006, p. 535.
[3] Milan Kundera, prefácio a *Life is Elsewhere*. New York, Penguin, 1987, p. vi. [O prefácio citado não consta da edição brasileira, *A Vida Está em Outro Lugar*. Trad. Denisé Rangé Barreto. São Paulo, Companhia das Letras, 2012.]

Apesar de toda a sua frustração com a tendência francesa a idealizar a revolta, Kundera é um defensor da cultura francesa. Como escreveu num texto intitulado "There's Such a Thing as Francophobia" [A Francofobia Existe]:

> Minha experiência e meus gostos são de um homem do Leste Europeu. [...] Porém, no meio da minha vida, emigrei para a França. Esse é o acontecimento mais decisivo de toda a minha existência, e é a chave da minha obra e da minha vida.

Ele produziu os livros que o deixaram mais famoso, *O Livro do Riso e do Esquecimento* e *A Insustentável Leveza do Ser*, naquilo que chama de sua "segunda pátria". Escrito em sua língua adotada, o "ciclo francês" de Kundera – os romances *A Lentidão*, *A Identidade* e *A Ignorância* – decepcionou aqueles que preferiam seu autor envolto no *páthos* do emigrado, mas também demonstrou um precioso domínio formal e um estilo francês cada vez mais seguro.

Muitos leitores o criticaram por sua decisão de escrever em francês. Os franceses viram a mudança como uma traição, e lembro de ler algumas observações rudes sobre o estilo de *A Identidade* num livro de Philippe Sollers. Tanto na França quanto nos Estados Unidos, o meio literário com frequência excessiva presume que um autor prova seu valor cultivando um estilo inimitável, como se a literatura pudesse ser reduzida a um jogo verbal. Kundera se esforça para remover efeitos superficiais desnecessários de sua prosa, e por se dar a esse trabalho, é acusado de ter mau ouvido. Nem lírico, nem minimalista, seu modo de escrever "mostra em vez de mostrar-se", nas palavras de Benoît Duteurtre.

O livro de ensaios *Um Encontro*, de Kundera, foi publicado pela Gallimard em 2009, com grandes fanfarras da crítica. A publicação aconteceu logo depois do dito *affaire* Kundera, que gerou um breve acesso planetário de histeria midiática em outubro de 2008.

A partir de um depoimento desenterrado dos arquivos comunistas, o autor foi acusado de ter denunciado um espião do Ocidente à polícia tcheca local em sua juventude. Muitos jornalistas e editores ignoraram a presunção de inocência (o subtítulo do artigo de Norman Manea em *The New Republic* era "A cumplicidade de um grande autor com o stalinismo"), mas escritores e historiadores de destaque defenderam o autor, e o barulho morreu. A ironia, claro, é que Kundera tornou-se a vítima das tendências que critica em seus romances e em seus ensaios: o foco obsessivo pelas vidas pessoais dos autores, à custa de seu trabalho; a politização excessiva da arte; e o amor do público por escândalo, alimentado por uma mídia indiferente à privacidade do indivíduo.

Numa era em que o progresso tecnológico, o fanatismo religioso e uma crescente "misomusia"[4] colocaram os direitos dos autores num perigo maior do que nunca, Kundera defendeu constantemente a propriedade exclusiva e inalienável de um autor sobre sua obra. Recentemente, numa *soirée* em Paris, em que intelectuais e escritores estavam reunidos *en masse*, ouvi um romancista americano pontificando uma produção de *As Bruxas de Salem*, que mereceu seu escárnio porque o diretor seguira excessivamente à risca a didascália de Arthur Miller. A decisão recente de se publicar uma versão de *Adeus às Armas* que inclui 47 finais descartados por Hemingway evidencia o mesmo desrespeito escandaloso pelos desejos do autor. É contra esse tipo de traição que Kundera protesta em seus ensaios.

Em 2011, a obra inteira de Kundera foi lançada na França numa edição definitiva em dois volumes pela Coleção Pléiade, consagrando seus romances como clássicos contemporâneos. Com o período comunista na Europa duas décadas atrás de nós, a avaliação da contribuição de Kundera pode agora seguir linhas estéticas, e não políticas. Em *O Encontro*, Kundera escreve que Thomas Mann "se esforçou para

---

[4] "Misomusia" é uma noção proposta em "Diálogo sobre Rabelais e os Misomusos" (*Um Encontro*, p. 67-71), e consiste na aversão à cultura, à arte. (N. T.)

atravessar o humor em seus romances" (p. 57). Porém, "a gravidade de sua situação ocultou desesperadamente o sorriso sedutor de seus livros" (p. 58). Em *O Encontro*, Kundera escreve que Thomas Mann "se esforça para atravessar o humor em seus romances" (p. 53). Porém, "a gravidade de sua situação obscurecia desesperadamente o sorriso sedutor de seus livros" (p. 53). Por anos, o *background* politizado de Kundera também conferiu uma solenidade indevida à sua obra, que hoje nos delicia com sua jocosidade e com sua ironia. Longe de ser uma deficiência, esse humor é a qualidade mesma que o torna digno de comparação com os grandes clássicos – Cervantes, Stendhal, Dostoiévski, Proust – aos quais se dedica nesse ensaio.

Quando os leitores que não conhecem a obra de Kundera me pedem uma recomendação, costumo sugerir *A Imortalidade*, que considero uma obra-prima subestimada. Assim como *A Lentidão*, o romance intercala duas tramas que acontecem em períodos históricos diferentes. Agnès, a protagonista, é extremamente comovente. E, para acompanhá-la, Kundera criou o mais extenso e fascinante conjunto de personagens, incluindo o lúbrico professor Avenarius, o locutor de rádio Bernard Bertrand, e Goethe, que conversa no céu com seu amigo Ernest Hemingway. Na quinta parte do romance (intitulada "O Acaso"), o autor emprega sua arte da polifonia romanesca com soberba destreza.

Sua outra obra-prima, é claro, é *A Insustentável Leveza do Ser*. O romance assume um tom mais sério até do que *O Livro do Riso e do Esquecimento*, e no entanto seus momentos mais trágicos pairam precariamente no limite da comédia. Na Parte Seis, Kundera conta a morte do terceiro filho de Stálin, Iákov, que preferiu a morte a limpar latrinas num campo de prisioneiros da Segunda Guerra Mundial. O destino infeliz de Iákov inspira uma longa meditação sobre o *kitsch*, que Kundera define, de maneira memorável, como "a negação absoluta da merda".[5]

---

[5] *A Insustentável Leveza do Ser*. Trad. Teresa Bulhões Carvalho da Fonseca. São Paulo, Companhia das Letras, 2016, p. 244. (N. T.)

O desenlace do romance irradia calma e paz. Tomas e Tereza deixam a cidade e encontram a felicidade no campo, em meio aos animais e aos aldeães. É uma pastoral cuja beleza parte o coração, porque o leitor já sabe que o casal vai morrer junto num acidente de carro. As últimas linhas do romance oferecem talvez o melhor exemplo daquela mistura tão kunderiana de felicidade e melancolia. Um olhar triste, mas sorridente.

# o fio de Ariadne: teoria mimética e literatura

João Cezar de Castro Rocha

### Leituras miméticas

No princípio deste importante livro, Trevor Cribben Merrill esclarece sua abordagem da obra de Milan Kundera:

> Às vezes aprovando, às vezes desaprovando, muitos leitores interpretaram Milan Kundera como um niilista pós-moderno, um malabarista de paradoxos, um bardo da leveza existencial. A imagem do labirinto, que peguei emprestada de um de seus contos e usei como chave para abrir sua obra, sugere um mundo de valores que mudam de lugar, um salão de espelhos em que tudo é potencialmente idêntico a seu contrário.[1]

Essa citação encapsula o método do autor. Explicitá-lo equivale a descortinar as relações tensas, porém produtivas, entre teoria mimética e estudos literários.

---

[1] Ver, neste livro, página 11.

Como vimos em outros volumes da "Biblioteca René Girard", muitas vezes o pensador francês foi criticado por realizar uma leitura, digamos, instrumental de textos – e também de mitos. Segundo esse reparo, o criador da teoria mimética reduziria tramas e motivos ao papel de "ilustrar" as consequências do desejo triangular e os meandros do mecanismo do bode expiatório.

Pois é.

Os críticos têm razão – devemos reconhecer.

(Não se esqueça, contudo: em geral, ter razão é a forma mais apressada de esquecer o que de fato importa.)

Aliás, o próprio Girard esclareceu sua hermenêutica particular:

> Interpretação, no sentido corrente, não é a palavra adequada para o que faço. Meu trabalho é mais básico. Leio pela primeira vez a letra de um texto jamais lido sobre muitos assuntos essenciais para a literatura dramática: desejo, conflito, violência, sacrifício.[2]

Vale dizer, em lugar de investir no eterno retorno de uma suposta *literariedade*, Girard preferiu apostar no potencial antropológico da literatura. Desse modo, e paradoxalmente, o autor de *Dostoiévski: Do Duplo à Unidade* recusou a ideia de uma autonomia própria do literário, e, ao mesmo tempo, situou a literatura no centro da elaboração de sua teoria.

Eu escrevi *paradoxalmente*, isto é, a marca-d'água do pensamento girardiano.

---

[2] René Girard. *Shakespeare: Teatro da Inveja*. Trad. Pedro Sette-Câmara. São Paulo: É Realizações, 2010, p. 45.

Como entender esse traço?

Voltemos ao texto girardiano:

> A perfeita continuidade entre concórdia e discórdia é tão crucial para Shakespeare quanto o era para os poetas trágicos da Grécia, servindo também como rica fonte de paradoxo poético. Se suas obras hão de sobreviver à volatilidade da moda, dramaturgos e romancistas precisam descobrir essa fonte fundamental do conflito humano – a saber, o desejo mimético – e precisam descobri-la sozinhos, sem a ajuda de filósofos, moralistas, historiadores ou psicólogos, que sempre se calam a respeito.[3]

O gesto é ousado: precisamente porque, na concepção girardiana, a literatura não se define por uma especificidade linguística, porém por sua habilidade em armar cenários que constituem autênticos laboratórios das relações humanas, mimeticamente entendidas, a escrita literária é o caminho real para formular os desdobramentos do desejo triangular.

Por isso mesmo, René Girard evitou a criação de neologismos na elaboração da teoria mimética, recorrendo, pelo contrário, deliberadamente à linguagem do dia a dia.

Ou: modo certeiro de aproximar radicalmente exercício teórico e experiência literária.

Vejamos, então, como o autor deste livro lida com o desafio de lançar pontes entre estudos literários e teoria mimética.

---

[3] Idem, p. 42.

## Labirintos e desvios

Trevor Cribben Merrill estabelece uma relação labiríntica de grande riqueza, de um lado, com a teoria mimética, de René Girard, e, de outro, com a ficção e o ensaio de Milan Kundera.

Dito de maneira mais precisa: o pensamento girardiano é o fio de Ariadne de Trevor Cribben Merrill em sua visita ao labirinto de Kundera. Os desdobramentos complexos da imitação e do desejo fornecem o mapa de leitura da *ars combinatoria* da obra do autor de *A Insustentável Leveza do Ser*.

Não é tudo: ao mesmo tempo, a ficção de Kundera estimula perspectivas e favorece perguntas que permitem rever determinados pontos do pensamento girardiano. E isso porque, seguindo a intuição girardiana, Merrill compreende a literatura como uma forma discursiva que articula, por assim dizer, sua própria crítica, numa metalinguagem especial, com vocação propriamente teórica.

A imagem do labirinto, extraída de um texto de Milan Kundera, transforma-se em método de leitura da obra de Kundera, e, no fundo, define o roteiro de escrita deste livro.

Nas palavras do autor:

> Compartilho a visão de René Girard de que a interpretação literária é 'a continuação da literatura'. Por algum tempo depois de ter descoberto os romances de Kundera na faculdade, admirei-os tão apaixonadamente que desejei mais do que tudo que eu mesmo os tivesse escrito. Desde então, percebi que o prazer estético e o puro esporte que se pode tirar, como diz Girard, de formalizar 'os sistemas implícitos ou já semiexplícitos' nesses romances

> é mais gratificante do que reescrevê-los *à la* Pierre Menard.[4]

No entanto, atenção: não se trata de uma "aplicação" mecânica dos postulados da teoria mimética numa leitura reducionista da obra de Kundera! Tampouco se trata de uma "reduplicação" da ficção do autor de *A Arte do Romance*, como se o trabalho do crítico se limitasse a "rivalizar", em tom menor, o texto do escritor estudado.

Nem tanto ao mar, nem tanto à terra, sabemos todos; mas como imaginar um olhar crítico que permita superar esses impasses?

A abordagem privilegiada por Merrill supõe o vaivém constante entre esses extremos, forjando um método de grande alcance, que transforma o curto-circuito potencial em energia teórica.

Vaivém, aliás, que se torna mais interessante porque ainda mais complexo, propiciando uma compreensão inovadora do mundo contemporâneo:

> Vivemos num mundo de imitação hipertrofiada, como refletem expressões como 'tendências', 'viralizar', e 'memes'. Os estrategistas de negócios e os marqueteiros enxergam isso como oportunidade, assim como o público em geral, e com razão. Seguir a multidão pode maximizar nossas chances de adquirir os melhores bens de consumo ou de encontrar os vídeos mais divertidos no YouTube. Graças aos '*early adopters*', podemos delegar o trabalho duro de descobrir a próxima grande moda àqueles que têm conhecime nto especializado e experiência.[5]

---

[4] Ver, neste livro, página 18.
[5] Ver, neste livro, página 25.

Em termos girardianos, trata-se do universo definido pelo predomínio da *mediação interna*, marca do mundo contemporâneo, iniciado com a Revolução Francesa, na cronologia mimética da história ocidental tão bem delineada em *Rematar Clausewitz*.

Eis um dos pontos mais destacados do esforço de Cribben Merrill, pois a associação entre mimetismo e o admirável mundo novo das redes sociais é um dos aspectos decisivos para a afirmação do pensamento girardiano na atualidade. Aspecto que já se encontrava intuído na obra inaugural da teoria mimética.

Recordemos algumas passagens-chave:

> A literatura cavalheiresca, em franca expansão desde a invenção da imprensa, multiplica de maneira prodigiosa as chances de semelhantes uniões.
>
> (...)
>
> O texto impresso possui uma virtude de sugestão mágica da qual o romancista não se farta de nos dar exemplos.[6]

Ora, o *labirinto da imitação e do desejo* alcançou escala planetária, graças a tecnologias de comunicação que alteram a percepção espaciotemporal, aproximando o distante, e tornando o diacrônico simultâneo. Tal combinação produz um agravamento inédito das disputas típicas da mediação interna.

Este livro, por isso mesmo, constitui uma obra de referência para um entendimento novo do mundo contemporâneo.

---

[6] René Girard. *Mentira Romântica e Verdade Romanesca*. Trad. Lilia Ledon da Silva. São Paulo: É Realizações, 2009, p. 28 & 54.

# bibliografia

AUBRON, Hervé. "Le Kitsch Universel". *Le Magazine Littéraire*, p. 84, abr. 2011.

BANDERA, Cesáreo. *The Humble Story of Don Quixote, Reflections on the Birth of the Modern Novel*. Washington, D.C.: The Catholic University of America Press, 2006. [Ed. bras.: *Despojada e Despida*. Trad. Carlos Nougué. São Paulo: É Realizações, 2012.]

BANERJEE, Maria Nemcova. *Terminal Paradox: The Novels of Milan Kundera*. New York: Grove Weidenfeld, 1990.

BATUMAN, Elif. *The Possessed: Adventures with Russian Books and the People Who Read Them*. New York: Farrar, Straus and Giroux, 2010. [Ed. bras.: *Os Possessos: Aventuras com os Livros Russos e seus Leitores*. Trad. Luis Reyes Gil. São Paulo: Leya, 2014.]

BERTONNEAU, Thomas F. "Two Footnotes: On the Double Necessity of Girard and Gans". *Anthropoetics II*, jun. 1996. Disponível em: <www.anthropoetics.ucla.edu/AP0201/bert.htm>.

BESNIER, Patrick. Prefácio a *Cyrano de Bergerac*, por Edmond Rostand. Paris: Gallimard, 1983.

BLOOM, Harold (ed.). *Milan Kundera*. Philadelphia: Chelsea House Publications, 2003.

BOYER-WEINMANN, Martine. *Lire Milan Kundera*. Paris: Armand Colin, 2009.

CANETTI, Elias. *Kafka's Other Trial: The Letters to Felice*. New York: Schocken Books, 1974.

CERVANTES, Miguel de. *Don Quixote*. Trad. Edith Grossman. London: Vintage Books, 2005. [Ed. bras.: *Dom Quixote*. Trad. Ernani Ssó. 2 vols. São Paulo: Companhia das Letras, 2013.]

CLOSE, Anthony. *The Romantic Approach to Don Quixote*. Cambridge: Cambridge University Press, 1978.
CRÉBILLON FILS. *Les Egarements du Coeur et de l'Esprit*. Paris: Seuil, 1993.
DOSTOEVSKY, Fyodor. *Notes from the Underground*. Trad. Constance Garnett. New York: MacMillan Company, 1918. [Ed. bras.: *Memórias do Subsolo*. Trad. Boris Schnaiderman. São Paulo: Editora 34, 2000.]
DUMOUCHEL, Paul. *Le Sacrifice Inutile: Essai sur la Violence Politique*. Paris: Flammarion, 2011.
GANS, Eric. *A New Way of Thinking: Generative Anthropology in Religion, Philosophy, Art*. Aurora: The Davies Group, 2011.
GIRARD, René. *Deceit, Desire, and the Novel*. Baltimore: The Johns Hopkins University Press, 1976. [Ed. bras.: *Mentira Romântica e Verdade Romanesca*. Trad. Lilia Ledon da Silva. São Paulo: É Realizações, 2009.]
_____. "Le Jeu des Secrets Interdits". *Le Nouvel Observateur*, p. 54-5, 21 nov. 1986.
_____. *Things Hidden since the Foundation of the World*. Trad. Stephen Bann e Michael Metteer. Stanford: Stanford University Press, 1987. [Ed. bras.: *Coisas Ocultas desde a Fundação do Mundo*. Trad. Martha Gambini. São Paulo: Paz e Terra, 2009.]
_____. *To Double Business Bound: Essays on Literature, Mimesis, and Anthropology*. Baltimore: The Johns Hopkins University Press, 1988.
_____. *Mimesis and Theory: Essays on Literature and Criticism, 1953-2005*. Ed. Robert Doran. Stanford: Stanford Press, 2008a.
GIRARD, René; ANTONELLO, Pierpaolo; CASTRO ROCHA, João Cezar de. *Evolution and Conversion: Dialogues on the Origin of Culture*. London: Continuum, 2008b. [Ed. bras.: *Evolução e Conversão*. Trad. Bluma Waddington Villar e Pedro Sette-Câmara. São Paulo: É Realizações, 2011.]
KUNDERA, Milan. "Entretien avec Normand Biron". *Liberté*, n. 121, 1979. Disponível em: <www.erudit.org/culture/liberte1026896/liberte1448919/60129ac.pdf>.
_____. Prefácio a *Life Is Elsewhere*. New York: Penguin, 1987, p. v-vii.
_____. *Immortality*. Trad. Peter Kussi. New York: HarperPerennial, 1992a. [Ed. bras.: *A Imortalidade*. Trad. Teresa Bulhões Carvalho da Fonseca. São Paulo: Companhia das Letras, 2015.]

_____. *The Joke*. Versão definitiva, revista e ampliada pelo autor. New York: HarperCollins, 1992b. [Ed. bras.: *A Brincadeira*. Trad. Teresa Bulhões Carvalho da Fonseca e Anna Lucia Moojen de Andrada. São Paulo: Companhia das Letras, 2012. (Coleção Companhia de Bolso)]

_____. *The Art of the Novel*. Trad. Linda Asher. New York: HarperCollins, 1993. [Ed. bras.: *A Arte do Romance*. Trad. Teresa Bulhões Carvalho da Fonseca. São Paulo: Companhia das Letras, 2009. (Coleção Companhia de Bolso)]

_____. "Diabolum". In: CHVATIK, Kvetoslav. *Le Monde Romanesque de Milan Kundera*. Trad. Bernard Lortholary. Paris: Gallimard, 1995.

_____. *Slowness*. Trad. Linda Asher. New York: HarperPerennial, 1996a. [Ed. bras.: *A Lentidão*. Trad. Maria Luiza Newlands da Silveira e Teresa Bulhões Carvalho da Fonseca. São Paulo: Companhia das Letras, 2011. (Coleção Companhia de Bolso)]

_____. *Testaments Betrayed: An Essay in Nine Parts*. Trad. Linda Asher. New York: HarperPerennial, 1996b. [Ed. bras.: *Os Testamentos Traídos*. Trad. Maria Luiza Newlands da Silveira e Teresa Bulhões Carvalho da Fonseca. Rio de Janeiro: Nova Fronteira, 1993.]

_____. *The Book of Laughter and Forgetting*. Trad. Aaron Asher. New York: HarperPerennial, 1996c. [Ed. bras.: *O Livro do Riso e do Esquecimento*. Trad. Teresa Bulhões Carvalho da Fonseca. São Paulo: Companhia das Letras, 2013. (Coleção Companhia de Bolso)]

_____. "La Frontière Invisible" (entrevista com Guy Scarpetta). *Le Nouvel Observateur*, p. 96-98, 15 jan. 1998a.

_____. *Identity*. Trad. Linda Asher. New York: HarperPerennial, 1998b. [Ed. bras.: *A Identidade*. Trad. Teresa Bulhões Carvalho da Fonseca. São Paulo: Companhia das Letras, 2014. (Coleção Companhia de Bolso)]

_____. *Farewell Waltz*. Trad. Aaron Asher. New York: HarperPerennial, 1998c. [Ed. bras.: *A Valsa dos Adeuses*. Trad. Teresa Bulhões Carvalho da Fonseca. São Paulo: Companhia das Letras, 2010. (Coleção Companhia de Bolso)]

_____. *The Unbearable Lightness of Being*. Trad. Michael Henry Heim. New York: HarperPerennial, 1999a. [Ed. bras.: *A Insustentável Leveza do Ser*. Trad. Teresa Bulhões Carvalho da Fonseca. São Paulo: Companhia das Letras, 2016. (Coleção Companhia de Bolso)]

_____. *Laughable Loves*. Trad. Suzanne Rappaport. Revisado por Aaron Asher e Milan Kundera. New York: HarperPerennial, 1999b. [Ed. bras.: *Risíveis Amores*. Trad. Teresa Bulhões Carvalho da Fonseca. São Paulo: Companhia das Letras, 2012. (Coleção Companhia de Bolso)]

_____. *Life Is Elsewhere*. Trad. Aaron Asher. New York: HarperPerennial, 2000. [Ed. bras.: *A Vida Está em Outro Lugar*. Trad. Denisé Rangé Barreto. São Paulo: Companhia das Letras, 2012. (Coleção Companhia de Bolso)]

_____. *Ignorance*. Trad. Linda Asher. New York: HarperPerennial, 2002. [Ed. bras.: *A Ignorância*. Trad. Teresa Bulhões Carvalho da Fonseca. São Paulo: Companhia das Letras, 2015. (Coleção Companhia de Bolso)]

_____. *The Curtain*. Trad. Linda Asher. New York: HarperPerennial, 2006. [Ed. bras.: *A Cortina*. Trad. Teresa Bulhões Carvalho da Fonseca. São Paulo: Companhia das Letras, 2006.]

_____. *Encounter*. Trad. Linda Asher. New York: HarperPerennial, 2010. [Ed. bras.: *Um Encontro*. Trad. Teresa Bulhões Carvalho da Fonseca. São Paulo: Companhia das Letras, 2013.]

_____. *Oeuvre*. Vols. 1 e 2. Paris: Gallimard, 2011. (La Pléiade)

LE GRAND, Eva. *Kundera, or, The Memory of Desire*. Trad. Lin Burman. Waterloo: Wilfred Laurier University Press, 1999.

LÉPINE, Jacques-Jude. "Phaedra's Labyrinth as the Paradigm of Passion: Racine's Aesthetic Formulation of Mimetic Desire". *Contagion: Journal of Violence, Mimesis and Culture*, vol. 1, p. 42-62, primavera de 1994.

LIVERNOIS, Jonathan. "Gamineries". *L'Atelier du Roman*, n. 46, p. 46-53, jun. 2006.

LODGE, David. *The Year of Henry James, The Story of a Novel*. London: Penguin, 2007.

McDONALD, Brian. "Violence and the Lamb Slain, an Interview with René Girard". *Touchstone Magazine*, dez. 2003. Disponível em: www.touchstonemag.com/archives/article.php?id=16-10-040-i.

MELTZOFF, Andrew. "Imitation, Gaze, and Intentions". In: GARRELS, Scott (ed.). *Mimesis and Science: Empirical Research on Imitation and the Mimetic Theory of Culture and Religion*. East Lansing: Michigan State University Press, 2011, p. 55-74.

Merrill, Trevor Cribben. "The Labyrinth of Values: Triangular Desire in Milan Kundera's Dr. Havel after Twenty Years". *Heliopolis*, vol. VIII, n. 1, p. 111-23, 2010.

O'Brien, John. *Milan Kundera and Feminism: Dangerous Intersections*. New York: Saint Martin's Press, 1995.

O'Brien, Michael J.; Bentley, Alex; Earls, Mark. *I'll Have What She's Having: Mapping Social Behavior*. Cambridge: MIT Press, 2011.

Oughourlian, Jean-Michel. *The Puppet of Desire*. Trad. Eugene Webb. Stanford: Stanford University Press, 1991.

_____. *The Genesis of Desire*. Trad. Eugene Webb. East Lansing: Michigan State University Press, 2009.

_____. *Psychopolitics: Conversations with Trevor Cribben Merrill*. Trad. Trevor Cribben Merrill. East Lansing: Michigan State University Press, 2012.

Pochoda, Elizabeth. Introdução a *The Farewell Party*, de Milan Kundera. New York: Penguin, 1986, p. ix-xiv.

Proust, Marcel. *Time Regained*. Trad. Stephen Hudson. London: Chatto & Windus, 1951.

Ricard, François. "The Fallen Idyll: A Rereading of Milan Kundera". Trad. Jane Everett. *Review of Contemporary Fiction*, New York, vol. IX, n. 2, p. 17-26, 1989.

_____. "Mortalité d'Agnès". Posfácio à *Immortalité*, de Milan Kundera. Paris: Gallimard, 1993. (Folio)

_____. "Le Regard des Amants". Posfácio a *Identité*, de Milan Kundera. Paris: Gallimard, 2000. (Folio)

_____. *Agnes's Final Afternoon: An Essay on the Work of Milan Kundera*. Trad. Aaron Asher. New York: HarperPerennial, 2004.

_____. Prefácio a *Oeuvre*, de Milan Kundera. Paris: Gallimard, 2011, p. ix-xviii.

Rinaldi, Angelo. "Peu et Prou". *L'Express*, n. 26, p. 61, 26 jan. 1995.

Rizzante, Massimo. "L'Art de la Fugue". *Le Magazine Littéraire*, n. 207, p. 68, abr. 2011.

Roth, Philip. Introdução a *Laughable Loves*, de Milan Kundera. New York: Alfred A. Knopf, 1974.

_____. "Afterword: A Talk with the Author". In: *The Book of Laughter and Forgetting*, de Milan Kundera. New York: Penguin, 1987, p. 229-37.

Sarraute, Nathalie. *The Age of Suspicion*. New York: George Braziller, 1990.

Scarpetta, Guy. Posfácio a *Kundera ou La Mémoire du Désir*, de Eva Le Grand. Paris: L'Harmattan, 1995.

_____. *L'Âge d'Or du Roman*. Paris: Grasset, 1996.

SHAKESPEARE, William. *A Midsummer Night's Dream*. Ed. Cedric Watts. London: Wordsworth Editions, 2002. [Ed. bras.: *Sonho de uma Noite de Verão*. Trad. Carlos Alberto Nunes. In: *Comédias*. Rio de Janeiro: Agir, 2008.]

SHENKAR, Oded. *Copycats: How Smart Companies Use Imitation to Gain a Strategic Edge*. Cambridge: Harvard Business Review Press, 2010.

SMILEY, Jane. *Thirteen Ways of Looking at the Novel*. New York: Anchor, 2006.

SOLLERS, Philippe. *L'Année du Tigre: Journal de l'Année 1998*. Paris: Seuil, 1999.

SOMMERS, Sam. *Situations Matter*. New York: Riverhead Books, 2011.

# breve explicação

Arnaldo Momigliano inspira nossa tarefa, já que a alquimia dos antiquários jamais se realizou: nenhum catálogo esgota a pluralidade do mundo e muito menos a dificuldade de uma questão complexa como a teoria mimética.

O cartógrafo borgeano conheceu constrangimento semelhante, como Jorge Luis Borges revelou no poema "La Luna". Como se sabe, o cartógrafo não pretendia muito, seu projeto era modesto: "cifrar el universo / En un libro". Ao terminá-lo, levantou os olhos "con ímpetu infinito", provavelmente surpreso com o poder de palavras e compassos. No entanto, logo percebeu que redigir catálogos, como produzir livros, é uma tarefa infinita:

> Gracias iba a rendir a la fortuna
> Cuando al alzar los ojos vio un bruñido
> Disco en el aire y comprendió aturdido
> Que se había olvidado de la luna.

Nem antiquários, tampouco cartógrafos: portanto, estamos livres para apresentar ao público brasileiro uma cronologia que não se pretende exaustiva da vida e da obra de René Girard.

Com o mesmo propósito, compilamos uma bibliografia sintética do pensador francês, privilegiando os livros publicados. Por isso, não mencionamos a grande quantidade de ensaios e capítulos de livros que escreveu, assim como de entrevistas que concedeu. Para o leitor interessado numa relação completa de sua vasta produção, recomendamos o banco de dados organizado pela Universidade de Innsbruck: http://www.uibk.ac.at/rgkw/mimdok/suche/index.html.en.

De igual forma, selecionamos livros e ensaios dedicados, direta ou indiretamente, à obra de René Girard, incluindo os títulos que sairão na Biblioteca René Girard. Nosso objetivo é estimular o convívio reflexivo com a teoria mimética. Ao mesmo tempo, desejamos propor uma coleção cujo aparato crítico estimule novas pesquisas.

Em outras palavras, o projeto da Biblioteca René Girard é também um convite para que o leitor venha a escrever seus próprios livros acerca da teoria mimética.

# cronologia de René Girard

René Girard nasce em Avignon (França) no dia 25 de dezembro de 1923; o segundo de cinco filhos. Seu pai trabalha como curador do Museu da Cidade e do famoso "Castelo dos Papas". Girard estuda no liceu local e recebe seu *baccalauréat* em 1940.

De 1943 a 1947 estuda na École des Chartes, em Paris, especializando-se em história medieval e paleografia. Defende a tese *La Vie Privée à Avignon dans la Seconde Moitié du XVme Siècle*.

Em 1947 René Girard deixa a França e começa um doutorado em História na Universidade de Indiana, Bloomington, ensinando Literatura Francesa na mesma universidade. Conclui o doutorado em 1950 com a tese *American Opinion on France, 1940-1943*.

No dia 18 de junho de 1951, Girard casa-se com Martha McCullough. O casal tem três filhos: Martin, Daniel e Mary.

Em 1954 começa a ensinar na Universidade Duke e, até 1957, no Bryn Mawr College.

Em 1957 torna-se professor assistente de Francês na Universidade Johns Hopkins, em Baltimore.

Em 1961 publica seu primeiro livro, *Mensonge Romantique et Vérité Romanesque*, expondo os princípios da teoria do desejo mimético.

Em 1962 torna-se professor associado na Universidade Johns Hopkins.

Organiza em 1962 *Proust: A Collection of Critical Essays*, e, em 1963, publica *Dostoïevski, du Double à l'Unité*.

Em outubro de 1966, em colaboração com Richard Macksey e Eugenio Donato, organiza o colóquio internacional "The Languages of Criticism and the Sciences of Man". Nesse colóquio participam Lucien Goldmann, Roland Barthes, Jacques Derrida, Jacques Lacan, entre outros. Esse encontro é visto como a introdução do estruturalismo nos Estados Unidos. Nesse período, Girard desenvolve a noção do assassinato fundador.

Em 1968 transfere-se para a Universidade do Estado de New York, em Buffalo, e ocupa a direção do Departamento de Inglês. Principia sua colaboração e amizade com Michel Serres. Começa a interessar-se mais seriamente pela obra de Shakespeare.

Em 1972 publica *La Violence et le Sacré*, apresentando o mecanismo do bode expiatório. No ano seguinte, a revista *Esprit* dedica um número especial à obra de René Girard.

Em 1975 retorna à Universidade Johns Hopkins.

Em 1978, com a colaboração de Jean-Michel Oughourlian e Guy Lefort, dois psiquiatras franceses, publica seu terceiro livro, *Des Choses Cachées depuis la Fondation du Monde*. Trata-se de um longo e sistemático diálogo sobre a teoria mimética compreendida em sua totalidade.

Em 1980, na Universidade Stanford, recebe a "Cátedra Andrew B. Hammond" em Língua, Literatura e Civilização Francesa. Com a colaboração de Jean-Pierre Dupuy, cria e dirige o "Program for Interdisciplinary Research", responsável pela realização de importantes colóquios internacionais.

Em 1982 publica *Le Bouc Émissaire* e, em 1985, *La Route Antique des Hommes Pervers*. Nesses livros, Girard principia a desenvolver uma abordagem hermenêutica para uma leitura dos textos bíblicos com base na teoria mimética.

Em junho de 1983, no Centre Culturel International de Cerisy-la-Salle, Jean-Pierre Dupuy e Paul Dumouchel organizam o colóquio "Violence et Vérité. Autour de René Girard". Os "Colóquios de Cerisy" representam uma referência fundamental na recente história intelectual francesa.

Em 1985 recebe, da Frije Universiteit de Amsterdã, o primeiro de muitos doutorados *honoris causa*. Nos anos seguintes, recebe a mesma distinção da Universidade de Innsbruck, Áustria (1988); da Universidade de Antuérpia, Bélgica (1995); da Universidade de Pádua, Itália (2001); da Universidade de Montreal, Canadá (2004); da University College London, Inglaterra (2006); da Universidade de St Andrews, Escócia (2008).

Em 1990 é criado o Colloquium on Violence and Religion (COV&R). Trata-se de uma associação internacional de pesquisadores dedicada ao desenvolvimento e à crítica da teoria mimética, especialmente no tocante às relações entre violência e religião nos primórdios da cultura. O Colloquium on Violence and Religion organiza colóquios anuais e publica a revista *Contagion*. Girard é o presidente honorário da instituição. Consulte-se a página: http://www.uibk.ac.at/theol/cover/.

Em 1990 visita o Brasil pela primeira vez: encontro com representantes da Teologia da Libertação, realizado em Piracicaba, São Paulo.

Em 1991 Girard publica seu primeiro livro escrito em inglês: *A Theatre of Envy: William Shakespeare* (Oxford University Press). O livro recebe o "Prix Médicis", na França.

Em 1995 aposenta-se na Universidade Stanford.

Em 1999 publica *Je Vois Satan Tomber comme l'Éclair*. Desenvolve a leitura antropológica dos textos bíblicos com os próximos dois livros: *Celui par qui le Scandale Arrive* (2001) e *Le Sacrifice* (2003).

Em 2000 visita o Brasil pela segunda vez: lançamento de *Um Longo Argumento do Princípio ao Fim. Diálogos com João Cezar de Castro Rocha e Pierpaolo Antonello*.

Em 2004 recebe o "Prix Aujourd'hui" pelo livro *Les Origines de la Culture. Entretiens avec Pierpaolo Antonello et João Cezar de Castro Rocha*.

Em 17 de março de 2005 René Girard é eleito para a Académie Française. O "Discurso de Recepção" foi feito por Michel Serres em 15 de dezembro. No mesmo ano, cria-se em Paris a Association pour les Recherches Mimétiques (ARM).

Em 2006 René Girard e Gianni Vattimo dialogam sobre cristianismo e modernidade: *Verità o Fede Debole? Dialogo su Cristianesimo e Relativismo*.

Em 2007 publica *Achever Clausewitz*, um diálogo com Benoît Chantre. Nessa ocasião, desenvolve uma abordagem apocalíptica da história.

Em outubro de 2007, em Paris, é criada a "Imitatio. Integrating the Human Sciences", (http://www.imitatio.org/), com apoio da Thiel Foundation. Seu objetivo é ampliar e promover as consequências da teoria girardiana sobre o comportamento humano e a cultura. Além disso, pretende apoiar o estudo interdisciplinar da teoria mimética. O primeiro encontro da Imitatio realiza-se em Stanford, em abril de 2008.

Em 2008 René Girard recebe a mais importante distinção da Modern Language Association (MLA): "Lifetime Achievement Award". Em 4 de Novembro de 2015, René Girard faleceu em Palo Alto, California.

# bibliografia de René Girard

*Mensonge Romantique et Vérité Romanesque.* Paris: Grasset, 1961. [*Mentira Romântica e Verdade Romanesca*. Trad. Lilia Ledon da Silva. São Paulo: É Realizações, 2009.]

*Proust: A Collection of Critical Essays.* Englewood Cliffs: Prentice Hall, 1962.

*Dostoïevski, du Double à l'Unité.* Paris: Plon, 1963. [*Dostoiévski: do Duplo à Unidade.* Trad. Roberto Mallet. São Paulo: É Realizações, 2011.]

*La Violence et le Sacré.* Paris: Grasset, 1972.

*Critique dans un Souterrain.* Lausanne: L'Age d'Homme, 1976.

*To Double Business Bound: Essays on Literature, Mimesis, and Anthropology.* Baltimore: Johns Hopkins University Press, 1978. (Este livro será publicado na Biblioteca René Girard)

*Des Choses Cachées depuis la Fondation du Monde.* Pesquisas com Jean-Michel Oughourlian e Guy Lefort. Paris: Grasset, 1978.

*Le Bouc Émissaire.* Paris: Grasset, 1982.

*La Route Antique des Hommes Pervers.* Paris: Grasset, 1985.

*Violent Origins: Walter Burkert, René Girard, and Jonathan Z. Smith on Ritual Killing and Cultural Formation.* Org. Robert Hamerton-Kelly. Stanford: Stanford University Press, 1988. (Este livro será publicado na Biblioteca René Girard)

*A Theatre of Envy: William Shakespeare.* New York: Oxford University Press, 1991. [*Shakespeare: Teatro da Inveja.* Trad. Pedro Sette-Câmara. São Paulo: É Realizações, 2010.]

*Quand ces Choses Commenceront... Entretiens avec Michel Treguer.* Paris: Arléa, 1994. [*Quando Começarem a Acontecer Essas Coisas: Diálogos com Michel Treguer.* Trad. Lília Ledon da Silva. São Paulo: É Realizações, 2011.]

*The Girard Reader.* Org. James G. Williams. New York: Crossroad, 1996.

*Je Vois Satan Tomber comme l'Éclair.* Paris: Grasset, 1999.

*Um Longo Argumento do Princípio ao Fim. Diálogos com João Cezar de Castro Rocha e Pierpaolo Antonello.* Rio de Janeiro: Topbooks, 2000. Este livro, escrito em inglês, foi publicado, com algumas modificações, em italiano, espanhol, polonês, japonês, coreano, tcheco e francês. Na França, em 2004, recebeu o "Prix Aujourd'hui".

*Celui par Qui le Scandale Arrive: Entretiens avec Maria Stella Barberi.* Paris: Desclée de Brouwer, 2001. [*Aquele por Quem o Escândalo Vem.* Trad. Carlos Nougué. São Paulo: É Realizações, 2011.]

*La Voix Méconnue du Réel: Une Théorie des Mythes Archaïques et Modernes.* Paris: Grasset, 2002. (Este livro será publicado na Biblioteca René Girard)

*Il Caso Nietzsche. La Ribellione Fallita dell'Anticristo.* Com colaboração e edição de Giuseppe Fornari. Gênova: Marietti, 2002.

*Le Sacrifice.* Paris: Bibliothèque Nationale de France, 2003. [*O Sacrifício.* Trad. Margarita Maria Garcia Lamelo. São Paulo: É Realizações, 2011.]

*Oedipus Unbound: Selected Writings on Rivalry and Desire.* Org. Mark R. Anspach. Stanford: Stanford University Press, 2004.

*Miti d'Origine.* Massa: Transeuropa Edizioni, 2005. (Este livro será publicado na Biblioteca René Girard)

*Verità o Fede Debole. Dialogo su Cristianesimo e Relativismo.* Com Gianni Vattimo. Org. Pierpaolo Antonello. Massa: Transeuropa Edizioni, 2006.

*Achever Clausewitz* (Entretiens avec Benoît Chantre). Paris: Carnets Nord, 2007. [*Rematar Clausewitz: Além Da Guerra.* Trad. Pedro Sette-Câmara. São Paulo: É Realizações, 2011.]

*Le Tragique et la Pitié: Discours de Réception de René Girard à l'Académie Française et Réponse de Michel Serres.* Paris: Editions le Pommier, 2007. [*O Trágico e a Piedade.* Trad. Margarita Maria Garcia Lamelo. São Paulo: É Realizações, 2011.]

*De la Violence à la Divinité.* Paris: Grasset, 2007. Reunião dos principais livros de Girard publicados pela

Editora Grasset, acompanhada de uma nova introdução para todos os títulos. O volume inclui *Mensonge Romantique et Vérité Romanesque*, *La Violence et le Sacré*, *Des Choses Cachées depuis la Fondation du Monde* e *Le Bouc Émissaire*.

*Dieu, une Invention?*. Com André Gounelle e Alain Houziaux. Paris: Editions de l'Atelier, 2007. [*Deus: uma invenção?* Trad. Margarita Maria Garcia Lamelo. São Paulo: É Realizações, 2011.]

*Evolution and Conversion. Dialogues on the Origins of Culture*. Com Pierpaolo Antonello e João Cezar de Castro Rocha. London: The Continuum, 2008. [*Evolução e Conversão*. Trad. Bluma Waddington Vilar e Pedro Sette-Câmara. São Paulo: É Realizações, 2011.]

*Anorexie et Désir Mimétique*. Paris: L'Herne, 2008. [*Anorexia e Desejo Mimético*. Trad. Carlos Nougué. São Paulo: É Realizações, 2011.]

*Mimesis and Theory: Essays on Literature and Criticism, 1953-2005*. Org. Robert Doran. Stanford: Stanford University Press, 2008.

*La Conversion de l'Art*. Paris: Carnets Nord, 2008. Este livro é acompanhado por um DVD, *Le Sens de l'Histoire*, que reproduz um diálogo com Benoît Chantre. [*A Conversão da Arte*. Trad. Lilia Ledon da Silva. São Paulo: É Realizações, 2011.]

*Gewalt und Religion: Gespräche mit Wolfgang Palaver*. Berlim: Matthes & Seitz Verlag, 2010.

*Géométries du Désir*. Prefácio de Mark Anspach. Paris: Ed. de L'Herne, 2011.

# bibliografia selecionada sobre René Girard[1]

BANDERA, Cesáreo. *Mimesis Conflictiva*: *Ficción Literaria y Violencia en Cervantes y Calderón*. (Biblioteca Románica Hispánica – Estudios y Ensayos 221). Prefácio de René Girard. Madrid: Editorial Gredos, 1975.

SCHWAGER, Raymund. *Brauchen Wir einen Sündenbock? Gewalt und Erläsung in den Biblischen Schriften*. Munique: Kasel, 1978.

DUPUY, Jean-Pierre e DUMOUCHEL, Paul. *L'Enfer des Choses: René Girard et la Logique de l'Économie*. Posfácio de René Girard. Paris: Le Seuil, 1979.

CHIRPAZ, François. *Enjeux de la Violence*: *Essais sur René Girard*. Paris: Cerf, 1980.

GANS, Eric. *The Origin of Language*: *A Formal Theory of Representation*. Berkeley: University of California Press, 1981.

AGLIETTA, M. e ORLÉAN, A. *La Violence de la Monnaie*. Paris: PUF, 1982.

OUGHOURLIAN, Jean-Michel. *Un Mime Nomme Desir: Hysterie, Transe, Possession, Adorcisme*. Paris: Éditions Grasset et Fasquelle, 1982. (Este livro será publicado na Biblioteca René Girard)

DUPUY, Jean-Pierre e DEGUY, Michel (orgs.). *René Girard et le Problème du Mal*. Paris: Grasset, 1982.

---

[1] Agradecemos a colaboração de Pierpaolo Antonello, do St John's College (Universidade de Cambridge). Nesta bibliografia, adotamos a ordem cronológica em lugar da alfabética a fim de evidenciar a recepção crescente da obra girardiana nas últimas décadas.

Dupuy, Jean-Pierre. *Ordres et Désordres*. Paris: Le Seuil, 1982.
Fages, Jean-Baptiste. *Comprendre René Girard*. Toulouse: Privat, 1982.
McKenna, Andrew J. (org.). *René Girard and Biblical Studies* (*Semeia* 33). Decatur, GA: Scholars Press, 1985.
Carrara, Alberto. *Violenza, Sacro, Rivelazione Biblica: Il Pensiero di René Girard*. Milão: Vita e Pensiero, 1985.
Dumouchel, Paul (org.). *Violence et Vérité – Actes du Colloque de Cerisy*. Paris: Grasset, 1985. Tradução para o inglês: *Violence and Truth: On the Work of René Girard*. Stanford: Stanford University Press, 1988.
Orsini, Christine. *La Pensée de René Girard*. Paris: Retz, 1986.
*To Honor René Girard. Presented on the Occasion of his Sixtieth Birthday by Colleagues, Students, Friends.* Stanford French and Italian Studies 34. Saratoga, CA: Anma Libri, 1986.
Lermen, Hans-Jürgen. *Raymund Schwagers Versuch einer Neuinterpretation der Erläsungstheologie im Anschluss an René Girard*. Mainz: Unveräffentlichte Diplomarbeit, 1987.
Lascaris, André. *Advocaat van de Zondebok: Het Werk van René Girard en het Evangelie van Jezus*. Hilversum: Gooi & Sticht, 1987.
Beek, Wouter van (org.). *Mimese en Geweld: Beschouwingen over het Werk van René Girard*. Kampen: Kok Agora, 1988.
Hamerton-Kelly, Robert G. (org.). *Violent Origins: Walter Burkert, Rene Girard, and Jonathan Z. Smith on Ritual Killing and Cultural Formation*. Stanford: Stanford University Press, 1988. (Este livro será publicado na Biblioteca René Girard)
Gans, Eric. *Science and Faith: The Anthropology of Revelation*. Savage, MD: Rowman & Littlefield, 1990.
Assmann, Hugo (org.). *René Girard com Teólogos da Libertação: Um Diálogo sobre Ídolos e Sacrifícios*. Petrópolis: Vozes, 1991. Tradução para o alemão: *Gätzenbilder und Opfer: René Girard im Gespräch mit der Befreiungstheologie*. (Beiträge zur mimetischen Theorie 2). Thaur, Münster: Druck u. Verlagshaus Thaur, LIT-Verlag, 1996. Tradução para o espanhol: *Sobre Ídolos y Sacrificios: René Girard con Teólogos de la Liberación*. (Colección Economía-Teología). San José, Costa Rica: Editorial Departamento Ecuménico de Investigaciones, 1991.

ALISON, James. *A Theology of the Holy Trinity in the Light of the Thought of René Girard*. Oxford: Blackfriars, 1991.

RÉGIS, J. P. (org.). *Table Ronde Autour de René Girard*. (Publications des Groupes de Recherches Anglo-américaines 8). Tours: Université François Rabelais de Tours, 1991.

WILLIAMS, James G. *The Bible, Violence, and the Sacred*: *Liberation from the Myth of Sanctionated Violence*. Prefácio de René Girard. San Francisco: Harper, 1991.

LUNDAGER JENSEN, Hans Jürgen. *René Girard*. (Profil-Serien 1). Frederiksberg: Forlaget Anis, 1991.

HAMERTON-KELLY, Robert G. *Sacred Violence: Paul's Hermeneutic of the Cross*. Minneapolis: Augsburg Fortress, 1992. [*Violência Sagrada: Paulo e a Hermenêutica da Cruz*. Trad. Maurício G. Righi. São Paulo: É Realizações, 2012.]

McKENNA, Andrew J. (org.). *Violence and Difference: Girard, Derrida, and Deconstruction*. Chicago: University of Illinois Press, 1992.

LIVINGSTON, Paisley. *Models of Desire: René Girard and the Psychology of Mimesis*. Baltimore: The Johns Hopkins University Press, 1992.

LASCARIS, André e WEIGAND, Hans (orgs.). *Nabootsing*: *In Discussie over René Girard*. Kampen: Kok Agora, 1992.

GANS, Eric. *Originary Thinking*: *Elements of Generative Anthropology*. Stanford: Stanford University Press, 1993.

HAMERTON-KELLY, Robert G. *The Gospel and the Sacred*: *Poetics of Violence in Mark*. Prefácio de René Girard. Minneapolis: Fortress Press, 1994.

BINABURO, J. A. Bakeaz (org.). *Pensando en la Violencia*: *Desde Walter Benjamin, Hannah Arendt, René Girard y Paul Ricoeur*. Centro de Documentación y Estudios para la Paz. Madrid: Libros de la Catarata, 1994.

McCRACKEN, David. *The Scandal of the Gospels*: *Jesus, Story, and Offense*. Oxford: Oxford University Press, 1994.

WALLACE, Mark I. e SMITH, Theophus H. *Curing Violence*: *Essays on René Girard*. Sonoma, CA: Polebridge Press, 1994.

BANDERA, Cesáreo. *The Sacred Game: The Role of the Sacred in the Genesis of Modern Literary Fiction*. University Park: Pennsylvania State University Press, 1994. [*Teoria Mimética – Conceitos Fundamentais*. Trad. Ana Lúcia Correia da Costa. São Paulo: É Realizações, 2015.]

ALISON, James. *The Joy of Being Wrong: An Essay in the Theology of Original Sin in the Light of the Mimetic Theory of René Girard*. Santiago de Chile: Instituto Pedro de Córdoba, 1994. [*O Pecado Original à Luz da Ressurreição: a Alegria de Descobrir-se Equivocado*. Trad. Maurício G. Righi. São Paulo: É Realizações, 2011.]

LAGARDE, François. *René Girard ou la Christianisation des Sciences Humaines*. New York: Peter Lang, 1994.

TEIXEIRA, Alfredo. *A Pedra Rejeitada: O Eterno Retorno da Violência e a Singularidade da Revelação Evangélica na Obra de René Girard*. Porto: Universidade Católica Portuguesa, 1995.

BAILIE, Gil. *Violence Unveiled: Humanity at the Crossroads*. New York: Crossroad, 1995.

TOMELLERI, Stefano. *René Girard. La Matrice Sociale della Violenza*. Milão: F. Angeli, 1996.

GOODHART, Sandor. *Sacrificing Commentary: Reading the End of Literature*. Baltimore: Johns Hopkins University Press, 1996.

PELCKMANS, Paul e VANHEESWIJCK, Guido. *René Girard, het Labyrint van het Verlangen: Zes Opstellen*. Kampen/Kapellen: Kok Agora/Pelcckmans, 1996.

GANS, Eric. *Signs of Paradox: Irony, Resentment, and Other Mimetic Structures*. Stanford: Stanford University Press, 1997.

SANTOS, Laura Ferreira dos. *Pensar o Desejo: Freud, Girard, Deleuze*. Braga: Universidade do Minho, 1997.

GROTE, Jim e McGEENEY, John R. *Clever as Serpents: Business Ethics and Office Politics*. Minnesota: Liturgical Press, 1997. [*Espertos como Serpentes: Manual de Sobrevivência no Mercado de Trabalho*. Trad. Fábio Faria. São Paulo: É Realizações, 2011.]

FEDERSCHMIDT, Karl H.; ATKINS, Ulrike; TEMME, Klaus (orgs.). *Violence and Sacrifice: Cultural Anthropological and Theological Aspects Taken from Five Continents*. Intercultural Pastoral Care and Counseling 4. Düsseldorf: SIPCC, 1998.

SWARTLEY, William M. (org.). *Violence Renounced: René Girard, Biblical Studies and Peacemaking*. Telford: Pandora Press, 2000.

FLEMING, Chris. *René Girard: Violence and Mimesis*. Cambridge: Polity, 2000.

ALISON, James. *Faith Beyond Resentment: Fragments Catholic and Gay*. London: Darton, Longman & Todd, 2001. Tradução para o português: *Fé Além do Ressentimento: Fragmentos Católicos em Voz Gay*. São Paulo: É Realizações, 2010.

ANSPACH, Mark Rogin. *A Charge de Revanche: Figures Élémentaires de la Réciprocité*. Paris: Editions du Seuil, 2002. [*Anatomia da Vingança: Figuras Elementares da Reciprocidade*. Trad. Margarita Maria Garcia Lamelo. São Paulo: É Realizações, 2012.]

GOLSAN, Richard J. *René Girard and Myth*. New York: Routledge, 2002. [*Mito e Teoria Mimética: Introdução ao Pensamento Girardiano*. Trad. Hugo Langone. São Paulo: É Realizações, 2014.]

DUPUY, Jean-Pierre. *Pour un Catastrophisme Éclairé. Quand l'Impossible est Certain*. Paris: Editions du Seuil, 2002. [*O Tempo das Catástrofes: Quando o Impossível É uma Certeza*. Trad. Lília Ledon da Silva. São Paulo: É Realizações, 2011.]

JOHNSEN, William A. *Violence and Modernism: Ibsen, Joyce, and Woolf*. Gainesville, FL: University Press of Florida, 2003. [*Violência e Modernismo: Ibsen, Joyce e Woolf*. Trad. Pedro Sette-Câmara. São Paulo: É Realizações, 2011.]

KIRWAN, Michael. *Discovering Girard*. London: Darton, Longman & Todd, 2004. [*Teoria Mimética – Conceitos Fundamentais*. Trad. Ana Lúcia Correia da Costa. São Paulo: É Realizações, 2015.]

BANDERA, Cesáreo. *Monda y Desnuda: La Humilde Historia de Don Quijote. Reflexiones sobre el Origen de la Novela Moderna*. Madrid: Iberoamericana, 2005. [*Despojada e Despida: A Humilde História de Dom Quixote*. Trad. Carlos Nougué. São Paulo: É Realizações, 2011.]

VINOLO, Stéphane. *René Girard: Du Mimétisme à l'Hominisation, la Violence Différante*. Paris: L'Harmattan, 2005. [*René Girard: do Mimetismo à Hominização*. Trad. Rosane Pereira e Bruna Beffart. São Paulo: É Realizações, 2012.]

INCHAUSTI, Robert. *Subversive Orthodoxy: Outlaws, Revolutionaries, and Other Christians in Disguise*. Grand Rapids, MI: Brazos Press, 2005. (Este livro será publicado na Biblioteca René Girard)

FORNARI, Giuseppe. *Fra Dioniso e Cristo. Conoscenza e Sacrificio nel Mondo Greco e nella Civiltà Occidentale*. Gênova-Milão: Marietti, 2006. (Este livro será publicado na Biblioteca René Girard)

ANDRADE, Gabriel. *La Crítica Literaria de René Girard*. Mérida: Universidad del Zulia, 2007.

HAMERTON-KELLY, Robert G. (org.). *Politics & Apocalypse*. East Lansing, MI: Michigan State University Press, 2007. (Este livro será publicado na Biblioteca René Girard)

Lance, Daniel. *Vous Avez Dit Elèves Difficiles? Education, Autorité et Dialogue.* Paris, L'Harmattan, 2007. (Este livro será publicado na Biblioteca René Girard)

Vinolo, Stéphane. *René Girard: Épistémologie du Sacré.* Paris: L'Harmattan, 2007. (Este livro será publicado na Biblioteca René Girard)

Oughourlian, Jean-Michel. *Genèse du Désir.* Paris: Carnets Nord, 2007. (Este livro será publicado na Biblioteca René Girard)

Alberg, Jeremiah. *A Reinterpretation of Rousseau: A Religious System.* New York: Palgrave Macmillan, 2007. (Este livro será publicado na Biblioteca René Girard)

Dupuy, Jean-Pierre. *Dans l'Oeil du Cyclone – Colloque de Cerisy.* Paris: Carnets Nord, 2008. (Este livro será publicado na Biblioteca René Girard)

Dupuy, Jean-Pierre. *La Marque du Sacré.* Paris: Carnets Nord, 2008. (Este livro será publicado na Biblioteca René Girard)

Anspach, Mark Rogin (org.). *René Girard.* Les Cahiers de l'Herne n. 89. Paris: L'Herne, 2008. (Este livro será publicado na Biblioteca René Girard)

Depoortere, Frederiek. *Christ in Postmodern Philosophy: Gianni Vattimo, Rene Girard, and Slavoj Zizek.* London: Continuum, 2008.

Palaver, Wolfgang. *René Girards Mimetische Theorie. Im Kontext Kulturtheoretischer und Gesellschaftspolitischer Fragen.* 3. Auflage. Münster: LIT, 2008.

Barberi, Maria Stella (org.). *Catastrofi Generative – Mito, Storia, Letteratura.* Massa: Transeuropa Edizioni, 2009. (Este livro será publicado na Biblioteca René Girard)

Antonello, Pierpaolo e Bujatti, Eleonora (orgs.). *La Violenza Allo Specchio. Passione e Sacrificio nel Cinema Contemporaneo.* Massa: Transeuropa Edizioni, 2009. (Este livro será publicado na Biblioteca René Girard)

Ranieri, John J. *Disturbing Revelation – Leo Strauss, Eric Voegelin, and the Bible.* Columbia, MO: University of Missouri Press, 2009. (Este livro será publicado na Biblioteca René Girard)

Goodhart, Sandor; Jorgensen, J.; Ryba, T.; Williams, J. G. (orgs.). *For René Girard. Essays in Friendship and in Truth.* East Lansing, MI: Michigan State University Press, 2009.

Anspach, Mark Rogin. *Oedipe Mimétique.* Paris: Éditions de L'Herne, 2010. [*Édipo Mimético.* Trad. Ana Lúcia Costa. São Paulo: É Realizações, 2012.]

MENDOZA-ÁLVAREZ, Carlos. *El Dios Escondido de la Posmodernidad. Deseo, Memoria e Imaginación Escatológica. Ensayo de Teología Fundamental Posmoderna.* Guadalajara: ITESO, 2010. [*O Deus Escondido da Pós-Modernidade: Desejo, Memória e Imaginação Escatológica.* Trad. Carlos Nougué. São Paulo: É Realizações, 2011.]

ANDRADE, Gabriel. *René Girard: Un Retrato Intelectual.* 2010. [*René Girard: um Retrato Intelectual.* Trad. Carlos Nougué. São Paulo: É Realizações, 2011.]

# índice analítico

Alegria, 13
Ambiguidade
  romanesca, 277
Antigo Regime, 115
Apocalipse
  dostoievskiano, 268
Beleza, 22, 27, 38-41, 51, 57, 61, 69, 71, 73, 75, 86, 103, 119, 142, 147, 203, 221, 232, 234, 236-37, 255, 273, 282, 292, 298
Bode expiatório, 96, 196, 199, 205
  hermenêutica do, 204
  mecanismo do, 215
Campo de concentração, 179
Catarse, 44, 211, 218
Ceticismo, 290
Ciúme, 116, 239, 267
  autonomia do, 150
  círculo infernal de, 241
  dor do, 149
  enigma do, 201
  metáforas do, 146
  na ficção de Kundera, 138
  pornografia do, 151
  pornográfico, 163
  ressentido, 80
  triangular, 63
Comunismo, 77-78, 113, 192, 206, 262, 294
  como caso limite, 78
  primeiros anos do, 262
Contágio
  mimético, 100, 282
Conversão, 13, 61, 228, 237, 243-44, 247-49, 251, 257, 264-65, 287, 292
  antilírica, 244, 247, 249, 292
  caminho da, 265
  do personagem, 243
  religiosa, 248
  romanesca, 228, 248
  semelhante à morte, 287
Coração
  ditadura do, 49
Cortina de Ferro, 192
Cosmopolitismo, 34
Decoro
  código de, 122
Desejo
  dialética do, 118
  do modelo, 265
  estrutura triangular do, 37, 81
  futilidade do, 284
  geometria não linear do, 38
  inautêntico, 17
  jogos do, 137
  mediado, 122
  mediador do, 84
  memória do, 56
  metafísico, 143, 282
  mimético, 227, 268, 281
    como conceito, 29
    geometria não linear do, 267
    ilusões do, 12
    metáfora do, 46
    na cultura moderna, 15
    natureza triangular do, 42
  objeto de, 270
  objeto do, 23
  poder transfigurador do, 159
  realidade do, 267
  teatro do, 141
  triangular, 28, 63, 110, 112, 168, 273
  vicissitudes do, 234
Desilusão, 14, 57, 222, 235
Distância, 278
Emoção, 50, 152, 211, 245, *ver também* sentimento
Empatia, 278

Emulação, 91
　como rivalidade
　　imitativa, 91
　de personagens
　　ficcionais, 33
Ensaio
　literário, 281, 289
Erotismo, 65, 167
　sadomasoquista, 187
　tema central do, 157
Esnobismo, 17, 40, 183, 244
　proustiano, 107
Estruturalismo
　de Praga, 29
Eterno
　retorno, 167
Exílio, 15
　e felicidade, 257
　interno, 15
　libertador, 252, 255
　voluntário, 97
Falácia
　do Quixote, 33
Fé
　cristã, 28
Ficção
　pós-moderna, 16
Grafomania, 98-101, 104-05
　como epidemia, 100
　mundo da, 104
　vírus da, 105
Hedonismo, 18, 25, 28, 157, 182
Hedonista
　inautêntico, 117
Heterocentramento, 121
Hipermimetismo, 60, 176
Homo
　mimeticus, 27
　sentimentalis, 59, 114
Humilhação, 118, 133, 186, 189
　tema da, 111
Humor, 13, 43
　ausência de, 24

como princípio
　estrutural, 13
　como tema, 13
Ídolo
　profanação do, 145
Imitação, 29, 72, 89, 168, 222, 231
　aberta e espontânea, 89
　agressividade na, 95
　compulsiva, 227
　de sentimento, 58
　e conflito, 169
　hipertrofiada, 25, 303
　infantil, 149
　na ficção de Kundera, 30, 58
　papel da, 24
　positiva, 290
　resistência à, 89
　tema da, 89
　transfiguradora do
　　mundo, 191
Incesto, 195
Indiferenciação
　crise de, 146
Inveja, 27-28, 44, 67-70, 87, 104, 113, 244, 268
Jogo de xadrez
　metáfora do, 97
Juventude
　como idade mimética, 247
Kitsch, 56-57, 167, 209-13, 217, 235, 238, 256, 294, 297
　político, 294
Labirinto, 24, 46
　de valores, 30, 137, 156, 162, 191, 234, 242
　do desejo, 15, 51
　dos valores, 68
　imagem do, 11, 46
Leitura
　mimética, 182
Liberdade, 13-14, 22, 75, 108, 157, 174, 205, 261-62

*Ligações Perigosas, As,* 28
Linchamento, 204
Lirismo, 133, 244-46
Literatura
　e teoria, 281
Litost, 126-28, 132-35, 137, 150
　bloqueio da, 135
　definição de, 127
　palavra-conceito, 127
　teoria da, 132
Livre-arbítrio, 24, 287
Mal
　beleza do, 203
Mal-estar
　ontológico, 15, 284, 285
Marivaudage
　totalitária, 172, 181
Masoquismo, 15, 175
Mecanismo
　sacrificial, 11
Mediação
　dupla, 108
　efeitos da, 107
　externa, 68, 179
　interna, 68, 110, 133, 179
Mediador, 107, 269
　do desejo, 274
Memória
　coletiva, 21
　pessoal, 113
Mentira
　romântica, 151, 244, 267
Mímesis
　pacífica, 169
　poder transfigurador
　　da, 166
Misoginia, 140
Mistificação
　mimética, 278
Modelo, 39, 243
　distante, 69
　liberdade para escolher
　　o, 287

olhar do, 42
próximo, 102
transformado em rival, 137
Mundo
  horizontal e imanente de Kafka, 237
Niilismo
  juvenil, 24
  pós-moderno, 11
Objeto
  de desejo, 82
  função sacramental do, 74
  transfiguração do, 57, 81, 148, 165, 221
Obstáculo, 135
  existencial, 137
Paradoxo, 11
Phármakon, 281
Poética
  triangular, 275
Polifonia, 115
  narrativa, 238
  romanesca, 168
Potlatch, 98
Primavera
  de Praga, 78, 178, 293
Processo
  mimético, 131, 157
  fases do, 107
Pseudo-objeto, 17
Reciprocidade, 171, 201
Relativismo, 11
Religião
  arcaica, 208
Resignação, 98
Ressentimento, 117, 127, 129, 135, 264, 268
Revelação
  métodos de, 109
  mimética, 63
  romanesca, 275
Revolução
  sexual, 28
Riso, 11, 13, 16, 44, 134, 213-14

Rival, 137
  amoroso, 184
Rivalidade, 29, 50, 81, 96, 98, 133, 157, 168, 173, 268
  geometria triangular da, 90
  imitativa, 98, 197
  íntima, 179
  mimética, 156
  erotização da, 183
Romance
  arte do, 265
  concepção girardiana do, 237
  de cavalaria, 248, 272
  ensaístico, 238
  e transcendência, 259
  herança clássica do, 238
  moderno, 14
  oitocentista, 201, 238
  polifônico
    kunderiano, 168
  realista, 168, 201
  sabedoria do, 261
Sacrifício, 57, 96, 196, 200, 204, 285, 300
  de si, 285
  dinka, 200
  humano, 196
  simbólico, 96
Sadismo, 15
Sadomasoquismo
  geometria do, 186
Sedutor
  pós-trágico, 79
Sedutora
  papel da, 141
Segunda Guerra Mundial, 78
Sociedade
  ocidental
    do espetáculo, 113
Solipsismo, 101
Sonhos, 56, 91, 109, 138, 165, 172, 176-80, 201

Stalinismo, 78, 213
  denúncia do, 293
Subsolo
  homem do, 107, 111, 129, 135
  psicologia do, 107
Sugestão
  imitativa, 43
Sujeito
  psicologias do, 60
Teoria
  mimética, 14, 281, 290
Totalitarismo, 13, 21, 111, 178, 191, 212, 224
  e estética, 212
  e vingança, 225
  profetas do, 111
Transcendência, 122
  desviada, 173
  pervertida, 227
  vertical, 227
Triângulo
  metáfora do, 267
  mimético, 159
Uniformidade
  desumanizante, 193
Vaidade
  aborrecida, 116
  feliz, 116
  problema da, 108
  stendhaliana, 107
Verdade
  romanesca, 267
Vício, 151, 175
Vingança, 126
  desejo de, 135
  espírito de, 225
Violência, 204
  coletiva, 200
  escalada da, 197
  vítima da, 210
Vítima
  designada, 215
  multiplicação vertiginosa de, 219
Voyeurismo, 15, 184

# índice onomástico

Adorno, Theodor W., 203
Amadis de Gaula, 33
Apollinaire, Guillaume, 292
Aragon, Louis, 293
Aristófanes, 92
Arnim, Bettina Von, 114
Auerbach, Erich, 108
Balzac, Honoré de, 104, 168, 289
Banerjee, Maria Nemcova, 61
Banville, Teodoro de, 131-32
Barthes, Roland, 29
Batuman, Elif, 281-90
Bertonneau, Thomas F., 204-05
Bloom, Harold, 31-34
Bonhoeffer, Dietrich, 13
Botton, Alain de, 293
Broch, Hermann, 16, 44, 46, 63, 126, 152, 292-93
Canetti, Elias, 111, 179
Cervantes, Miguel de, 19
Chantre, Benoît, 18
Chantre, Emmanuelle, 18
Coleridge, Samuel, 33
Dante Alighieri, 19, 257
Denon, Vivant, 99, 116, 174, 251

Diderot, Denis, 44, 108, 117, 174, 278
Dostoiévski, Fiódor, 63, 69-70, 78, 107, 110-112, 120, 128-29, 131-33, 135, 161, 175, 183-84, 229, 248-49, 260, 281, 288, 290, 297, 300
Dupuy, Jean-Pierre, 19
Duteurtre, Benoît, 293, 295
Esopo, 66
Eva Le Grand, 56, 75, 222
Fils, Crébillon, 76-77
Flaubert, Gustave, 70, 249, 291
Foucault, Michel, 29
Gans, Eric, 19, 204
Garrels, Scott, 19, 149
Girard, René, 14-15, 18, 28-29, 37-38, 62, 68-70, 75-78, 98, 102, 107, 109, 111, 122, 134, 138, 168, 173, 178, 183, 196, 200, 204-05, 228-29, 239, 243-44, 248-249, 252, 264, 267-68, 278-79, 281-84, 286, 288, 290, 300-02, 304
Goethe, Johann Wolfgang von, 34, 52-53, 55, 103-05, 114, 297

Gombrowicz, Witold, 196
Hemingway, Ernest, 296-97
Houellebecq, Michel, 76
Jakobson, Roman, 29
James, Henry, 101
Johnsen, William, 19
Kafka, Franz, 44, 104, 111, 178-79, 205, 237
Kakutani, Michiko, 121-22
Kerouac, Jack, 34
Kristal, Efrain, 19
Kunes, Karen Von, 119
Laclos, Choderlos de, 251
La Rochefoucauld, 22
Lépine, Jacques-Jude, 46
Lermontov, Mikhail, 53, 55, 114, 133, 135
Lodge, David, 101-02
Maiakóvski, Vladimir, 114, 292
Malaparte, Curzio, 238
Manea, Norman, 296
Mann, Thomas, 16, 63, 297
Mao Zedong, 215
Masaryk, Tomáš, 114
McKenna, Andrew, 13, 19, 255
Meltzoff, Andrew, 149
Merrill, Richard, 37

Merrill, Trevor Cribben, 13-16, 178, 215, 299, 302-04
Miller, Arthur, 296
Molière, 33, 47
Mozart, Wolfgang Amadeus, 33
Mukařovský, Jan, 29
Musil, Robert, 16, 44, 63, 126, 152, 292
Nietzsche, Friedrich, 33, 123, 167
O'Brien, John, 25, 61
Ortega y Gasset, José, 33
Orwell, George, 178
Oughourlian, Jean-Michel, 19, 42, 91, 143, 163, 165, 178, 215, 266
Paulo de Tarso, 264, *ver também* Saulo de Tarso
Picasso, Pablo, 108, 189
Platão, 92, 281
Proust, Marcel, 16, 18, 63, 107, 110-11, 124-25, 152, 175, 228, 243-44, 264-65, 285-86, 297
Púchkin, Alexandre, 286
Rabelais, François, 108, 296
Racine, Jean, 46
Ricard, François, 19, 28, 57, 61, 98, 154, 158, 163, 165, 228, 234-37, 255, 274
Rimbaud, Arthur, 114, 131-32
Rostand, Edmond, 42, 158-59
Roth, Philip, 18, 33, 35, 151, 213
Rousseau, Jean-Jacques, 208
Sade, marquês de, 117
Salmon, Christian, 168, 292
Sarraute, Nathalie, 111
Saulo de Tarso, 264, *ver também* Paulo de Tarso
Scarpetta, Guy, 61, 75, 114, 117-18
Schoenberg, Arnold, 237
Shakespeare, William, 47, 142, 300-01
Simeão Estilita, 173
Smiley, Jane, 294
Sollers, Philippe, 154, 295
Sommers, Sam, 48
Stendhal, 63, 107-08, 116, 229, 252, 279, 285, 288, 297
Sterne, Laurence, 44, 108
Stravinsky, Igor, 203-04
Tchékhov, Anton, 104
Thirlwell, Adam, 293
Tolstói, Leo, 128, 240, 261
Vančura, Vladislav, 29
Velázquez, Diego, 108

# biblioteca René Girard*
### coordenação João Cezar de Castro Rocha

**Dostoiévski: do duplo à unidade**
René Girard

**Anorexia e desejo mimético**
René Girard

**A conversão da arte**
René Girard

**René Girard: um retrato intelectual**
Gabriel Andrade

**Rematar Clausewitz: além Da Guerra**
René Girard e Benoît Chantre

**Evolução e conversão**
René Girard, Pierpaolo Antonello e João Cezar de Castro Rocha

**Violência sagrada**
Robert Hamerton-Kelly

**O tempo das catástrofes**
Jean-Pierre Dupuy

**Édipo mimético**
Mark R. Anspach

**"Despojada e despida": a humilde história de Dom Quixote**
Cesáreo Bandera

**René Girard: do mimetismo à hominização**
Stéphane Vinolo

**Quando começarem a acontecer essas coisas**
René Girard e Michel Treguer

**Aquele por quem o escândalo vem**
René Girard

**O pecado original à luz da ressurreição**
James Alison

**O Deus escondido da pós-modernidade**
Carlos Mendoza-Álvarez

**O sacrifício**
René Girard

**O trágico e a piedade**
René Girard e Michel Serres

**Deus: uma invenção?**
René Girard, André Gounelle e Alain Houziaux

**Violência e modernismo**
William A. Johnsen

**Espertos como serpentes**
Jim Grote e John McGeeney

**Anatomia da vingança**
Mark R. Anspach

**Mito e teoria mimética**
Richard J. Golsan

**Além do desejo**
Daniel Lance

**Teoria mimética: conceitos fundamentais**
Michael Kirwan

**O Rosto de Deus**
Roger Scruton

**Mímesis e invisibilização social**
Carlos Mendoza-Álvarez e José Luís Jobim

\* A Biblioteca reunirá cerca de 60 livros e os títulos acima são os primeiros publicados.

# Conheça mais um título da Biblioteca René Girard

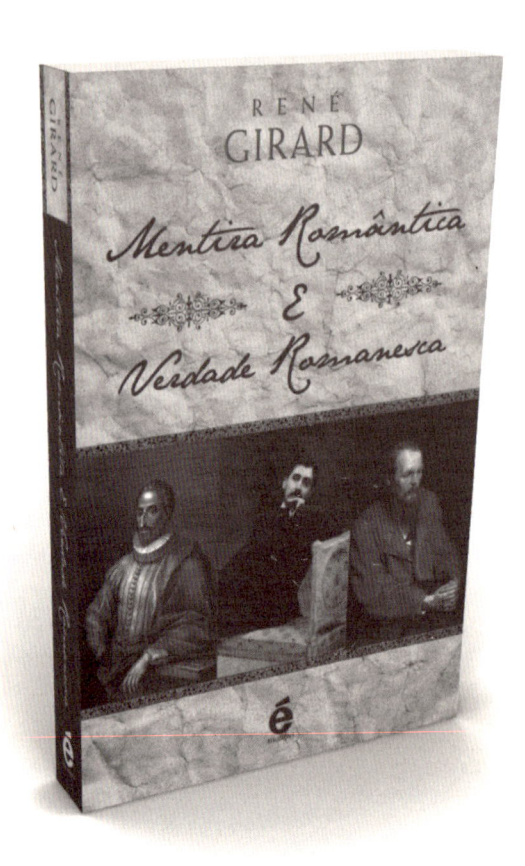

*Mentira Romântica e Verdade Romanesca* foi a primeira obra publicada de René Girard. Aqui se encontram as primeiras intuições girardianas a respeito do que chamou de "triangularidade do desejo". A partir da leitura sistemática de Cervantes, Stendhal, Flaubert, Proust e Dostoiévski, Girard elabora uma teoria que explica o desejo humano e as relações de admiração, rivalidade e ódio recorrentes na literatura e na sociedade.

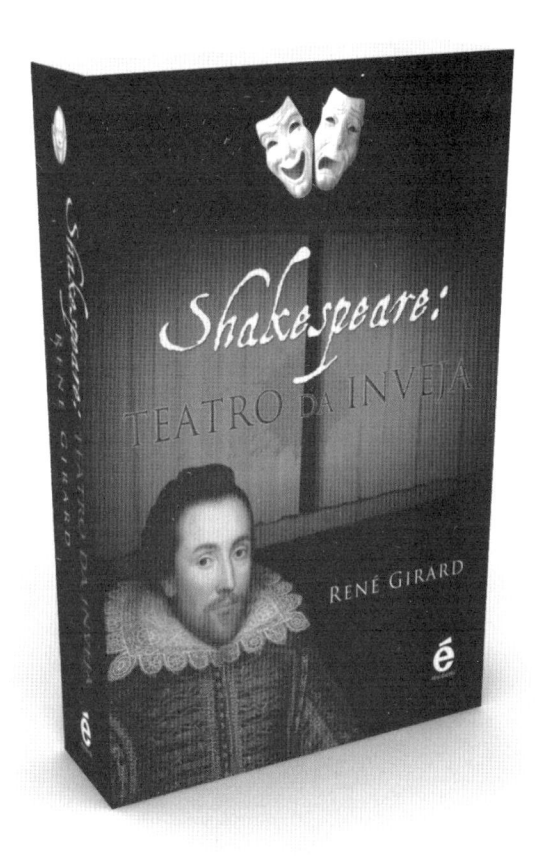

Esta obra revolucionária discute a principal figura da literatura inglesa – William Shakespeare – e propõe uma leitura dramaticamente nova de quase todas as suas peças e poemas. A chave para *Teatro da Inveja* é a interpretação original que René Girard faz da ideia de mímesis. Para o autor, as pessoas desejam os objetos não por seu próprio valor, mas porque eles são desejados por outras pessoas.

*A Conversão da Arte* reúne ensaios de René Girard na forma de um panorama completo de sua obra. O leitor encontra ensaios escritos antes do surgimento da hipótese do desejo mimético, assim como estudos publicados no momento mesmo em que a intuição-chave do pensamento girardiano começava a se formar. A coletânea é acompanhada do DVD de um filme (*O Sentido da História*) no qual Girard e Benoît Chantre discutem acerca de pensadores e artistas dos séculos XIX e XX.

facebook.com/erealizacoeseditora

twitter.com/erealizacoes

instagram.com/erealizacoes

youtube.com/editorae

issuu.com/editora_e

erealizacoes.com.br

atendimento@erealizacoes.com.br